秦淮河流域水系变迁与洪涝风险研究

张鹏 杨红卫 陈璇 ◎ 编著

河海大学出版社
·南京·

图书在版编目（CIP）数据

秦淮河流域水系变迁与洪涝风险研究 / 张鹏，杨红卫，陈璇编著. -- 南京：河海大学出版社，2023.12
ISBN 978-7-5630-8802-7

Ⅰ.①秦… Ⅱ.①张… ②杨… ③陈… Ⅲ.①秦淮河－流域－水系－研究②秦淮河－流域－水灾－灾害防治－研究 Ⅳ.①K928.42②P426.616

中国国家版本馆 CIP 数据核字（2023）第 253025 号

书　　名	秦淮河流域水系变迁与洪涝风险研究
书　　号	ISBN 978-7-5630-8802-7
责任编辑	高晓珍
特约校对	曹　丽
封面设计	徐娟娟
出版发行	河海大学出版社
地　　址	南京市西康路1号（邮编：210098）
电　　话	（025）83737852（总编室）　（025）83787104（编辑室） （025）83722833（营销部）
经　　销	江苏省新华发行集团有限公司
排　　版	南京布克文化发展有限公司
印　　刷	广东虎彩云印刷有限公司
开　　本	718毫米×1000毫米　1/16
印　　张	16.25
字　　数	290千字
版　　次	2023年12月第1版
印　　次	2023年12月第1次印刷
定　　价	89.00元

前言 Preface

　　秦淮河，古名龙藏浦，汉代起称淮水。唐代根据秦始皇过秣陵凿岗泄"王气"的传说，始称秦淮。秦淮河流域与南京及周边地区历史上经济社会和交通水运的发展密切相关，是著名的历史文化名河。本书梳理了秦淮河流域水系自古至今的历史演变过程，探讨了流域水系变迁的驱动因子。在此基础上，分析了城市化进程中流域水系变化及下垫面的长期水文效应，论述了流域洪涝情势变化历程及变化趋势。根据流域实际暴雨洪水发生情况，对流域历史上典型暴雨洪水进行了剖析，分析评价了流域洪涝风险及孕灾环境，并对流域面临的洪涝风险进行了探究，提出了流域水系治理及洪涝灾害防治意见和建议。

　　参与本书编写的人员还有宋轩、尹桂平、杨根林、王超、杨勇等。成书过程中，叶健教授、许有鹏教授等给予了认真的指导。书中对秦淮河历史水系变迁部分的阐述，参考了前人多种文献和研究成果，在此一并致谢。

目录 Contents

1 综述 ·· 001
   1.1 秦淮河流域水系变迁研究进展 ·· 001
   1.2 洪涝风险研究进展 ·· 002
   1.3 研究意义 ·· 006

2 秦淮河流域概况 ·· 007
   2.1 地理位置 ·· 007
   2.2 地形地貌 ·· 008
   2.3 地质条件 ·· 008
   2.4 气候水文 ·· 009
   2.5 河流水系 ·· 010
   2.6 水利工程 ·· 013
   2.7 社会经济 ·· 025
   2.8 流域城市化发展情况 ·· 026

3 秦淮河流域水系变迁历程 ··· 028
   3.1 秦淮河水系变迁过程划分 ··· 028
   3.2 自然演变期 ·· 029
   3.3 原始文明时代水系雏形期 ··· 032
   3.4 农业文明时代缓慢演变期 ··· 034

3.5　工业文明时代剧烈变化期 ……………………………………… 042
　　3.6　生态文明时代人水和谐期 ……………………………………… 064
　　3.7　水系历史变迁特征和规律分析 ………………………………… 068
　　3.8　流域湖泊、水库的演变 ………………………………………… 071
　　3.9　水系变迁的驱动因子分析 ……………………………………… 077

4　秦淮河流域水系变迁规律及影响因子研究 ……………………… 079
　　4.1　流域下垫面变化规律分析 ……………………………………… 079
　　4.2　流域水系变化规律分析 ………………………………………… 087
　　4.3　城市化进程对水系格局的影响 ………………………………… 099

5　流域洪水模拟方法研究 …………………………………………… 103
　　5.1　流域产汇流计算方法 …………………………………………… 103
　　5.2　流域洪水模型构建 ……………………………………………… 110
　　5.3　流域洪水模拟模型参数研究 …………………………………… 123

6　水系变迁影响下的流域水文特性变化研究 ……………………… 136
　　6.1　水系变迁对流域降雨特性的影响 ……………………………… 136
　　6.2　水系变迁及下垫面变化对流域径流的影响 …………………… 136
　　6.3　水系变迁及下垫面变化对洪水过程的影响 …………………… 139
　　6.4　水系变迁及下垫面变化对极端洪水的影响 …………………… 144

7　流域洪涝风险特性研究 …………………………………………… 148
　　7.1　历史洪涝灾害 …………………………………………………… 148
　　7.2　流域暴雨洪水特性 ……………………………………………… 152
　　7.3　洪潮遭遇规律研究 ……………………………………………… 157
　　7.4　流域洪涝成因分析 ……………………………………………… 165
　　7.5　洪涝风险变化规律研究 ………………………………………… 166

8　流域洪涝风险变化定量分析 ……………………………………… 171
　　8.1　洪灾风险识别 …………………………………………………… 171
　　8.2　洪灾风险指标体系 ……………………………………………… 174

    8.3 流域内涝风险变化定量分析 ·· 187
    8.4 流域外洪风险变化定量分析 ·· 190

9 基于二维数学模型的洪涝风险研究 ··· 194
    9.1 溧水河流域二维水文水动力模型搭建 ······································ 194
    9.2 水系变迁及下垫面变化对溧水河流域内涝风险影响分析 ············· 201
    9.3 溧水河洪水风险图制作 ·· 212

10 流域洪涝风险应对策略研究 ··· 220
    10.1 秦淮河流域防洪规划情况 ·· 220
    10.2 秦淮河流域现状防洪体系及防洪情势分析 ······························ 223
    10.3 流域洪涝风险应对工程措施研究 ··· 225
    10.4 流域洪涝风险应对非工程措施研究 ·· 242

参考文献 ·· 251

1 综述

1.1 秦淮河流域水系变迁研究进展

在国内,对于秦淮河流域水系演变的历史研究成果颇为丰硕,蒋斯善、昂潮海等在《南京市秦淮河古河道及沉积物时代的初步研究》一文中,搜集了 810 个钻孔资料,作了 6 条钻孔地质剖面,共测 8 条物探剖面,论证了南京市区秦淮河古河道由城南纵贯到城北的依据;杨达源、徐永辉等在《南京主城区水系变迁研究》一文中,在史料记载与实地调查、测年成果等基础上,着重研究了南京市主城区水系的变迁和现在的水循环特征;奚肖亚、花剑岚在《南京城市发展与秦淮河整治回顾与展望》一文中,介绍了六朝时期至 20 世纪 80 年代南京城与秦淮河的历史变迁,分析了 2000 年前后河道整治前的状况,阐述了秦淮河整治内容和方案;王凯、吕宏军在《略谈南京治水史上的切岭工程》中,就破岗渎、胭脂河、秦淮新河等秦淮河流域历史上的切岭分洪工程进行了阐述;郑恩才、佘礼晔等在《秦淮河的历史变迁》一文中,从河湖不分时期、围湖造田时期、治理时期、建设生态型美丽秦淮河 4 个阶段介绍了秦淮河的历史变迁;王小标、谢顺平等在《近 30 年秦淮河流域水面变化及其驱动因素分析》一文中,选取流域 1985—2015 年 49 景 landsat 影像,采用基于 K 均值聚类水体指数法分析了秦淮河流域和城市区水面时空变化及其驱动因素。钱虹、栾承梅等在《秦淮河流域汛期气候变化及其对径流的潜在影响》一文中,采用小波分析法和 Mann-Kendall 非参数检验方法,分析了 1961—2013 年秦淮河流域汛期气温和降水序列的趋势、周期变化特征以及 2000—2013 年流域汛期气温、降水及径流的变化趋势。

1.2 洪涝风险研究进展

1.2.1 洪水灾害与风险

1. 洪水灾害

洪水一词,在中国最早出自先秦《尚书·尧典》。该篇记载了史前大洪水和鲧治理洪水的过程:"帝曰:'咨四岳,汤汤洪水方割,荡荡怀山襄陵,浩浩滔天。下民其咨,有能俾乂?'佥曰:'於鲧哉。'帝曰:'吁!咈哉,方命圮族。'岳曰:'异哉!试可乃已。'帝曰:'往,钦哉!'九载,绩用弗成。"这段对话译成现代汉语是:"尧帝说:'啊!四岳,滔滔洪水危害人们,浩浩荡荡包围山岭、淹没丘陵。洪水滔天,百姓哀号。有谁能治理洪水?'群臣都推举鲧。尧帝说:'哎!他叛逆,违抗命令、危害族人。'四岳说:'不是这样,试用就能知道。'尧帝遂命鲧治水。鲧治九年,没有成功。"

从那时起,四千多年中有过很多次水灾记载,欧洲最早的洪水记载也远在公元前1450年。西亚的底格里斯-幼发拉底河以及非洲的尼罗河关于洪水的记载,则可追溯到公元前40世纪。

洪水泛指大水,一般认为凡超过江河湖库等水体的承载能力,造成水量剧烈增长、水位明显抬高的水文现象,统称为洪水。洪峰流量、洪水总量、洪水历时是描述洪水过程的三大要素。洪水发生过程中,出现漫溢,给人类的生活、生产造成损失的现象,称为洪水灾害。

洪水灾害是世界上最严重的自然灾害,据联合国1995—2015年统计资料《不让任何人掉队:联合国世界水发展报告2019》,洪水灾害发生次数占全部自然灾害发生次数的43%,造成23亿人受灾,15.7万人死亡,6 620亿美元经济损失。

我国洪水通常分为暴雨洪水、山洪泥石流、冰凌洪水、冰川融雪洪水、风暴潮洪水和垮坝(堤)洪水等不同类型,各种类型的洪水都可能造成洪涝灾害,但暴雨洪水发生最为频繁、量级最大、影响范围最广。暴雨洪水是由较大强度的降雨而形成的洪水,引起江河水量迅速增加并伴随水位急剧上升的现象,简称雨洪,是最常见、威胁最大的洪水。

2. 洪水风险

风险(Risk)一词由来已久,较为普遍的说法是,在远古时期,以打鱼捕捞为生的渔民们,每次出海前都要祈祷,其中主要祈祷内容就是让神灵保佑自己在出海时能够风平浪静、满载而归;他们在长期的捕捞实践中,体会到风给他们带来的无法预测、无法确定的危险,他们认识到,在出海捕捞打鱼的生活中,风即意味着险,因此有了"风险"一词。

而另一种据说经过多位学者论证的"风险"一词的"源出说"称,风险一词是舶来品。在早期的运用中,也是被理解为客观的危险,体现为自然现象或者航海遇到礁石、风暴等事件。大约到了19世纪,在英文的使用中,风险一词常常用法文拼写,主要是用于经济学领域,提出"在经济领域,风险是指从事某项活动的结果的不确定性,这种结果包括损失、盈利、无损失也无盈利三种情况"。

目前,对于风险的定义还没有统一的定论,各种定义都是从各自不同的需要的角度去理解。目前普遍认为,风险应该包含三个基本要素:不利事件、不利事件发生的概率和不利事件导致的损失。自然灾害是指自然变异超过一定的程度,对人类和社会经济造成损失的事件。由于过去的灾害管理工作的重点是危机管理,强调灾后的救济与恢复,轻视灾前的预防和准备,因此社会总是从"一个灾害走向另一个灾害",很少能降低灾害风险。随着灾害在全球造成的影响越来越大,人们的注意力越来越转向降低灾害风险方面。

洪水风险是指发生由洪水造成损失与伤害的可能性,洪水风险往往涉及客观存在于人与自然之间、人与人之间基于洪水风险的利害关系。

由于洪水风险具有利害两重性,因此首先可将其区分为积极的风险与消极的风险。

积极的风险:①洪水事件产生的后果,本身具有利、害两重性。比如洪水泛滥,造成了财产损失,但同时可以补充水源,改良土壤、改善环境,对于半干旱地区,后者尤为重要;对于此类风险,关键不是消除洪水事件本身,而是如何趋利避害,比如通过控制洪水的淹没范围、淹没深度、淹没时间等,尽量减少损失。②非冒险不能得其利的风险。比如水库汛期超汛限水位蓄水,以防备当年水库上游少雨的情况,提高供水保证率。但是因此可能增加水库应急泄洪的概率。这种情况下,风险越大,可能利益越大,可能的损失也越大。风险超出一定限度的方案,可能是损失无以承受的方案;而风险最小的方案又可能是无利可图甚至在其他方面带来不利影响的方案。因此,在这种情况下,往往不是以风险最小作为决策选择的依据,而需要加强暴雨洪水的监测预报,审时度势,精心调度,量力而行。

消极的风险:比如病险水库,汛期不敢正常发挥调蓄洪水的功能,一旦溃坝,将造成毁灭性的灾难。消极的风险是一种必须全力预防、尽力消除的风险。

1.2.2 国内外研究进展

目前区域洪涝灾害风险评价还没有形成一套公认的评价范式和方法体系,结合已有的国内外洪涝灾害风险评价的研究成果,区域洪涝灾害风险评价应包括四个方面的内容:风险识别、危险性分析、脆弱性分析和损失评估。

1. 洪涝灾害风险识别

洪涝灾害风险识别是找出影响洪涝灾害风险的主要因素,并对其后果进行定性的估计与描述,这是洪涝灾害风险分析的基础。洪涝灾害风险识别由洪涝灾害风险因子的识别和洪涝灾害后果的分析两部分组成。洪涝灾害风险因子的识别是通过分析洪涝灾害形成的机理,找出定量或定性描述影响洪涝灾害过程的各种不确定因素(洪涝灾害风险因子)。洪涝灾害风险识别过程包括感知风险、识别风险和描述风险三个环节。洪涝灾害风险识别的内容包括识别洪涝灾害发生的风险区、主要的危险因子以及洪涝灾害的严重程度,识别危险因子活动的强度和频次以及时空分布等。通过风险识别,了解洪涝灾害面临的各种风险和致损因素,便于衡量风险的大小和最佳的风险处理方案。洪涝灾害风险识别的方法有问卷调查法(如设置问卷表格)、数理法(如概率密度函数)、专家法(如 Delphi 法)和幕景分析法等。

2. 洪涝灾害危险性分析

区域洪涝灾害危险性分析就是根据洪涝灾害致灾机理,对影响洪涝灾害风险的各个因子进行分析,计算出洪涝灾害风险指数大小。Rhoads 等通过分析地貌的空间变化和相应的河床演变对美国亚利桑那州斯科茨代尔市北部地区洪水危险性进行评价。黄诗峰等利用河网密度对辽河流域进行洪水危险性分析。Ernst 等基于高分辨率的地形和土地利用数据,利用二维水力学模型对小流域洪水风险进行评价。Masood 等通过 DEM 和一维水动力学模型对达卡中东部地区洪水危险性进行评价。程晓陶等改进二维非恒定流数值模型对洪水演进进行模拟,取得了很好的结果。Werritty 应用 200 多年的历史洪灾数据评价英国泰晤士河洪灾风险。Khan 等利用历史洪峰流量数据对印度河洪灾风险进行评价。黄崇福等依据历史灾情资料,应用信息扩散理论对灾害危险性进行分析。Dewan 等选取洪灾频率、洪水深度、高程、土地利用类型、地貌单元、排水管网等指标对达卡市洪水危险性进行评价。潘安定等选取洪灾频次、地形、河网、降水量以及暴雨日数 5 个主要因子,评价了广州市洪灾危险性。总体看来,区域洪涝灾害危险性分析的方法主要有地貌学、水文水动力学、历史洪水调查和指标体系等方法。

3. 洪涝灾害脆弱性分析

洪涝灾害脆弱性分析即分析洪涝灾害对承灾体可能受到损害的程度,是进行洪涝灾害损失评估和风险评估的重要环节。影响各类承灾体脆弱性的因素除了致灾洪水特性、承灾体密度和承灾体抗洪能力以外,灾区的自然环境和社会环境也是影响承灾体脆弱性大小的重要因素。洪涝灾害脆弱性分析就是研究洪水强度与损失的关系。目前关于脆弱性的分析和评价是灾害学、环境学和社会学的一个热点和难点。国际上在洪涝灾害脆弱性评估方面研究取得了很多成果,形成了相对成熟的脆弱性评价理论模型,主要有5种模型:风险灾害模型(Risk Hazard Model)、压力释放模型(Pressure and Release Model)、政治经济模型(Political-economy Model)、脆弱性地方模型(Vulnerability of Place Model)和恢复力模型(Resilience Model)。脆弱性评估的方法主要有3种:基于历史灾情数据的脆弱性评价、基于指标体系的脆弱性评价和基于脆弱性曲线的脆弱性评价。

通过历史灾情数据进行脆弱性评价,这种方法较为片面,主要是对于灾害造成人员伤亡以及经济损失考虑不够,因此这种方法研究较少。基于指标体系的脆弱性评价,该方法操作简单,目前和GIS技术相结合被广泛应用。但所选取的指标因人而异,很少考虑指标间的潜在关系,定量分析不足,并且权重的确定主观性较强,最终结果缺乏验证,评价结果缺乏可信度。基于脆弱性曲线的脆弱性评价主要是通过实地调查、问卷调查、利用已有数据库和价值调查等方法,建立灾损曲线,定量评估各承灾体受洪涝灾害影响损失程度的关系。其中,灾损曲线为脆弱性评价提供了新的思路。

4. 洪涝灾害损失评估

洪涝灾害损失程度是由洪涝灾害致灾因子强度、承灾体密度和承灾体脆弱性综合决定的。Sujit等提出了一种新的水深-损失曲线计算方法,通过访问调查建立水深-损失曲线。Vrisou等通过征询的方式近似确定资产的损失系数与淹没水深的函数关系。程先富等建立了格网数据的洪涝灾害损失评估模型。葛小平等基于DEM和GIS进行洪涝淹没特性分析,并结合社会经济和各类资产的损失率,建立洪涝灾害评估模型。

1.3 研究意义

秦淮河作为南京的母亲河,纳水入城,绕郭西流,不仅奠定了南京城繁荣昌盛之基,同时也承载着两岸防洪安保之重。从地形上看,秦淮河流域三面靠山,一面临长江,中下游腹地以平原圩区为主,特殊的地形特点导致了秦淮河流域洪涝灾害频发,给两岸人民的生命财产造成了巨大损失。尤其,进入 21 世纪以来,南京城市发展步入一个新的阶段,城区面积不断扩大,秦淮河流域内人类活动对河网水系的影响日益频繁,伴随着极端天气的增多,秦淮河流域的洪涝成灾风险日趋增大。

现有文献成果涉及秦淮河流域城市水系演变的历史进程,城市水系功能在不同时期的变化,以及由水系演变而影响到城市的发展等诸多方向的研究,关于秦淮河流域水系演变与城市发展的研究成果分散于各个研究领域,没有较为系统完善的研究与整理。近几年来,尤其 2015 年以后,秦淮河流域先后遭遇了 2015 年、2016 年、2020 年大水,流域水雨工情特点变化明显,本书旨在结合秦淮河流域近 10 年的防洪情势变化,在整理分析前人研究成果的基础上,进一步深入探讨、总结秦淮河流域城市发展与水系变迁的内在联系,探索、把握秦淮河流域水系治理的新方向。

秦淮河是一条历史悠久的河,历史上河流水系发生了多次变迁,本书研究收集整理了秦淮河相关的历史文献,重点分析了中华人民共和国成立以后秦淮河骨干河网的治理情况,从历史水系演变角度出发,梳理了秦淮河河网水系的变化脉络,揭示流域洪涝灾害的成因及驱动因子,并在此基础上进一步研究秦淮河流域洪涝灾害风险的变化规律。

2 秦淮河流域概况

2.1 地理位置

秦淮河流域位于江苏省西南部,其边界范围:西、北以长江-宁镇山脉为界,东至秦淮河与太湖流域分水岭茅山-青龙山一线,南至苏皖省界及秦淮河与水阳江流域分水岭西横山-秋湖山一线,总面积2 684 km²,涉及江苏省南京市境内的鼓楼区、秦淮区、建邺区、玄武区、雨花台区、栖霞区、江宁区、溧水区和镇江境内的句容市(图2.1-1)。

图2.1-1 秦淮河流域位置图

2.2 地形地貌

秦淮河流域位于长江下游、江苏省西南部,长宽各约 50 km,总面积 2 684 km²(表 2.2-1)。地形四面环山,中间低平,成一完整的山间盆地。四周山地海拔 250~450 m,北为宁镇山地,南为横山和东庐山,西面为牛首山、云台山,东到句容市茅山。山地内侧分布大片黄土岗地,海拔 20~60 m;沿秦淮河两侧是低平的河谷平原,海拔 5~10 m;素有"五山一水四分田"之称。流域内丘陵山区的面积占总面积的 74%,其余为低洼圩区和湖河水面。

表 2.2-1 秦淮河流域不同地面高程面积表

地面高程 (m)	分区面积(km²) 南京 面积	分区面积(km²) 南京 占比(%)	分区面积(km²) 镇江 面积	分区面积(km²) 镇江 占比(%)	合计(km²) 面积	合计(km²) 占比(%)
5 m 以下	6	0.34			6	0.22
5~10 m	539	30.61	120	13.00	659	24.55
10~20 m	285	16.18	215	23.29	500	18.63
20 m 以上	931	52.87	588	63.71	1 519	56.59
合计	1 761	100	923	100	2 684	100

注:本书数据均按四舍五入计。

2.3 地质条件

秦淮河流域地质构造的基底固结于晚元古代末期的晋宁运动,由浅变质岩系组成,距今 864~1 031 亿年。盖层厚 8 000~9 000 m,由震旦系至第四系的物质组成。震旦系至三叠系以海相地层为主,侏罗系至第四系的地层为陆相地层。中生代的印支运动和燕山运动,奠定了地质构造的基本格局,形成了北东及北东东向的构造格架。

区域地层主要有:震旦系白云岩;寒武系硅质页岩、含碳质页岩、白云岩和白云质灰岩;奥陶系白云岩、灰岩;志留系页岩、泥岩、泥质粉砂岩;泥盆系粗粒含砾石英砂岩、细粒石英砂岩夹少量页岩、页岩夹薄层石英砂岩;石炭系石英砂岩夹页岩、砂岩、粉砂岩、泥岩、结晶灰岩、白云质灰岩、球状灰岩;二叠系生物微晶灰岩、硅质岩、泥岩(页岩)、粉砂岩和细粒砂岩;三叠系页岩、泥岩、灰岩、白云岩、白云质灰岩、粉砂岩及细砂岩;侏罗系砾岩、石英砂岩、粉砂岩夹有煤层、凝灰质粉、细粒岩夹凝灰角砾岩;白垩系砾岩夹细砂岩、粉砂岩;第四系中更新统混有较多碎屑的黏土,含铁锰质粒状结核,上更新统下蜀组黏土,全新统河流冲积相粉质黏土、壤土、粉砂、细砂等,还有大量的深灰、灰黑色湖沼相淤泥或淤泥质黏土。

流域山区植被良好,山体基本稳定,多年来未发生大的山体滑坡、泥石流等地质灾害。近些年来,由于人类活动增多,经济开发加快,尤其是开山、采矿等,致使一些矿区植被被破坏,局部山体在大洪水时也曾发生滑塌等险情。

场地处于扬铜地震带北部,周围 100 km 范围内地震活动不强。场地地震主要受构造活动控制,多集中在南部,具有震中原地重复等特征,场地地震动峰值加速度南部为 0.10g,相应地震基本烈度为 Ⅶ 度,地震动反应谱特征周期为 0.35 s。

2.4 气候水文

秦淮河流域属北亚热带季风气候区,处于西风环流控制之下,具有季风明显、降水丰沛、春温夏热、秋暖冬寒、光照充足、四季分明、无霜期长的气候特征。多年平均气温 15.5 ℃,最高气温为 40.7 ℃(1959 年 8 月 22 日),最低气温为 −13.3 ℃(1977 年 1 月 31 日),年平均日照时数 2 148.3 小时,日照率为 49%,平均无霜期 224 天。

流域主导风向为东北西南向。常年季风盛行,夏季盛行东南风,冬季多西北风。年平均风速 3.6 m/s,最大风速 27.8 m/s(1934 年 7 月 1 日),极大风速 39.9 m/s(1934 年 7 月 1 日)。平均每年可有 1~2 次受到台风的影响,主要发生在 6—10 月,其中 8 月最多。

多年平均降雨量 1 027.5 mm,但降水量年际变化大,以流域内句容站为例,年最大降雨量达 2 056 mm(1991 年),约是年平均降雨量的 2 倍,年最小降雨量为 489.7 mm(1978 年),仅为年平均降雨量的 46.2%。年内分布也不均匀,汛期 6—9 月降雨量约占全年的 55%,汛期雨量又集中在 6—7 月,雨量占汛期雨量的 63%。由于梅雨期长,雨量集中,面广量大,历次暴雨洪水多在此段时期发生。

多年平均蒸发量在 1 000 mm 左右,6—9 月蒸发量占总蒸发量的一半左右。年际变化也较大，从多年资料分析，本区年蒸发量略小于降水量。

流域内有多处水文站、雨量站，从设立之日观测至今，有较完整的观测资料。

据多年实测资料统计，长江下关站最高潮位10.39 m（2020年7月21日）。赤山湖赤山闸（上）最高水位13.97 m（2016年7月5日）；秦淮河干流东山站最高水位11.44 m（2016年7月7日）；武定门闸（上）最高水位11.05 m（2016年7月6日），最大下泄流量511 m³/s（2015年6月28日），秦淮新闸最大下泄流量1 050 m³/s（2015年6月27日），见表2.4-1。

表2.4-1 秦淮河流域主要站点水文特征值表

所在河流	站名	水位(m) 最高	水位(m) 日期	流量(m³/s) 最高	流量(m³/s) 日期
句容河	赤山新闸（闸上游）	13.97	2016.7.5	367	2015.6.28
句容河	陈家边	13.86	2015.6.27		
秦淮河	前埠村（秦）	12.17	2016.7.5	1 200	2016.7.2
秦淮河	东山	11.44	2016.7.7		
秦淮河	武定门闸上	11.05	2016.7.7	511	2015.6.28
秦淮新河	秦淮新闸上	10.48	2016.7.7	1 050	2015.6.27
长江	南京	10.39	2020.7.21	92 600（大通）	

本流域属丘陵山区，径流主要由境内降雨形成，无客水汇入，径流时程与降水量一致，主要集中在汛期（5—9月份），其径流量占全年的60%~70%，流域多年平均径流量6.95亿m³。多山、多岗坡的地形加剧流域水土流失。经过多年的工程建设，在灌溉期，利用现有流域内水库、塘坝、河槽蓄水可满足大部分平水年的灌溉用水，遇到干旱年份，主要靠长江提水补充。

2.5 河流水系

秦淮河上游有溧水河、句容河两源。溧水河出自溧水区东庐山、横山，溧水河支流一干河通过天生桥河与石臼湖、固城湖相通；句容河出自句容市宝华山和茅山。两源在江宁区西北村汇合为干流，干流从西北村至三汊河口全长34.9 km，其中西北村至河定桥11.3 km，有方山沟、云台山河、牛首山河和外港河汇入；至河定桥分为两支，北支为老河道，过通济门外与护城河汇流，绕南京城南、城西至三汊河入长江,有响水河、运粮河、友谊河及南河汇入,长 23.6 km,其中武定门闸以下至入江口段又称外秦淮河;西支秦淮新河,为人工开挖的分洪河道,经南京西善桥至金胜村入长江,长 16.8 km。秦淮河流域水系图如图 2.5-1 所示。

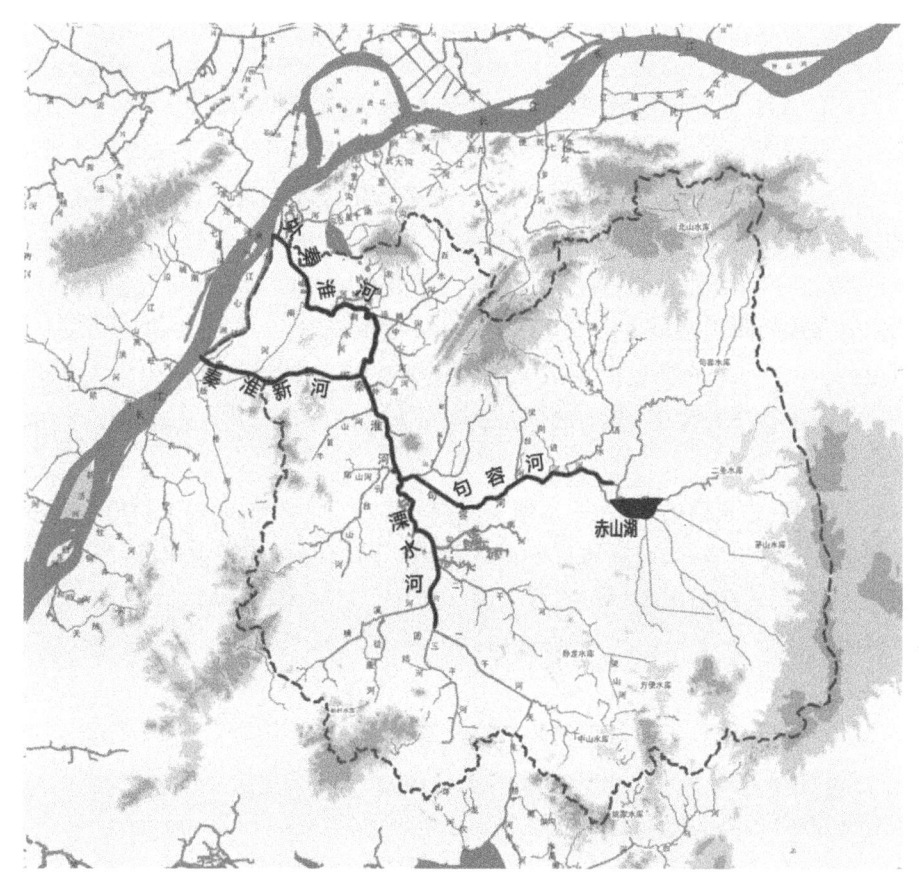

图 2.5-1　秦淮河流域水系示意图

溧水河上段分一、二、三干河,分别承中山水库、方便水库、卧龙水库、西横山水库来水,在江宁区左岸有横溪河汇入,承赵村水库来水,右岸有高阳河汇入,溧水河至西北村汇入秦淮河干流,流域面积约 680 km²。溧水河主要支流情况如下:

一干河:为秦淮河二级支流,河道跨南京市溧水区和江宁区,为南京市跨区县的市级重要河道,起自中山水库,于王家圩渡口处入溧水河,流域面积 175.06 km²,其中江宁区境内流域面积 9.8 km²,溧水区境内流域面积

165.26 km²。一干河原经二里桥下游 260 m 处向西至小西门闸，后汇南门河、天生桥河来水，自东南向西北方向，最后汇入溧水河。1991 年一干河整治，二里桥下游 260 m 处至小西门闸 1.85 km 河段封堵成为内河，并于该河段北侧另开中山河泄中山水库来水。现状一干河干流（中山河口～王家圩渡口）全长 13.8 km，其中下游段 6.3 km 为江宁区与溧水区的界河，上游 7.5 km 全部在溧水区境内。一干河支流主要有南门河、天生桥河。

二干河：为秦淮河南源溧水河的主要支流，流域面积 254 km²，约占溧水河流域面积的 37.4%、秦淮河流域面积的 9.7%。二干河从方便水库起至溧水河，全长 26.0 km，大致呈长边为西北～东南向矩形状。流域地形总体上为东南部高，向西北方向地势逐渐降低，最高峰为溧水区东庐山海拔 274 m，山丘区约为 207.12 km²，占总面积的 81.5%，主要分布在流域东南部以及东北、西南两侧的分水岭附近区域。沿二干河两侧的平原圩区面积共约 46.88 km²，占总面积的 18.5%，地面高程 7.0～10.5 m，主要分布在南山闸以下。流域范围主要涉及溧水经济开发区，有小部分面积属东屏、白马两镇，此外还涉及南京江宁区和镇江句容市。

三干河：原名横山水，为溧水河支流，秦淮河二级支流，地处南京市西南部，跨溧水区和江宁区，为南京市重要市级河道。河道起自西横山水库，纵贯石湫坝，由方家村至禄口国际机场附近入溧水河，干流（陆家村～河口）长 13.7 km，流域面积 117.50 km²，其中江宁区境内流域面积 44.84 km²，溧水区境内流域面积 72.66 km²。

横溪河：为南京江宁区重要的市级河道，中上游位于横溪街道，下游位于禄口街道，流域内有禄口机场等重要的基础设施。1975 年废老河、开新河，目前河道全长 13.5 km，流域面积 148.25 km²。

高阳河：起于句容市郭庄镇，至江宁区庞家入溧水河，河道总长 22.1 km。江宁区境内中下游干流河长（西岗头南孔塘～庞家溧水河口）12.96 km，其中祁家庄～岗南段，长 5.61 km，为两市界河，流域面积 90.2 km²。

句容河上接北山水库、句容水库，中部有北河、中河、南河汇入赤山湖后进句容河，下有汤水河、索墅河、解溪河汇入，句容河至西北村汇入秦淮河干流，流域面积约 1 260 km²。句容河主要支流情况如下：

赤山湖位于句容河中部，是秦淮河流域中部滞洪湖泊，在句容市西南约 15 km，主要用于蓄水灌溉，洪水期又承担调蓄洪水任务，汇水面积 527 km²，又名赤山塘、绛岩湖。赤山湖三面岗地，西北一面地势平坦，两侧赤山山崖对峙。

相传公元前 239 年孙权在这里筑堤,蓄山溪水成湖,下游通句容河。当时湖周长约 120 km,有二斗门控制水量,号称灌田万顷。后经多次围垦,至解放初期,仅剩水面约 15 km²,第七个五年计划确定湖区面积 8.8 km²,现状水面仅有 7.18 km²,开发利用围垦养殖区 5.16 km²,使得湖泊的滞洪效果大为降低。赤山湖周边圩区总面积 10.4 万亩,其中万亩以上大圩 5 个,圩内地面高程一般 8.5 m,最低 8.0 m,圩堤顶高程 14.5~15.0 m。

汤水河:跨南京、镇江两市,源自汤泉水库,上游在句容境内分汤泉、黄梅两条河,在江宁境内汇合为汤水河,全长 23.2 km,流域面积约 240 km²,上游位于南京市江宁区境内、中游大部分位于镇江市句容市境内(另有一段属于界河),下游位于南京市江宁区境内。

索墅河:在江宁区境内,分为索墅东、西两条河,即同进河和梁台河,分别长 6 km 和 5.5 km,流域面积 72.8 km²。

解溪河:位于南京江宁区境内,分为东西两支,西支即解溪河主河,发源于江宁区境内的青龙山宁镇山脉西南麓,经过横山水库和佘村水库两座小(1)型水库调蓄后,沿山间谷地,流经江宁大学城,在竹山路桥下游 100 m 处与解溪河东支交汇,流域总面积 81.80 km²。

天生桥河沟通秦淮河与石臼湖水系,有天生桥套闸控制。

天生桥河:位于溧水城区西侧,古名胭脂河,是沟通秦淮河与石臼湖两大水系的一条人工开挖河道,北端在沙河桥接一干河,南端在陈家村入石臼湖,河长 15.1 km,流域面积 103 km²。

2.6 水利工程

流域内主要有赤山湖、葛仙湖、泗庄湖、百家湖、九龙湖、莫愁湖、前湖、月牙湖、南湖等湖泊;有句容、二圣、北山、茅山、中山、方便、卧龙和赵村等 8 座中型水库,总库容 2.58 亿 m³,以及 100 座小型水库,总库容 1.19 亿 m³;主要水利枢纽有秦淮新河闸站、武定门闸站、三汊河河口闸、赤山闸站、天生桥套闸等 5 座(图 2.6-1)。

1. 骨干河道及堤防(表 2.6-1、表 2.6-2)

秦淮河流域骨干河道(江苏省骨干河道名录)总计 21 条,河道总长 349.7 km,两岸堤防总长 528.99 km。重要支流及撇洪沟总计 106 条,总长 466.6 km,堤防总长 340.51 km。

2. 水库、塘坝

(1) 水库(表 2.6-3)

秦淮河地区中小型水库总计 108 座,总库容约 3.77 亿 m³,其中 8 座中型水库句容、二圣桥、北山、茅山、中山、方便、卧龙和赵村水库,全部位于秦淮河流域上游,总库容约 2.58 亿 m³;小型水库 100 座,总库容约 1.19 亿 m³。目前秦淮河地区中小型水库除险加固工程已全部实施完成。

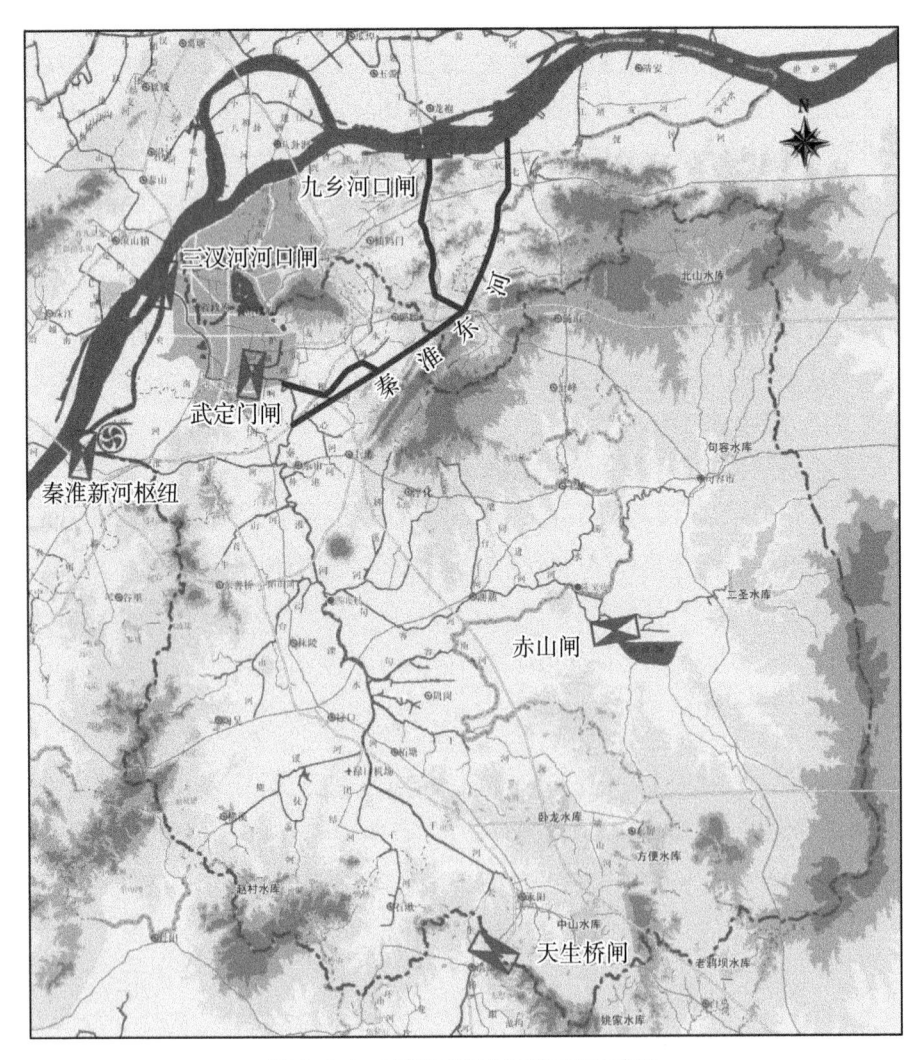

图 2.6-1 秦淮河流域水利工程示意图

2 秦淮河流域概况

表 2.6-1 秦淮河地区骨干河道及其主要支流、撇洪沟堤防现状表

流域	河道	数量	长度(km)	堤防长度(km)
秦淮河流域	骨干河道	21	349.7	528.99
	主要支流及撇洪沟	106	466.6	340.51
	合计	127	816.3	869.5

表 2.6-2 秦淮河流域骨干河道基本情况表

序号	河道(或河段)名称	河道长度(km)	河道等级	两岸堤防总长(km)
一	流域性河道			
1	秦淮河干流(西北村至河定桥)	11.3	2	33.31
2	秦淮河干流(河定桥至三汊河口)	23.6	2	46.64
3	秦淮新河	16.8	2	22.52
二	区域性骨干河道			
4	溧水河	17	4	34.55
5	句容河	23.8	3	55.31
6	一干河	22.1	4	26.36
7	天生桥河	15.1	4	2.68
三	其他重要河道			
8	内秦淮河	5.8	5	
9	运粮河	9.0	5	17.90
10	南河	9.5	5	19.00
11	二干河	26.2	5	45.95
12	三干河	10.1	5	24.10
13	高阳河(句容南河)	22.1	5	31.53
14	句容河上段	40.2	5	24.98
15	汤水河	23.2	5	32.66
16	云台山河	15.8	6	18.78
17	牛首山河	7.1	6	18.39
18	横溪河	13.5	6	21.57
19	南河	16.5	6	20.40
20	北河	6.7	6	13.60
21	中河	14.3	6	18.76
	总长	349.7		528.99

句容水库：水库位于秦淮河支流句容河上游，属长江流域—秦淮河地区，水库流域总面积 45.8 km²。水库工程于 1958 年 4 月开工兴建，1959 年 6 月建成并开始蓄水，原名戴家边水库，1961 年定名句容水库。句容水库是一座以防洪、灌溉为主，结合供水、生态景观等综合利用的中型水库。现状主要建筑物有：主坝一座，为均质土坝，坝顶高程 31.60 m，坝顶长 920 m，顶宽 6 m，挡浪墙顶高程 32.30 m；高低两座输水涵，高涵为 $\phi 0.5$ m 圆涵，进口底高程 24.05 m；低涵为 $\phi 0.9$ m 圆涵，进口底高程 20.57 m；泄洪闸一座，3 孔，每孔净宽 3.0 m，原设计最大下泄流量 196 m³/s，堰顶高程 26.10 m；非常溢洪道一座，堰顶高程 30.0 m（实测），净宽 78.00 m；闸下溢洪河与句容河衔接。

二圣桥水库：水库位于句容市东南部丘陵地区，秦淮河支流北河上游，工程于 1958 年 3 月动工兴建，1959 年 5 月建成蓄水，集水面积 103.5 km²，设计洪水标准为 50 年一遇，设计洪水位 17.51 m，校核洪水标准为 1 000 年一遇，校核洪水位 18.84 m，总库容 5 720 万 m³，其中兴利库容 2 216 万 m³。水库设计以防洪、灌溉、供水为主，兼顾生态景观等综合效益。枢纽工程：大坝一座，均质土坝，坝顶长 1 520 m，坝顶高程 22.0 m，坝顶宽 6.0 m，最大坝高 12.0 m，挡浪墙顶高程 23.0 m；3 孔泄洪闸 1 座，3×3.3 m，堰顶高程 14.5 m，设计流量 108 m³/s；灌溉输水涵洞两座，南涵为 $\phi 0.9$ m 混凝土有压圆涵，进口底高程为 11.5 m，设计流量 1.4 m³/s，北涵为 2ϕ1.3 m 混凝土有压圆涵，进口底高程为 10.14 m，设计流量 18.6 m³/s；水力发电站一座，装机 40 kW；补库站一座，位于低涵出口处，装机 6 台 255 kW，抽引流量 2.1 m³/s。

北山水库：水库位于句容市北部丘陵山区，1958 年 4 月动工兴建，1959 年大坝做到高程 52.0 m 合龙蓄水，1982 年全面建成。集水面积 59.5 km²，50 年一遇设计洪水位 54.42 m，因下游有句容市城区，为重点中型水库，洪水校核标准提高一级 2000 年一遇校核洪水位 56.46 m，总库容 4 980 万 m³。水库设计以防洪、灌溉为主，综合生态景观、水力发电等综合效益。枢纽工程有主坝一座，为均质土坝。坝顶长 260 m，坝顶高程 60.5 m，坝顶宽 6 m，挡浪墙顶高程 61.5 m，最大坝高 23.5 m。泄洪闸一座，3 孔×2.5 m，设计流量 250 m³/s；高涵一座，设计流量 4.0 m³/s；隧洞低涵一座，设计流量 6.0 m³/s；抽水站一座，抽水流量 4 m³/s；补库抽水站一座，流量 15 m³/s；水力发电站一座，装机 2×100 kW。

茅山水库：水库位于句容市东南部丘陵山区，中河上游。工程于 1958 年 3 月动工兴建，1959 年 4 月初步建成蓄水，1973 年续建完成。水库集水面积

33.5 km², 50 年一遇设计洪水位 29.82 m,1 000 年一遇校核水位 30.73 m,总库容 2 153 万 m³,其中兴利库容 992 万 m³。水库设计以防洪、灌溉为主,兼顾生态景观等综合效益。枢纽工程有均质大坝一座,坝顶高程 32.5 m,坝顶长 1 524 m,坝顶宽 6.0 m,挡浪墙顶高程 33.5 m,最大坝高 16.5 m。灌溉输水涵洞两座,均为钢筋混凝土管涵,洞径 ϕ0.9 m,南涵进口底高程 23.06 m,设计流量 1.3 m³/s;北涵进口底高程 24.75 m,设计流量 1.0 m³/s。泄洪闸 1 座,3 孔×2 m,设计流量 84 m³/s,非常溢洪道一处,底高程 27.5 m,底宽 8 m,子埝顶高程 28.5 m。补水入库翻水站 1 座,位于溢洪道下游南侧,装机 3 台套,共 390 kW,抽引流量 2.1 m³/s。

中山水库:水库位于溧水区城东南 3 km 处的低山丘陵区,秦淮河南源主流一干河上游。水库工程于 1957 年 11 月动工兴建,1958 年 5 月基本建成蓄水。集水面积 32.28 km²,100 年一遇设计洪水位 27.58 m,2 000 年一遇校核洪水位 28.51 m,总库容 2 868 万 m³。水库设计以防洪、灌溉、供水为主,兼顾生态景观等综合效益。枢纽工程有:主、副坝各一座,均为均质土坝,主坝长 1 145 m,副坝长 252 m,坝顶高程均为 30.6 m,挡浪墙顶高程 31.6 m,坝顶宽度 6 m,最大坝高主坝 13.6 m,副坝 5.9 m;泄洪闸一座 3 孔×2.5 m,设计流量 95 m³/s;灌溉输水涵洞两座,洞径分别为 ϕ0.45 m、ϕ0.9 m,合计设计流量 1.5 m³/s;在副坝以北丘陵垭口设非常泄洪道两处,底宽各 60.0 m,底高程 27.5 m,子埝顶高程 28.75 m,顶宽 2.0 m。

方便水库:水库位于溧水区低山丘陵地区,秦淮河支流二干河上游,水库工程于 1958 年动工兴建,1959 年建成蓄水。集水面积 77.1 km²,50 年一遇设计洪水位 28.10 m,1 000 年一遇校核洪水位 29.26 m,总库容约 4 900 万 m³。水库设计以防洪、灌溉、供水为主,兼顾生态景观等综合效益。枢纽工程有大坝一座,均质土坝,坝顶长 1 077 m,坝顶高程 31.7 m,最大坝高 14.5 m,坝顶宽 7.0 m,大坝北端坝顶宽 5.0 m,挡浪墙顶高程 32.7 m;泄洪闸一座,3 孔×2.5 m,设计流量 97.0 m³/s;输水涵洞两座,洞径均为 ϕ0.9 m,合计设计流量 3.6 m³/s;北涵洞出口处建水力发电站一座,装机 3 台套,总容量 76 kW;非常泄洪道一处,底宽 120.0 m,堰顶高程 27.5 m,子埝顶高程 29.3 m,子埝顶宽 2.0 m。

卧龙水库:水库位于溧水区北部低山丘陵,秦淮河支流二干河上游,水库工程于 1959 年 3 月开工兴建,1960 年 3 月基本建成。集水面积 18.2 km²,50 年一遇设计洪水位 19.59 m,1 000 年一遇校核洪水位 20.29 m,总库容约 1 276 万 m³。

水库设计以防洪、灌溉为主,兼顾生态景观等综合效益。水库枢纽工程有均质土坝一座,坝顶高程23.0 m,挡浪墙顶高程24.0 m,坝顶长258 m,顶宽5.0 m。灌溉输水涵洞一座,钢筋混凝土圆管,洞径 ϕ0.9 m,设计流量2.1 m³/s。泄洪闸一座,3孔×2.5 m,设计流量97 m³/s。

赵村水库:水库位于南京市江宁区南部,秦淮河支流横溪河上游,于1957年动工兴建,1959年完成。集水面积18.32 km²,50年一遇设计洪水位33.95 m,1 000年一遇校核洪水位35.16 m,总库容1 034.2万 m³,其中兴利库容716万 m³。水库设计以防洪、灌溉为主,结合生态景观等综合效益。水库枢纽工程有大坝一座,坝顶长500 m,坝顶高程36.0 m,在迎水坡高程23.0 m设戗台,宽12.0 m,背水坡高程29.0 m设戗台,宽3.0 m,为均质土坝,坝脚设有棱柱体反滤。大坝东端有灌溉输水低涵一座,进口底高程23.2 m,洞径0.65 m×0.65 m,配3吨手摇启闭机,斜拉式闸门;西端有灌溉输水高涵一座,进口底高程25.3 m,洞径 ϕ0.5 m,配5吨手摇启闭机,直升式闸门。泄洪闸一座7孔×2.6 m,最大泄洪流量为210 m³/s。

表2.6-3 秦淮河流域水库基本情况表

行政区域	水库名称	水库座数	汇水面积(km²)	总库容(万 m³)
南京主城区	小型水库	2	1.69	80.68
江宁区	赵村水库	1	18.32	1 034.20
	小型水库	36	152.26	4 448.02
溧水区	方便水库	1	77.10	4 900.47
	卧龙水库	1	18.20	1 276.86
	中山水库	1	32.28	2 868.00
	小型水库	25	43.50	1 470.56
句容区	北山	1	59.50	4 980.00
	二圣桥	1	103.50	5 720.00
	茅山	1	33.50	2 153.00
	句容	1	45.80	2 859.00
	小型水库	37	118.59	5 931.87
合计	中型小库	8	388.20	25 791.53
	小型水库	100	316.04	11 931.13
	总计	108	704.24	37 722.66

2 秦淮河流域概况

(2) 塘坝

秦淮河地区重点塘坝总计 327 座,总库容 5 829 万 m³,兴利库容 3 995 万 m³,其中南京 288 座,总库容 5 304 万 m³,镇江 39 座,总库容 525 万 m³。

3. 水利枢纽建筑物

秦淮河干流上现有赤山闸枢纽、武定门枢纽、秦淮新河枢纽、三汊河河口闸枢纽、天生桥闸枢纽,共计 5 座。

(1) 赤山闸枢纽(图 2.6-2)

赤山闸枢纽位于赤山东麓赤山湖出口与汇入句容河处,主要功能为蓄水、挡洪、排洪和补水,于 1975 年 10 月建成运行,是控制调度赤山湖的核心枢纽建筑物;由赤山闸和泵站构成,赤山闸 6 m×5 孔,设计过闸流量为 300 m³/s;泵站由 4 台机组构成,总设计抽水流量 11 m³/s,闸站底高程均为 4.5 m。

图 2.6-2 赤山闸枢纽

(2) 武定门枢纽(图 2.6-3)

武定门枢纽由节制闸和泵站构成。武定门节制闸位于南京市武定门以东约 600 m 的外秦淮河干流之上,于 1960 年 9 月建成运行,后分别于 1997 年、1999 年、2007 年先后进行了三次加固改造,共 6 孔,每孔净宽 8 m,闸底板高程 0.3 m,设计排洪流量 450 m³/s,引潮流量 150 m³/s。武定门泵站位于武定门节制闸下游约 600 m,于 1969 年建成,2014 年进行更新改造,为双向灌排两用泵站,设计流量 46 m³/s,设计扬程 2.8 m。

(3) 秦淮新河枢纽(图 2.6-4)

秦淮新河枢纽位于秦淮新河入江口上游约 1.8 km 处,由节制闸、船闸和泵站构成,节制闸于 1980 年 6 月建成,2002 年进行除险加固,共 12 孔,每孔净宽

图 2.6-3　武定门枢纽

6 m,闸底高程 0.0 m,设计排洪流量 800 m³/s,校核排洪流量 1 100 m³/s;船闸位于节制闸右侧,按Ⅳ级船闸设计,设计通过最大船舶吨级为 500 吨级,兼顾 1 000 吨级,船闸尺度为 165 m×18 m×4 m(闸室长×口门宽×槛上水深);泵站位于节制闸左侧,于 1982 年 6 月建成,2002 年加固改造,为灌排两用泵站,由 5 台机组构成,总设计流量 50 m³/s,设计扬程引水 2.5 m、排洪 2.0 m。

图 2.6-4　秦淮新河枢纽

(4) 三汊河河口闸枢纽(图 2.6-5)

南京市三汊河河口闸位于外秦淮河入江口,是南京市外秦淮河环境综合整治工程的重要组成部分,工程于 2004 年 8 月 5 日开工建设,2005 年 9 月 30 日完工,总投资 1.5 亿元。工程主要功能是非汛期关闸蓄水,抬高武定门至三汊河入江口河段水位,改善城市河道景观;汛期开闸行洪。该闸采用"双孔护镜门"方案。闸室为钢筋混凝土坞式结构,顺水流方向长 37 m,总宽度 97 m,单孔净宽 40 m;闸底板高程 1.00 m;单扇闸门直径 44 m,门高 6.5 m,门厚 1.6 m。闸门顶部共设有 12 扇调节水位的活动小闸门,该闸为Ⅱ等二级水工建筑物,正常过流量为 30 m³/s;非汛期排涝流量为 80 m³/s(关闸蓄水状态);汛期行洪流量为 600 m³/s。

图 2.6-5 三汊河河口闸枢纽

(5) 天生桥闸枢纽(图 2.6-6)

天生桥套闸是连接秦淮河与石臼湖水系的控制性水工建筑物,具有防洪、蓄水、引水、通航、分洪、旅游等主要功能。老天生桥闸位于天生桥河上,于 1972 年 8 月建成并投入使用,主要作用是蓄水、挡洪、通航,主体建筑物包括南闸首、北闸首、闸室三部分,总长 150 m。其中闸室段为天然河谷,长 120 m,底宽 13 m,底高程为 3.5 m;南北闸首底板顶高程为 3.5 m,单孔净宽 12 m。经多年运行老闸破损老化严重,存在重大安全隐患,2017年11月启动天生桥套闸除险加固工程,对老闸进行拆除并向石臼湖方向移址4.5 km新建。该工程采用套闸与节制闸结合的布置型式,按防洪50年一遇标准设计,节制闸设计过闸流量276 m³/s,套闸参照Ⅵ级船闸设计,闸孔宽12 m,闸室长120 m。

图2.6-6 天生桥闸枢纽

4. 圩区及排涝泵站(表2.6-4)

秦淮河流域现有圩区82个,总面积约719.8 km²,排涝泵站约305座,总规模约1 192.94 m³/s。其中南京圩区58个,面积约610.2 km²,排涝泵站约245座,规模约1 051.52 m³/s,镇江圩区24个,面积约109.6 km²,排涝泵站约60座,规模约141.42 m³/s。

表2.6-4 秦淮河流域圩区情况统计表

序号	圩区名称	圩区面积(km²)	圩区属性	位置	重要保护对象
1	主城城南圩区	29.89	城镇	外秦淮河北岸	南京主城
2	主城宁南圩区(含邵圣圩)	28.42	城镇	秦淮新河北岸、外秦淮河南岸	南部新城、南京南站

2 秦淮河流域概况

续表

序号	圩区名称	圩区面积（km²）	圩区属性	位置	重要保护对象
3	主城河西圩区	56	城镇	外秦淮河南岸、秦淮新河北岸	南京河西地区
4	运粮河左岸圩	7.6	城镇	运粮河左岸	江宁东山城区
5	运粮河右岸圩	10.2	城镇	运粮河右岸	南京城区
6	王家圩	5.05	城镇	外秦淮河右岸	江宁东山城区
7	姚家圩	7.92	城镇	运粮河左岸	江宁东山城区
8	北沿圩	7.08	城镇	外秦淮河右岸	江宁东山城区
9	小马联圩	20.44	城镇	秦淮河干流左岸	江宁经济开发区
10	玉带圩	16.63	城镇	外秦淮河右岸	江宁东山城区
11	大马墩圩	22.78	城镇	秦淮河干流左岸	江宁经济开发区
12	秣陵联圩	31.2	混合	溧水河左岸	秣陵街道
13	云台山河圩	10.46	混合	云台山河左岸	
14	禄口联圩	37.32	混合	溧水河左岸	空港新城
15	泉家圩	3.06	农业	横溪河左岸	
16	长兴圩	4	农业	横溪河左岸	
17	铁家圩＋天宝圩	2.64	混合	徒盖河左岸	
18	团结圩	13.68	混合	三干河左岸	禄口机场
19	东北新圩	3.51	农业	三干河左岸	
20	石潄圩	2.12	农业	三干河左岸	
21	东阳圩	29	农业	溧水河右岸、句容河左岸	
22	白米圩	21.36	农业	句容河左岸	
23	朝阳圩	31.07	混合	二干河右岸	
24	周岗圩	40.55	农业	高阳河左岸、一干河右岸	
25	柘塘圩	21.23	混合	溧水河右岸	溧水经济开发区
26	南大圩＋凌庄圩	9.42	混合	一干河右岸	
27	清溪圩	2.07	农业	一干河右岸	
28	荷花圩	1.32	城镇	一干河右岸	溧水主城
29	红旗圩	0.45	城镇	一干河右岸	溧水主城
30	章西圩	3.47	混合	二干河左岸	
31	孔塘圩	0.74	农业	高阳河右岸	

续表

序号	圩区名称	圩区面积（km²）	圩区属性	位置	重要保护对象
32	甲山圩	0.5	农业	高阳河右岸	
33	陈家圩	1.4	农业	高阳河右岸	
34	中圩	0.31	农业	高阳河右岸	
35	白土圩	1.92	农业	二干河左岸	
36	开泰圩	1.62	农业	二干河右岸	
37	五谷圩	2.08	农业	二干河左岸	
38	新建圩	1.4	农业	二干河右岸	
39	南圩	0.73	农业	二干河右岸	
40	排上圩	0.13	农业	二干河右岸	
41	田家圩	2.53	农业	二干河左岸	
42	蒲杆圩	1.38	农业	二干河右岸	
43	后方圩	1.31	农业	二干河右岸	
44	长乐圩	1.71	农业	二干河右岸	
45	五圩	14.32	农业	三干河右岸、一干河左岸	
46	河东圩	1.44	城镇	一干河左岸	溧水主城
47	宝塔圩	3.25	城镇	一干河左岸	溧水主城
48	王家冲圩	2.18	城镇	一干河右岸	溧水主城
49	前村圩	3.25	农业	一干河左岸	
50	胜利圩	6.71	农业	二干河右岸	
51	葛村东万亩圩	23.98	农业	南河右岸	
52	葛村西万亩圩	6.3	农业	南河左岸	
53	赤山湖湖西圩	4.37	农业	赤山湖湖西	
54	方边圩	0.9	农业	南河左岸	
55	三岔大圩	10.53	农业	句容河左岸	
56	二圣大圩	16.79	农业	中河右岸、北河左岸	
57	大片圩	6.11	混合	中河左岸	
58	三岔北圩	9.67	农业	句容河左岸	
59	新生圩	4.91	混合	句容河左岸	句容城区
60	管庄圩	0.91	农业	句容河右岸	
61	前莘圩	0.84	混合	句容河右岸	句容城区
62	油榨圩	1.27	城镇	句容河右岸	句容城区

续表

序号	圩区名称	圩区面积（km²）	圩区属性	位置	重要保护对象
63	下路圩	1.48	混合	句容河左岸	句容城区
64	大埝圩	17.53	农业	句容河右岸	
65	秦塘圩	1.87	农业	句容河右岸	
66	祝贤圩	0.53	农业	句容河右岸	
67	健康圩	10.07	混合	秦淮河右岸、句容河右岸	
68	解溪圩	11.23	混合	解溪河左岸	
69	万安圩	16	农业	句容河右岸	
70	潘岗圩	0.8	城镇	句容河右岸	湖熟集镇
71	大西圩	0.57	城镇	句容河右岸	湖熟集镇
72	胜利联圩	3.1	农业	句容河右岸	
73	西洋圩	1.3	农业	句容河右岸	
74	焦头湖圩	8	农业	汤水河右岸	
75	五城圩	8.18	农业	汤水河右岸	
76	西城圩	11.84	农业	句容河右岸	
77	红旗圩	4.67	农业	汤水河左岸	
78	石狮圩	0.98	农业	汤水河左岸	
79	五星圩	1.53	农业	汤水河左岸	
80	二林圩	0.52	农业	汤水河左岸	
81	团结圩	1.86	混合	汤水河右岸	
82	唐家圩	2.31	农业	汤水河右岸	
	城镇圩区小计	223.3			
	农业圩区小计	299.5			
	混合圩区小计	197.0			
	总面积	719.8			

2.7 社会经济

秦淮河地区是江苏省省会所在地，是重要的政治、经济、科技、教育、文化中心。秦淮河地区范围涉及南京市的鼓楼区、秦淮区、玄武区、建邺区、雨花台区、栖霞区、江宁区、溧水区以及镇江市句容市，共9个行政区。该地区社会经济发展迅速,至2020年末,秦淮河地区所涉及行政区域常住人口约644.8万人,其中城镇人口达533.5万人,约占总人口的82.7%。2020年地区生产总值5 949.8亿元,其中第一产业115.7亿元,第二产业2 021.4亿元,第三产业3 812.7亿元,三产比例为1.9∶34.0∶64.1,工业增加值达1 671.6亿元,人均地区生产总值9.2万元。

秦淮河地区有南京主城区、东山副城、仙林副城、溧水永阳新城和句容城区等重点城镇,还有禄口国际机场、京沪高铁、宁杭高铁、沪宁高速等重大基础设施。

2.8 流域城市化发展情况

秦淮河流域是南京城市发展的精华所在,南京主城区及江宁副城均位于秦淮河中下游腹地,随着流域内社会经济的高速发展,建成区面积不断扩大,尤其是改革开放以来的四十多年,秦淮河流域的下垫面变化越发剧烈。

以GoogleEarth不同年代的遥感影像图为依据(图2.8-1),选取1988年、1994年、2006年和2015年四个代表年,统计秦淮河流域范围内建成区范围的变化情况(表2.8-1)。从统计结果看,秦淮河流域20世纪90年代以前城市建成区主要集中在流域下游主城区,20世纪90年代以后城市化发展秦淮河干流逐渐往南。进入21世纪,南京城市进入高速发展期,城市规模迅速膨胀,随着东山副城、禄口新城、空港新城、溧水城区的发展,流域中游两岸圩区也基本发展成建成区。随着南京城市化面积不断增大,大面积的开发建设使得大片的耕地、水面、林地被街道、工厂和住宅等建筑物所代替,下垫面的滞水性、渗透性均发生明显的变化,集水区内天然调蓄能力减弱,这些都促使市区及近郊的水文要素和水文过程发生相应变化。

表2.8-1 秦淮河流域建成区面积统计表

年份	面积(km^2)	比例(%)
2015	568	0.21
2006	362	0.13
1994	134	0.05
1988	110	0.04
秦淮河总面积	2 684	1.00

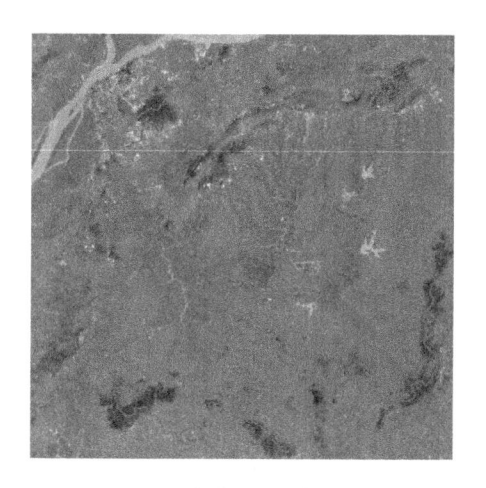

(a) 1988 年秦淮河流域遥感图 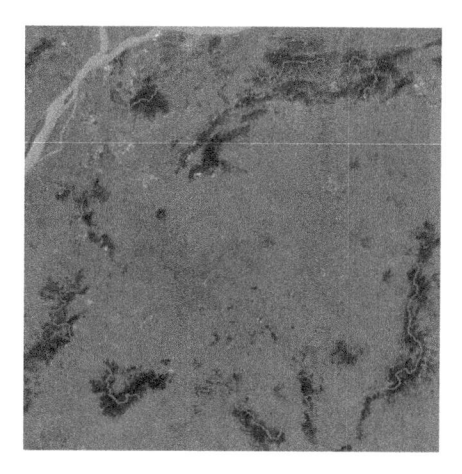　　　　　　(b) 1994 年秦淮河流域遥感图

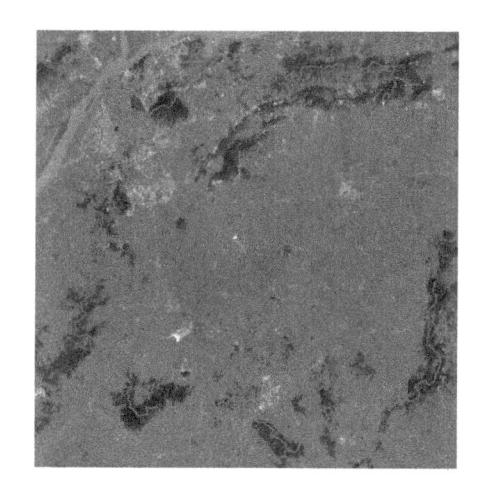

(c) 2006 年秦淮河流域遥感图 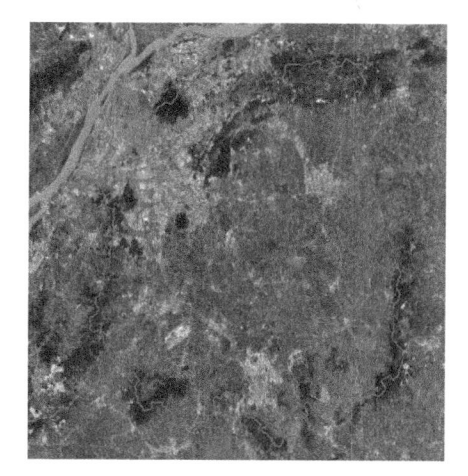　　　　　　(d) 2015 年秦淮河流域遥感图

图 2.8-1　各年份秦淮河流域遥感图

3 秦淮河流域水系变迁历程

秦淮河,中国长江下游右岸支流,古称龙藏浦,汉代起称淮水,唐以后改称秦淮。流域三面环山,一面临江,是典型的山间盆地。历史上受自然演变、地壳运动、人类活动的影响,流域河网水系发生了多次变迁。从成因来看,秦淮河水系的演变过程主要受自然因素和人类活动因素两者影响,自然因素主要包括地质构造、地形地貌、气候气象、水文泥沙等,人类活动因素包括人类为了生存及发展采取的圈圩造地、建城、灌溉引水等措施。

3.1 秦淮河水系变迁过程划分

从水系演变主要成因、生产生活方式、水土资源开发方式、人水关系等角度,可将秦淮河水系变迁过程划分为以下阶段:

(1) 自然演变期。该时期是秦淮河水系形成和发展初期,秦淮河水系处于天然演变状态,完全受自然因素控制。人类生活方式主要是逐水而居,以渔猎采摘为生,基本没有抵御自然灾害的能力,只能被动地适应、屈从自然,所以秦淮河水系的演变具有自然缓慢、突变剧烈等特征。

(2) 人类活动影响期。该时期秦淮河两岸的人类活动逐渐加剧,人类开始按照自己的需求,对秦淮河水系进行人工干预,从完全顺应秦淮河水势到逐步改造秦淮河。这个阶段秦淮河水系变迁的剧烈程度与流域内人类活动的频率呈正相关。秦淮河整个演变过程也是人类从群居、到部落、再到城市的发展过程,从城市发展与秦淮河关系可进一步划分为 4 个阶段:原始文明时代水系雏形期、农业文明时代缓慢演变期、工业文明时代剧烈变化期、生态文明时代人水和谐期。人类也从开始的崇拜自然、屈服自然,逐步向适应自然、改造自然发展,最终追求人水协调。

①原始文明时代水系雏形期是自然因素主导下,秦淮河水系格局逐渐形成和不断调整的时期。该时期的秦淮河水系连通仍然以自然演变为主,但也出现了一些顺应自然规律的开发治理与人工干预。河流治理处于不断摸索阶段,开发处于起步阶段,显示出了初步的人为干预能力。

②农业文明时代缓慢演变期是自然-人工干预相结合的时期,这个时期人类生产力不断得到提高,流域内人口迅速增长,为了满足生产、生活需要,人们开始试图改造秦淮河,通过河湖围垦以增加农田面积,通过修筑堤坝以抵御洪水侵扰,通过修筑河渠、塘坝以改善灌溉条件。这个阶段受社会生产力的制约,人类还不能完全按照自身需求改造秦淮河,流域水系的发展整体趋于稳定,局部缓慢变化。

③工业文明时代剧烈变化期是秦淮河水系变化最为剧烈的时期,这个时期人类的科技水平和生产能力取得了跨越式的发展,为解决流域防洪问题、排涝问题、水资源问题,人类对河流水系的改造日趋迫切,大量河道清淤、新河开挖、堤防修筑等工程在这个时期集中上马,秦淮河水系结构发生较大的变化。该时期秦淮河水系格局直接受人类活动影响,自然影响因素的主导作用逐渐减弱。河湖水系在为人类服务的同时,其面临的压力负荷也不断增大,一些地区开始出现河网水系的衰退,流域水旱灾害有增多趋势。

④生态文明时代人水和谐期是当前秦淮河正在经历的时期,这个阶段秦淮河大水系布局已趋于完善,人类对水系的改造从服务于生产、生活逐渐向追求人水和谐方向发展。在防洪排涝、水资源问题得到基本解决的前提下,治理好水污染、保护好水环境正成为本阶段流域治理的主要问题。在河长制的推动下,持续推进水生态环境治理,不断满足人民日益增长的生态环境需要,"绿水青山就是金山银山"理念更加深入人心,"人、水、城"和谐统一的公园城市初步形成。

3.2 自然演变期

该时期秦淮河水系在自然因素主导下,逐渐形成和不断调整。

从南京城的地形看(图3.2-1),南京城中有一条连续的山岗拦腰穿过,六朝时被叫作"连岗"。它东连钟山,经九华山、北极阁、鼓楼岗、小仓山、五台山,止于城西清凉山,是南京的分水岭,把南京分成南北两部分。分水岭以南有秦淮河来流,然后入江,算秦淮河流域;分水岭以北,为典型的山间平原地貌,玄武湖被幕府山、红山、钟山等山丘岗地环抱,纳群山之水汇成一湖,向北由金川河入江。

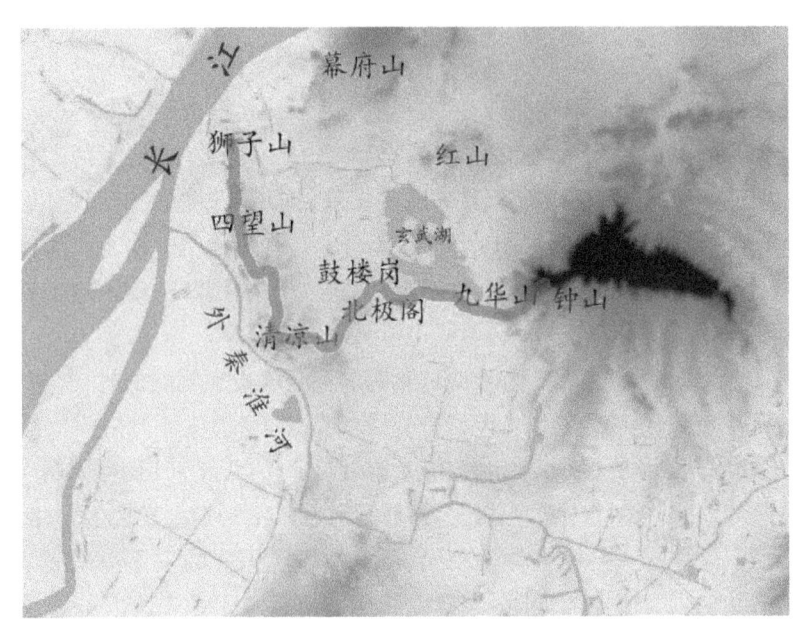

图 3.2-1　南京城地形图

根据《江苏地方志》记载,距今 1.1 万年前,是地球上离我们最近的一次地质冰期时代,南京的地面还在今天地下约 20 m。冰期时代的古秦淮从东南流来,先进入南盆地,然后向北流,穿过连岗的北极阁与九华山之间的山口(即今武庙闸位置)进入北盆地,再从狮子山旁的山口流入长江。这是一条古河道,河水清澈,水量不大。《南京市区河道地质调查报告》中证明古代秦淮河的流向是由南向北,大致由通济门经淮清桥、大行宫到市政府,穿过鸡鸣寺与覆舟山之间的隘谷抵玄武湖;再由大树根折向西流经模范马路向福建路方向直奔金川门,绕大桥南路汇入长江。根据资料分析,古河道长 14.8 km,一般宽达 1 000 m,古河道底部在地平面下 30～50 m。

冰期结束后,地球开始进入一个新的地质时期——"全新世"。全新世的气温在缓缓上升,就是"气候变暖",降水量也在逐步增大,每到雨季,古秦淮流域周边山上的泥沙被雨水冲刷下来,又被河水携带着奔流而下。大水起先还能顺利地流入长江,但到了距今 8 000 年前后,海平面因冰川融水大增而快速上涨,顶托长江水位抬高,作为长江支流的古秦淮水位也相应被顶托抬高。流速降低了,大量泥沙不得不在中途就沉积下来,河床因此被淤高,秦淮河冲积平原生成。距今 7 000 年前后,气温波动到最高值,长江中下游年平均气温比现在要高出 2~3 ℃,海平面上升,长江口被逼退到镇江、扬州。大洪水期间,南京的两个盆地几乎全被古秦淮占为河道,河面宽度达千米以上,河水必须通过武庙闸山口向北流,再从狮子山边的山口入江。而由于地壳运动,导致地面升高,使得鸡笼山至覆舟山之间的一条宽达 400 多米的隘谷随之向上隆起,形成门槛,古河道洪水因此受阻。最后,南盆地终于盛不下焦急等待通过山口的大水,大水便在西边的冶山与凤台山之间陇埂上漫溢,夺路流入长江,并下切出沟槽,很快又扩展成河道,古秦淮因此多了一个向西的入江口。古秦淮河水系图如图 3.2-2 所示。

图 3.2-2　古秦淮河水系图

新石器时代,秦淮河是座大湖泊,河湖不分,河就是湖,湖就是河,后人称之秦淮大湖(图 3.2-3)。秦淮大湖从上游至下游由 3 个湖泊群组成,一是以今赤山湖为中心的湖泊群,二是以今百米圩为中心的湖泊群,三是以今东山为中心的湖泊群。3个湖泊群中,以百米圩湖泊群面积为最大,范围东至句容市郭庄,南至溧水区拓塘、石湫,西至江宁区秣陵、禄口,北至江宁区湖熟、方山,湖泊水面面积约 300 km²。秦淮河古称龙藏浦,据史料记载,来源于以百米圩为中心的湖泊群。秦淮大湖的3个湖泊群,高水位时连成一片,洪水自赤山湖泊群,经百米圩、东山湖泊群流入长江,由于平原地区地形也有高低,因此枯水位时各个湖泊群各自为湖。赤山湖泊群与百米圩湖泊群的分界点为句容市赤山,百米圩湖泊群与东山湖泊群的分界点为江宁区方山。

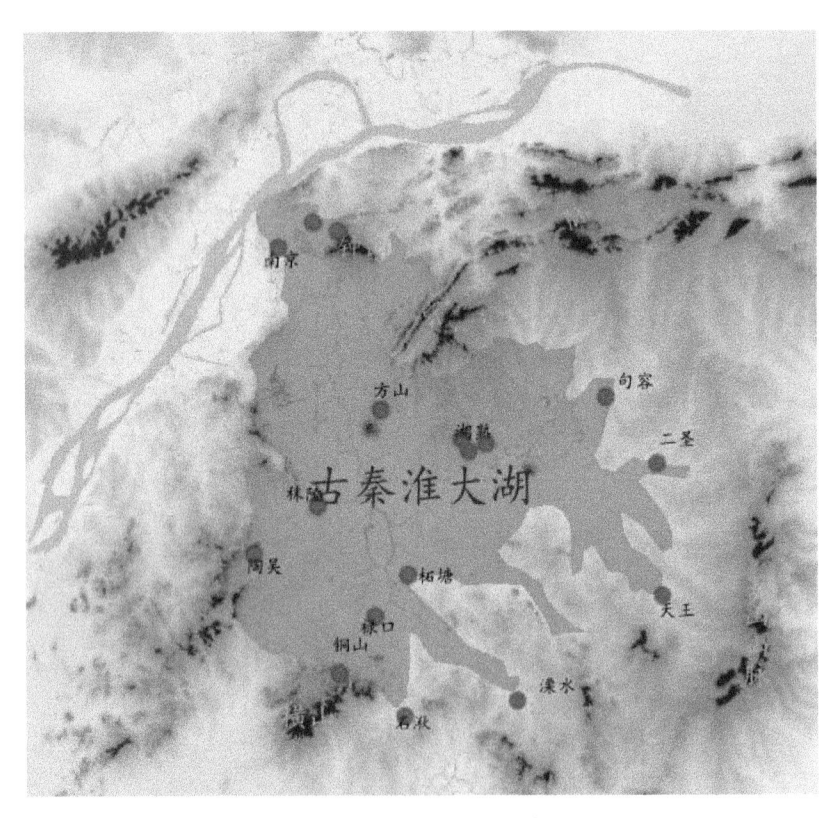

图 3.2-3 古秦淮大湖示意图

3.3 原始文明时代水系雏形期

在原始文明时期,人类对河流更多的是敬畏之情。当时社会人类生产能力低下,不能人为地改变生产生活环境。为了生存,人们自然地向物产丰富、动植物聚集的河谷平原一带聚集，并逐步建立起沿河的部落文明。

随着人口的不断增加，古人为了生存，需要增加农田面积，因此开始围湖造田，即史料所述"筑土御水，而耕其中"。古人围湖造田是采取由湖边向湖心推进，用挖河筑堤的方法，四周堤防封闭后，形成圩区，圩区与圩区之间是可以排泄洪水的河道（现称圩外河道），圩内形成可耕种的农田。截至周代末年，古秦淮三大湖泊群共围成面积为几百亩至几万亩的圩区（1亩约为666.67 m²），有300多座，形成圩外泄洪引水河道长约390 km。经过围湖造田，秦淮河的雏形已经初步形成，但是河形较乱、差，主支难分，时宽时窄，迂回弯曲，水流不畅，特别是百米圩湖泊群与东山湖泊群交界的方山与石硊山之间有一条高埂，影响秦淮河泄洪和引水。

这个时期的人类无力改变秦淮河，只能遵循自然的规律，顺应河流的发展变化，从秦淮河获取肥沃的耕地、丰盛的物产，秦淮河孕育了"北阴阳营文化""湖熟文化"等早期人类文明。

距今7 000～6 000年前古玄武湖经历大暖期的孕育，繁盛的亚热带常绿植物遍布山岗，成为人类宜居环境。湖区状态相对稳定之后，终于在距今6 000～5 000年之间第一次迎来了最早的新石器氏族部落，就是我们前面说的北阴阳营人。

北阴阳营土墩在古玄武湖边，依山傍水，生态环境非常好。北阴阳营人通过渔猎，得到湖里的鱼虾龟蚌和山地上茂密树林里的梅花鹿、野猪等动物食源。他们采集湖里菱角、芡实、莲藕等水生植物果实茎叶，也采集岗地上各种植物果实，自己喂养猪羊和狗。他们也会种植，也许已经在湖边浅水处种植水稻。他们佩戴各种玉饰件打扮自己，会编织，也会给陶器画上彩纹。他们喜欢雨花石，在墓葬里就留下了几十颗。他们是母系氏族的群居生活，在葬地里没有夫妻合葬。考古界后来称此类型为"北阴阳营文化"。

到了距今3 800年前后，本地区又迎来了一群新居民，这就是湖熟人。湖熟文化最早在1951年于南京市江宁区湖熟镇（今湖熟街道）发现，因而得名。湖熟文化遗址大多在河湖沿岸的土墩山丘上为主（因此称作台形遗址），遗址分布主要在南京、镇江以及太湖流域，代表了长江中下游地区的灿烂文化，其存在时间相当于中原地区商代迁往殷墟之前。

3.4 农业文明时代缓慢演变期

进入农业文明时代，人类初步开发利用河流，但仍主张敬畏河流。这一时期，随着青铜器、铁器的相继使用，人类开始有条件兴建一些水利工程，对河流洪水有了一定的防御能力。南京作为六朝古都，在历史上城市地位一直很高，南京城也是历史上建城年代较早的古城之一，为了让秦淮河更好地服务于南京城，历史上人们对秦淮河水系尤其是下游进行了多次的改造，而对秦淮河水系改造的频次及强度也与南京城市兴衰的过程关系密切。该时期，秦淮河的定位既是古代城市防御的重要工程措施，又是南京城内居民生活、生产用水的重要来源，秦淮河水系的变迁向我们娓娓道来一部以南京为中心的城市发展史。

南京地区在夏商二代，未见有城邑的记载。春秋时期南京地处"吴头楚尾"，作为军事前沿，吴、越、楚三国先后建有城邑。南京建都史自东吴定都建业开始。其后，东晋、南朝(宋、齐、梁、陈)、南唐、明、太平天国和中华民国，前后十代定都南京，共450年。历朝历代但凡南京城市急速扩张，秦淮河水系必然变化剧烈。

3.4.1 秦朝秣陵县时期

据传说，秦王朝统一六国之后，秦始皇为了宣德扬威、安定天下，曾先后五次外出巡视四方。第五次出巡，秦始皇出武关南下，抵达云梦泽，后乘船沿着长江一路东下，途径丹阳(今安徽当涂县东北)，向南经钱塘江，登上会稽山(浙江绍兴市附近)祭祀大禹，回程途中经金陵(今南京)。随行的望气术士见到金陵地形上呈卧虎藏龙之势，王气内聚，因此对秦始皇说：此处有天子之气。秦始皇听后大为不悦，因此下令开凿方山，引秦淮河之水，破金陵风水格局，同时将金陵二字改为秣陵，"秣"本义指喂马的谷饲料，意为该处只适合养马放养。

"凿方山，断长垄"固有传说成分，但也向我们传达了大量的历史信息，大规模整治秦淮河有可能是从秦朝开始，根据《六朝事迹编类》记载，方山西渎以至土山之间的15里，即秦时所开凿，以便让秦淮之水奔流入江，使龙藏浦一带湖泊沼泽变成万顷良田。工程完成后，秦淮河河道自上游至入江口基本形成，泄洪与引水比较通畅，时称淮水。该工程发挥了很大泄洪、引水、航运效益，但是当时的秦淮河仍是一条河线迂回弯曲、河宽时宽时窄、河底较高且不平坦、抗灾能力较低的河道。

3.4.2 六朝建业城时期

六朝时期战事频繁,各个军事集团之间经常兵戎相见,从东吴孙权时开始,在秦淮河入江口的清凉山上筑石头城,作为屯兵、屯粮的军事重地;同时"夹淮立栅",从石头城下开始,向南沿着宽阔的秦淮河下游两岸,用土、石等物修筑栅栏、营垒,绵延近十余里,与山上的石头城连成一体,形成保卫建康都城,特别是保卫皇城的坚固防御屏障。此时的秦淮河的水系布局更多是从城市防御角度考虑。同时,为满足建业地区物资供应,在都城建设过程中,围绕秦淮河开展了一系列的水网改造工程,不仅在其上架设浮航、修筑栅塘,也因循地形,在天然河道、沟渠基础上相继开挖或拓宽运渎、潮沟、东渠、城北渠等工程,并使这些水道与秦淮河连通起来构成完整的环绕都城的水网(图3.4-1)。

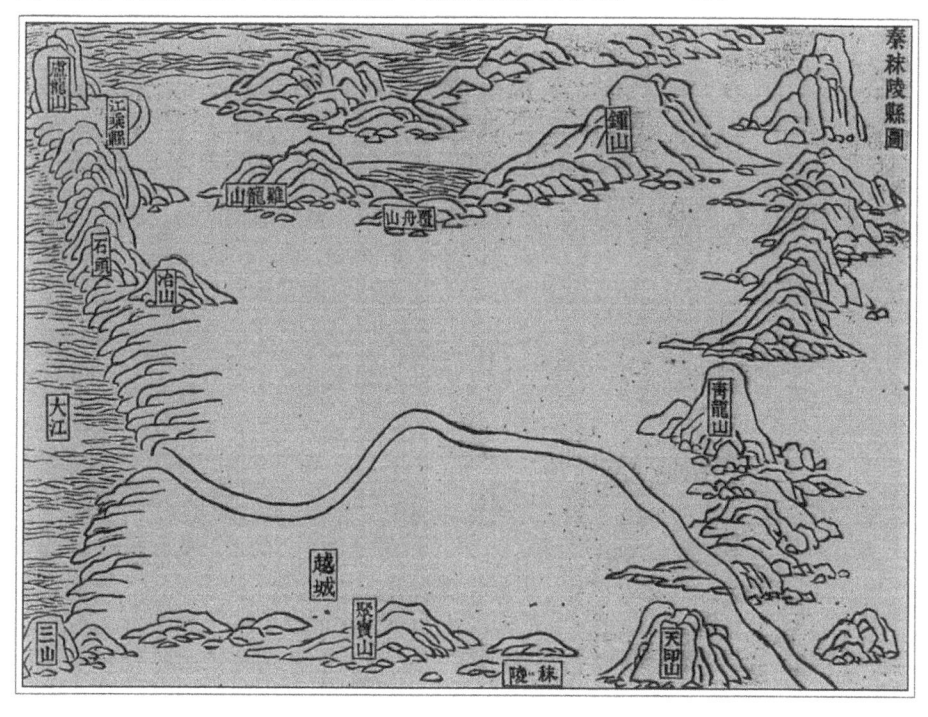

图 3.4-1 秦秣陵县图

潮沟为东吴孙权时开凿,是一条东西走向的河道,得名于通玄武湖水以引江潮。它开凿于鸡笼、覆舟二山之间的低洼处,今珍珠河北京东路以北河段是其遗迹。这里原是古淮水的河床,当时淮水即由这里注入玄武湖。潮沟北连玄武湖,东接清溪,西通运渎,南抵秦淮,是六朝时期建康城内的一条重要水道。

青溪发源于钟山,上源受钟山西麓之水,汇为前湖。吴赤乌四年凿深拓宽后,自今太平门南流,经马标、竺桥后折向西南,直抵今总统府前,经五老、寿星二桥折向东南,流经细柳巷东,复向西经娃娃桥、锦绣坊直至淮清桥注入秦淮。

运渎为使城市水系与秦淮河互相贯通,孙权于公元 240 年沿城西侧开凿,河道走向北抵宫城,南接淮水,为护城河,其位置大致在今北京东路(北极阁山南)、新街口、升州路(上浮桥)一线,其作用是传输漕粮。潮沟、青溪、运渎互相连接,组成了建康宫城周围的水网与秦淮河相沟通。五代南唐以后,运渎废弃不用而淤断,今已难觅踪迹。

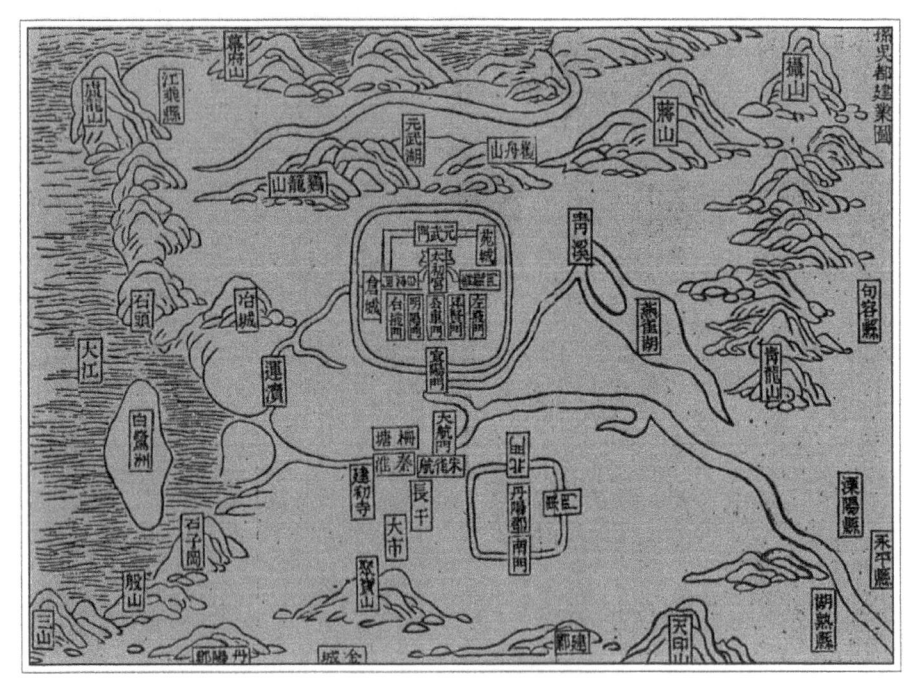

图 3.4-2 孙吴都建业图

孙权于赤乌八年(245 年),派校尉陈勋带领 3 万人马修治秦淮河。陈勋首先在建业南郊的方山西南侧拦截淮水,修筑大型水坝,称"方山埭"。并以秦淮河东源的句容为起点,向东破岗切岭,开凿了一条人工运河,即"破岗渎",直至今丹阳境内的云阳西城,以连接江南内河和太湖流域。为了调节水量,便于行船,陈勋从方山埭开始,沿着破岗渎全线相继修筑了 14 座堤闸(图 3.4-2)。

破岗渎属梯级运河,从今春城小溪村向东经何庄、毕墟、鼍龙庙、城盖、吕坊寺到南塘庄入宝堰通济河,长 30 多华里(1 华里为 0.5 km),共分 13 段,筑

14道土埭,保持各段水位。从小溪到毕墟七埭,水位提高16至18 m。毕墟至鼋龙庙地势最高,也是水位最高河段。从鼋龙庙至南塘庄七埭,水位逐埭下降。从小溪向西,经淤乡、三岔、湖熟、湖西村柏岗埭、龙都到方山埭入长江,把秦淮河与宝堰通济河连接起来(图3.4-3)。

由于破岗渎切岭段渠道窄,行船不便,到南朝萧梁(502—556年)时被废弃。后又在其南另开"上容渎",从句容县东南5里的地方开始,实行"顶上分流":一支东南流,长30里,沿途筑16座埭;一支西南流,长20里,沿途筑10座埭。出句容界,两流入秦淮河,转入长江。到陈朝,上容渎亦废,重新疏通破岗渎。

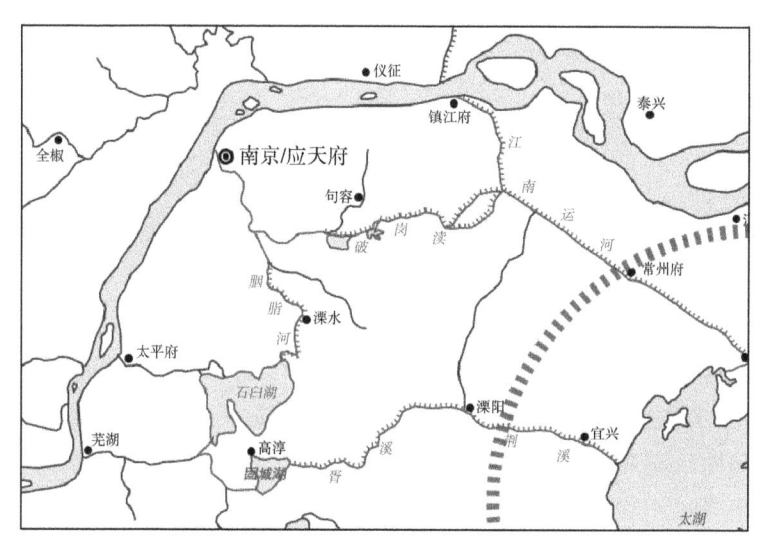

图3.4-3 破岗渎位置示意图

3.4.3 杨吴南唐城时期

秦淮河下游水分两支,是南唐修筑金陵城的结果。六朝及隋唐时期,秦淮河本在建康都城之南。五代十国时,杨吴、南唐开始经营金陵,南京的经济文化和城市发展再度进入高潮期,对秦淮河的利用和改造也进入了一个新的阶段。天祚三年(937年),李昪称帝,建都金陵府后改称江宁府。江宁府城位置较六朝建康都城故址向南迁移了不少,实际上是将原城南工商业及人口最为集中的地区划入城内。扩建的金陵城西据石头,南接长干,东以大中桥为限,北达今北门桥。都城的南移把河道也圈进城内,从而形成了内、外秦淮河(图3.4-4)。

当时,金陵城区南部同时并存三条大致平行的河道,即内秦淮河、中秦淮河

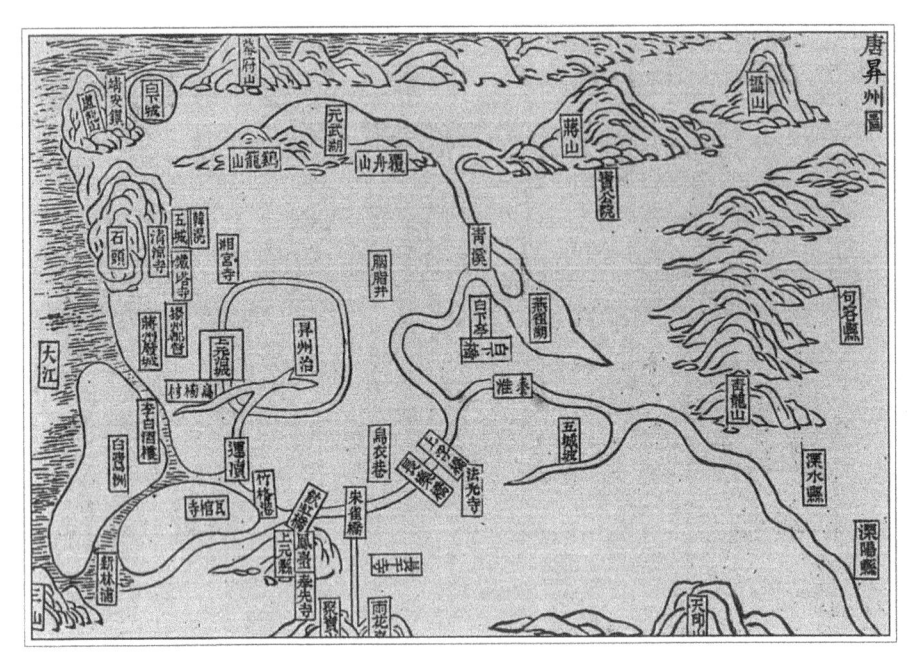

图 3.4-4　唐昇州图

及外秦淮河。内秦淮河是秦淮河的主干,杨吴时期筑城时跨河而建,设上、下水门,即今东水关及西水关。内秦淮河从东水关入城,流经淮清桥、镇淮桥、新桥,至下水门即西水关出城。中秦淮河的东段原为青溪,西段原为运渎,中间的一段则为南唐时开凿的护龙河的一部分。中秦淮河在今淮清桥与秦淮河主干即内秦淮河分流,向西经四象桥、内桥、鸽子桥等闹市区,从铁窗棂出城。外秦淮河原为一条独流入江的小涧,称"落马涧"。南唐的金陵城南墙即沿着涧北面修筑,并将落马涧拓宽挖深,引秦淮之水,成为城壕的南段。它绕城而西,分流入江,时称"杨吴城壕",如今称为"外秦淮河"(图 3.4-5)。

3.4.4　两宋建康府时期

通过最近的考古发掘出的遗迹可以看出,在南唐时,秦淮河河道已经开始变窄了,大概东西两侧各"缩水"五六米,"而到了宋代,秦淮河变窄的速度却一下子加大了,东西两侧各变窄了 10～20 m,一下子整个河道就缩减了 30～40 m"。至于河道突然变窄的原因,据推测大致有两点:第一,宋代时期金陵的水系处于严重的枯水期,导致河道迅速干涸。此说原因有两点:唐以后长江逐渐西移,在元代的文献中首次出现了莫愁湖的名字,据推算这一过程大概是在

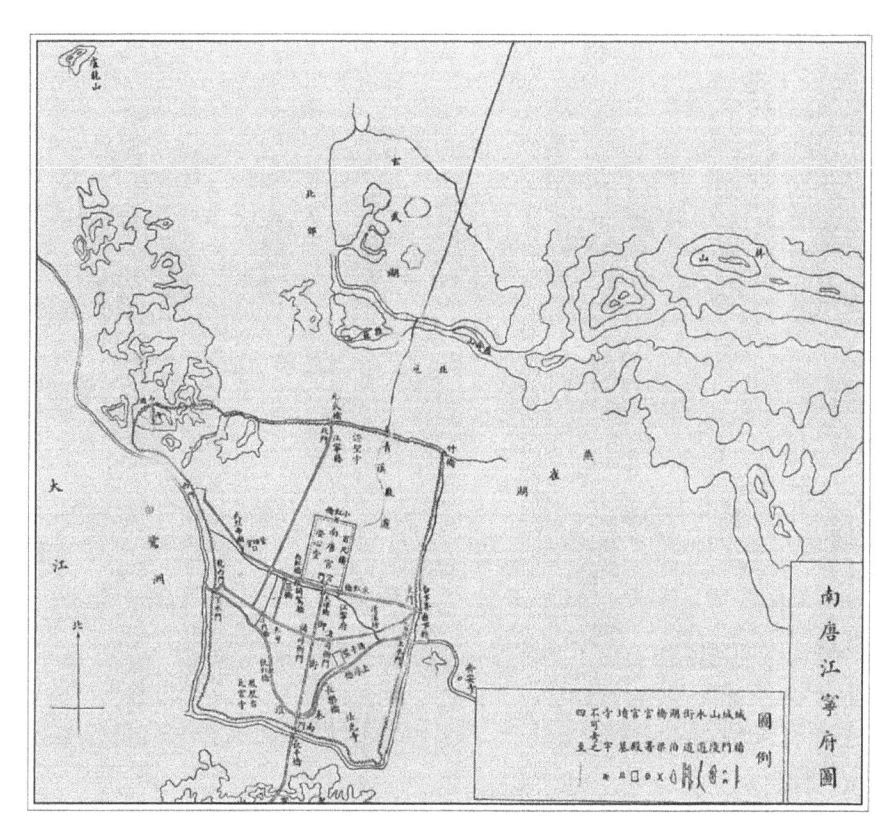

图 3.4-5　南唐江宁府图

宋代完成的,而只有枯水期才能导致长江西移之多;另外,玄武湖在六朝时面积很大,而到了宋代王安石竟能"泄湖为田",若不是处于枯水期,估计这么大的工程是无法下手的。第二,秦淮河干涸之后留下大片河床,随着沿岸区域的发展,人口拥挤,导致大量居民将房屋建于河床之上,致使秦淮河越来越窄(图3.4-6)。

3.4.5　元朝集庆路时期

元代时期为疏通秦淮河入江口一带的水路,避开大胜关江险,在沙洲中开凿阴山河,元代古地图上标为"新开阴山运粮河道",上至大胜关附近的官庄铺,下至今赛虹桥附近的毛公渡(图3.4-7)。这条新运道除了通行粮船外,还有来自四川、湖南、湖北、江西、安徽等地的竹、木、油麻、药等货物。直到1979年开凿秦淮新河时,它才被凿断。

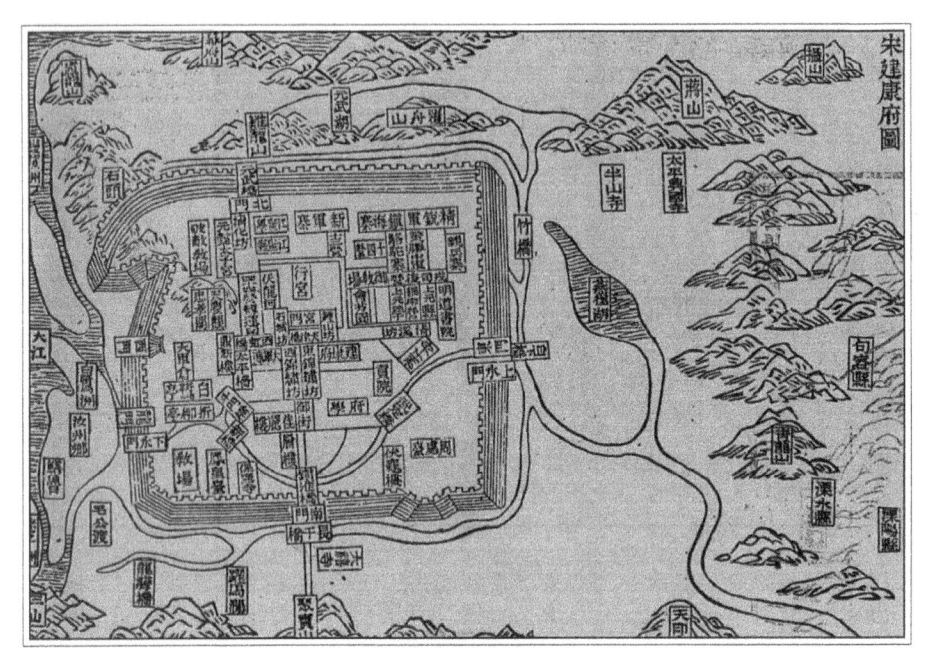

图 3.4-6　宋建康府图

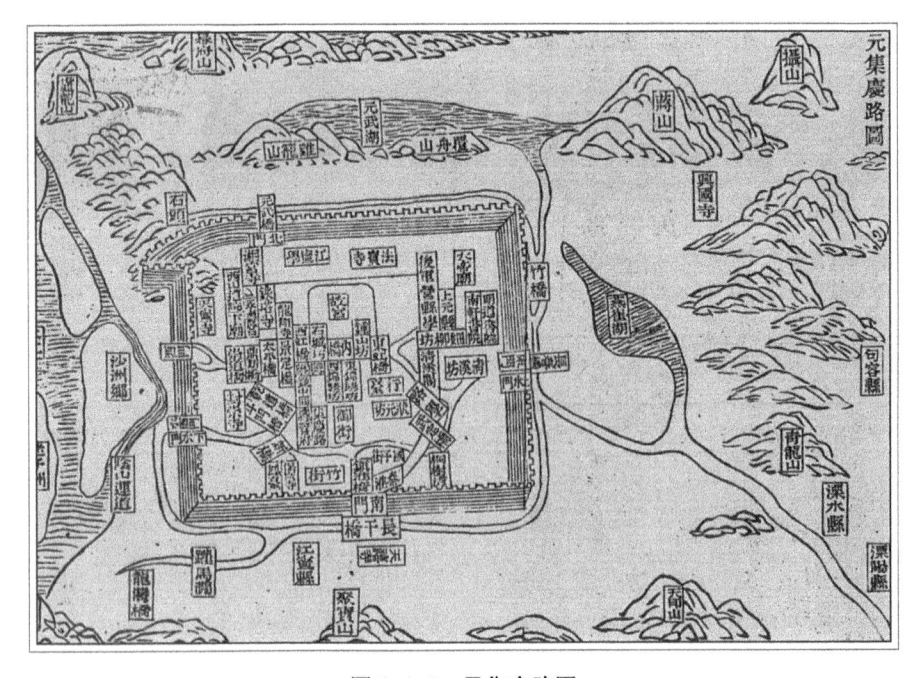

图 3.4-7　元集庆路图

3.4.6 明初应天府时期

公元1368年朱元璋称帝,建立明朝,将南京改称"应天府",先后修筑了宫城、皇城、京城和外郭城,城市规模得到了极大扩展(图3.4-8)。朱元璋定都南京,使南京第一次成为全国性的都城,他对秦淮河水系进行了一系列开掘整理,让秦淮河水系的大交通网络功能达到了历史的极致。朱元璋修筑体量巨大的南京城垣,改东、西水门为东、西水关,以船闸维持城内外的交通运输功能。城墙规模扩大,南自东水关向东延伸,西面北达狮子山,北面完全外扩,环城新开凿的城濠也连通秦淮河水系,成为城市水运系统的一部分。在城内的水道,有小运河、运渎故道、青溪故道以及导源于城东护城河的御河等,都与秦淮河水相连,由此构成了城市内外的水网系统。

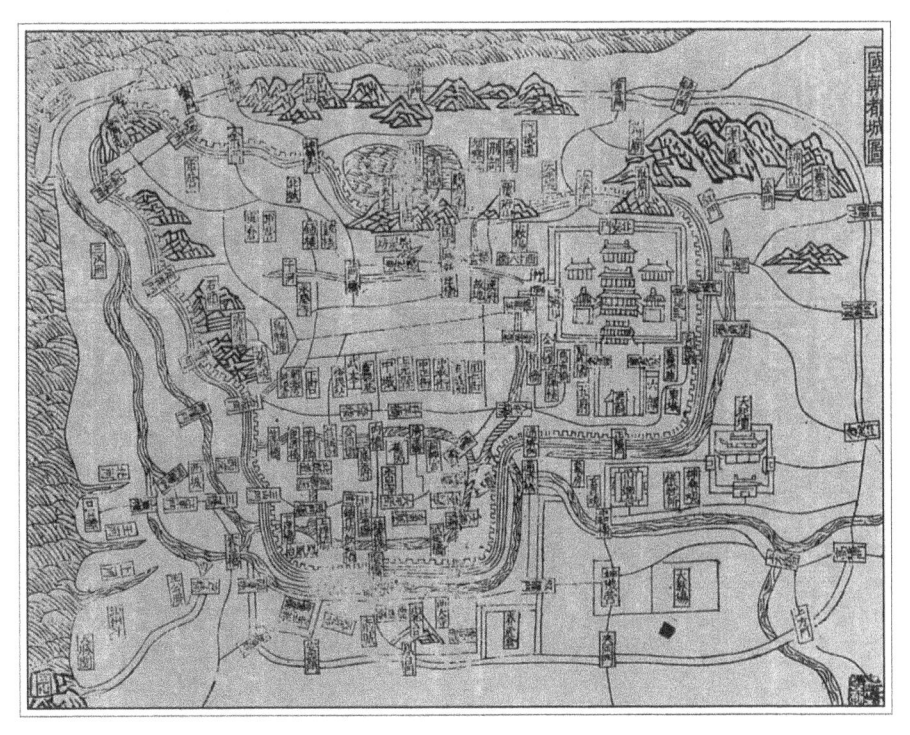

图3.4-8　国朝都城图(明)

对秦淮河的治理主要为内秦淮河,青溪、运渎、内秦淮等河道两岸成为繁华的市街区,东水关、西水关两处为沟通内外秦淮河的水路通道。

明代在秦淮河上游和秦淮入江口一带都修筑了大规模水利工程。上游地区最重要的工程是开凿胭脂河。明洪武二十六年,朱元璋派崇山侯李新"督有司开胭脂河于溧水,西达大江,东通两浙以济漕运"。胭脂河主要作用为沟通秦淮河水系与水阳江水系,乃至太湖水系的漕运航道,保障江南物资安全漕运至南京,天生桥河长约5 km,挖深25～30 m,开凿于胭脂石岗上,至今仍在运行。

此后,秦淮河部分水道因年久失修而逐渐淤塞,清初康熙年间,因水患关闭东水关,11个水门只留1门入水,城内水系逐渐湮废。秦淮河水也大部分从外秦淮入江。

农业文明时代,秦淮河水系变迁主要表现为以下特点:

1. 前期水系发展变迁缓慢,后期逐渐加剧。六朝以前秦淮河流域未有大规模的聚落出现,由于生产力低下,人类活动极度依赖秦淮河水系,对水系的改造微乎其微。东吴时期,孙权首次开始系统建设南京城,其中"破岗渎"的开凿建设极大地提升了城东南地段在长江以南广大地区的政治经济地位。东晋以后,城东南地段的城市建设活动增加,出现了大量园林、官邸建筑。另外由于这一时期水患不断,城东南地段的水工建设转向以防灾为主,产生了"缘淮塘"、赤山塘等重要工程。

2. 上游变化缓慢、下游变化剧烈。秦淮河中下游地区地势平坦、土地肥沃,东吴、东晋、南朝、南唐、明朝等纷纷将都城建于此,随着城市范围的扩大,秦淮河中下河地区水系变化较大。孙吴时期,南京城先后开凿有运渎、潮沟、清溪、城北渠等河道,用于完善都城的军事防御和交通。

3. 受城市发展影响,部分河段发展为城中河。杨吴大和四年(932年)建造金陵城时,改变旧有格局,把今天有"十里秦淮"之称的秦淮河段扩入城内。明代朱元璋建造应天府城,更是将旧城向北拓展到江边,六朝以来南京城背江而建的传统就此改变。秦淮河、金川河、运渎、清溪、杨吴城壕都被纳入南京城内。

3.5 工业文明时代剧烈变化期

工业文明时期,人类开始控制河流,对河流实行掠夺式开发。这一时期,随着生产力的迅速提高,人类基本上摆脱了对自然力的依赖,能够通过科学技术来控制、改造和驾驭自然过程,在意识形态上,"人定胜天"思想逐步占据了主导地位。生产规模、生产和生活方式的巨大变化,极大地刺激了人们从河流中获取财富谋求社会进步的欲望,用水需求急剧增加,众多水利工程逐渐兴起。

这一时期,南京城市化范围不断扩大,秦淮河原有的城市防御作用逐渐消失,人类对秦淮河水系的改造,更多的是从生活、生产需求方面考虑,该时期人类对秦淮河供水保障能力和防洪安全的要求占主导地位。

1949年以后,南京城市化发展不断提速,而特殊的地形特点,又使得秦淮河流域洪涝灾害频发,流域防洪能力远远不能满足城市发展的需求。该阶段人类对秦淮河水系的改造主要以水库塘坝建设、河道拓浚、裁弯取直、新开分洪通道为主。据统计,1949年以来秦淮河干流及主要支流水系裁弯取直共计42.35 km,其中外秦淮河裁弯取直6.05 km,干流长度缩短3.15 km,秦淮河干流裁弯取直10.98 km,干流长度缩短4.06 km,句容河裁弯取直7.14 km,干流长度缩短1.75 km。

3.5.1 中华民国南京城时期

中华民国政府定都南京以来,由于现代化城市防洪规划认知的缺失,南京的防洪工程建设在民国初期基本沿用了旧的治水理念,这使得南京城市洪涝灾害不能得以有效治理,1931年南京发大水,彻底暴露了南京旧有的防洪排水设施的问题。

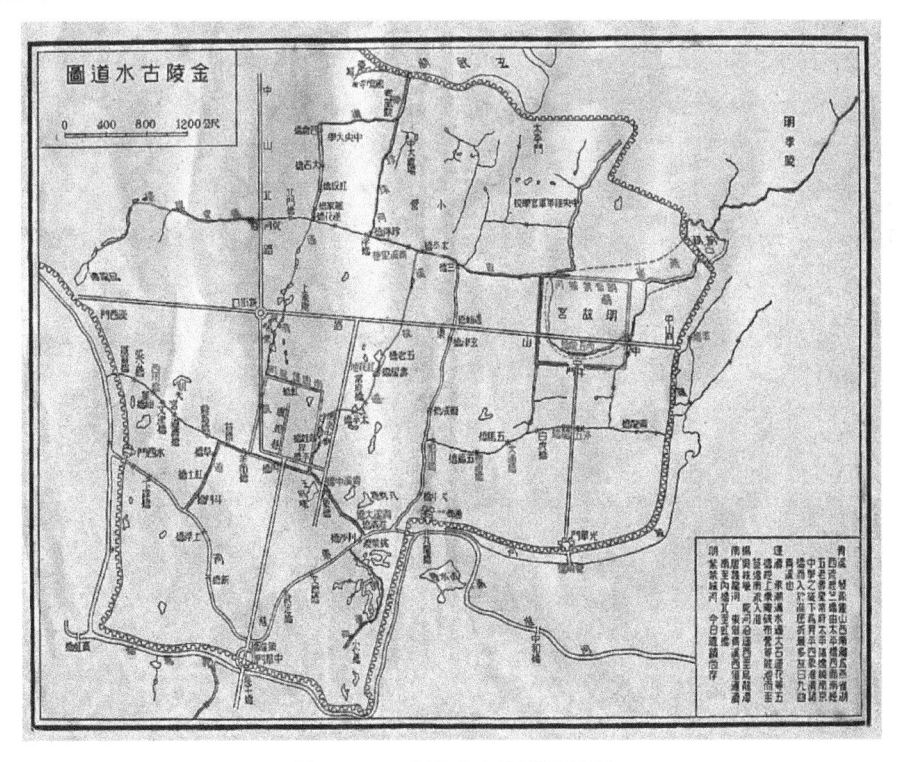

图 3.5-1　金陵古水道图(民国)

民国时期的秦淮河(图3.5-1),因年久失修,淤塞不通,每当雨季,河水四溢,全城经常淹水的面积达13%以上。1931年,外秦淮河水涨成灾,侵入城内,沿岸水深几尺余。内秦淮河两岸自东水关起,西经文德镇、淮新桥以达西水关为止,平均宽约100 m以内无不被水淹没,尤以夫子庙一带河水上溢至1 m左右,交通断绝,几及两月;再自东水关向西,北经淮清桥、四象桥、内桥而至汉西门,近两岸约在60 m以内均水没数尺,历久不退,而八府塘一带积水面积尤广,几同汪洋,水淹最深,历时亦最久。经统计,1931年大水受灾民众达4万余人,因灾流离失所者达2万余人,房屋财产损失达10.28万,被淹田地达10万余亩。

大水以后在国民政府主导下,南京市工务局开展了以修复城市水利设施、建设和完善城市排水系统为核心的城市水利工程建设,制定防水计划,实施下水道工程,确立防洪预警机制,在预防水患、防止城市内涝方面稍显成效。

秦淮河疏浚:民国时期,秦淮河沿岸居户栉比,市民对于卫生素不重视,历年来沿岸居民常将污水垃圾等废物倾入河中,而沿河房屋又逐渐侵占河身,于是导致秦淮河河幅渐狭,河床淤塞,水流污浊,至冬令时分既有干涸之像,洪水时期又有河水倒灌的忧患,全年仅于江水与河水相浮时可以开闸换流,使河水澄清,但每年至多也不过三四十日。1935年,江苏省建设厅提出修堤建闸、加高堤顶、疏浚河道的治理方略,实行以工代赈,连同赤山湖浚河工程共用银圆43万。1937年,南京市城区举行国民劳动服务,征调青壮年4万余人参与疏浚秦淮河,自1月15日至5月底分段实施完工。经过上述历年来的不懈疏浚与整治,秦淮河的防洪情势得到了一定程度上的缓解。

水闸与泵站工程:1934年,鉴于东、西水关闸门年久失修已失去效用,市政府拨款加建东、西水关闸门,春夏可防御江潮倒灌,冬季可避免河水流出,以保护秦淮河水源。至于内秦淮水深的保持,《首都计划》中提出"利用潦水之注入"。南京城内大部分地区较平坦,长江水位高时,城内并不比长江高多少,经常会闹水灾。因此,市政府建议在东水关建造抽水站,每到城外水位高涨之时,关闭水关阀门,防止城外水流进城内,同时利用抽水站将城内的水抽出,防止城内积水酿成灾害。冬季城内秦淮河干涸之时,利用抽水站将城外的水抽入城内,并冲洗河身,使城内污水从西水关排除。抽水站工程于1935年12月开始动工,次年7月完成,共耗费36 200多元。

3.5.2 秦淮河干流治理

秦淮河自南京市江宁区西北村至市区三汊河口为干流段，长度34.9 km，自古是南京城区最主要的行洪排涝通道。

1. 雨花桥至三汊河口段疏浚（图3.5-2）

1959年冬至1960年春，江宁县组织14个公社2万多民工疏浚雨花桥至三汊河口段，将河底高程由3 m降低到0 m，保证武定门临时翻水站引水需要。

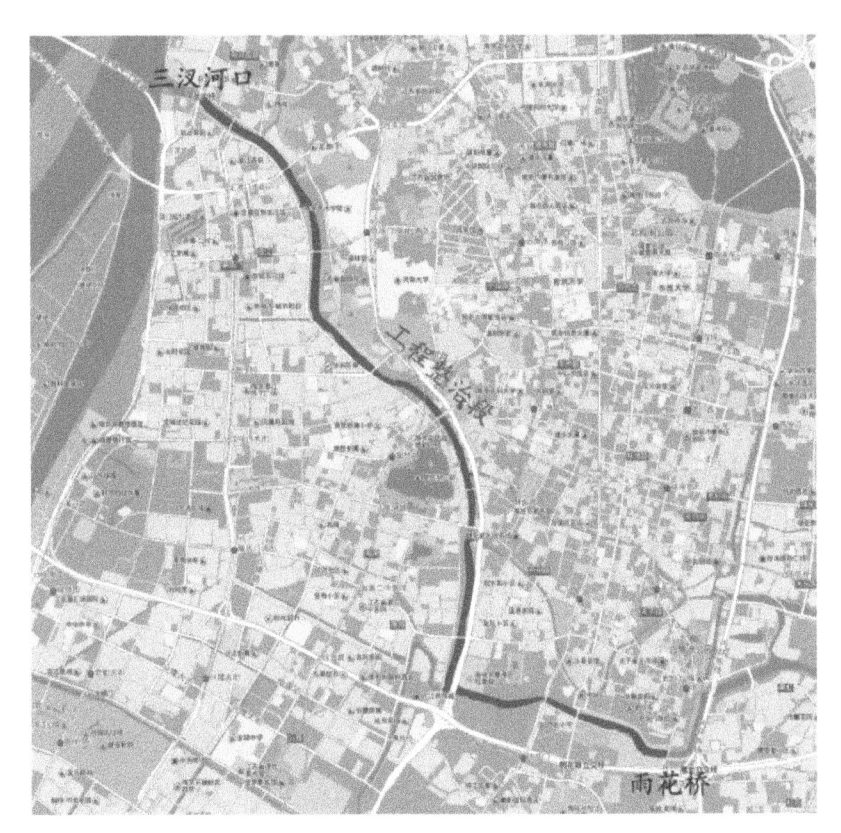

图3.5-2　干流整治段位置示意图（雨花桥至三汊河口段）

2. 武定门至水西门段疏浚（图3.5-3）

1969年冬至1970年春，江宁县抽调14个公社2万民工会战武定门。经过1个多月的战斗，疏浚拓宽武定门至水西门段2.3 km，河底高程挖至1 m，河底宽30 m；堤顶高程11.5 m，顶宽5 m，边坡比1∶2.5，共做土方50万 m^3，保证了红旗抽水站的引水。

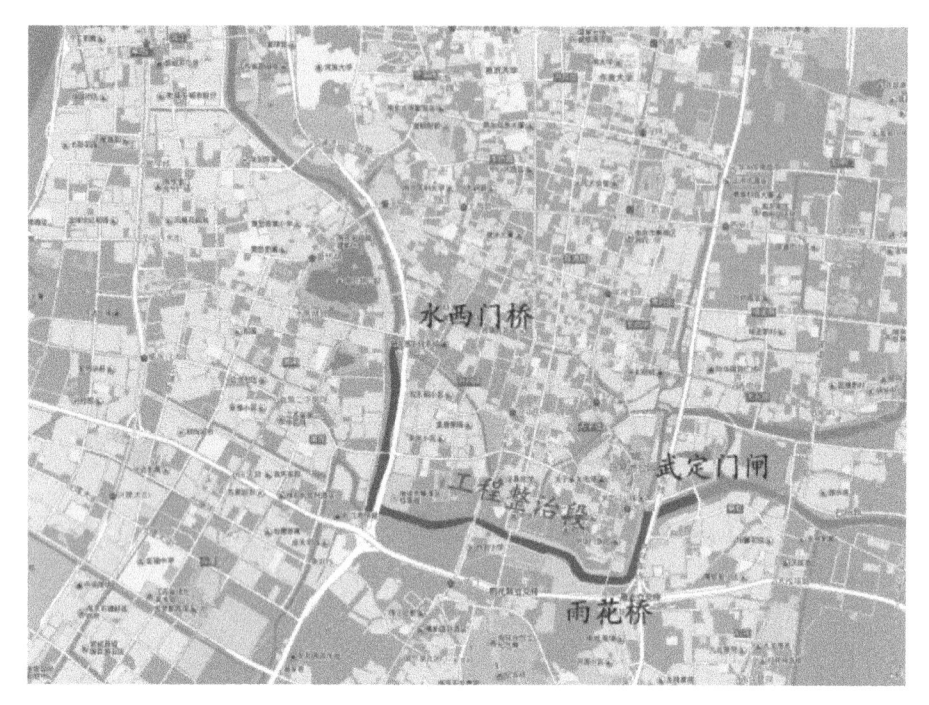

图 3.5-3　干流整治段位置示意图(武定门至水西门段)

3. 小龙圩、坝水庙等段治理

1979年冬至1980年春,江宁县组织14个公社4.7万民工拆除小龙圩坝,退建方前弯段、坝水庙段秦淮河堤防、疏浚洋桥段,裁弯取直张桥小圩段,完成土方231万 m³。设计标准:河底高程2～2.4 m,河底宽50～100 m,河坡比1:4;平台高度7.5～8 m,平台宽10～15 m;堤顶高程13.5～14 m,顶宽6 m,内外坡比1:3。至1980年2月10日完成了全部工程,5段共整治7169 m,其中小龙圩段1235 m,坝水庙段2246 m,方前弯段1512 m,洋桥段827 m,张桥小圩段1349 m,使河道泄洪能力由原有390个流量增加至1200个流量(表3.5-1、图3.5-4)。

表 3.5-1　1980年江宁县秦淮河干河5段整治情况验收表

工程地段	长度(m)	标准	河道底高(m)	河道底宽(m)	平台边坡比	平台高程(m)	平台顶宽(m)	堤防顶宽(m)	堤防顶高(m)	堤防边坡比
小龙圩段	1235	设计	2	70～100	1:4	8	10	6	13.5	1:3
		完成	2.2～2.3	70～100	1:4	8	10	6	14	1:3

续表

工程地段	长度(m)	标准	河道 底高(m)	河道 底宽(m)	河道 边坡比	平台 高程(m)	平台 顶宽(m)	堤防 顶宽(m)	堤防 顶高(m)	堤防 边坡比
坝水庙段	2 246	设计	2.2~2.4	50~100	1:4	7.5	10~15	6	13.2~14	1:3
		完成	2.2~2.4	50~100	1:4	7.5	10~40	6~10.8	13~13.9	1:3
方前弯段	1 512	设计	2.2~2.3	86~90	1:4	7.5	24	6	13.5~14	1:3
		完成	2.3~2.4	86~90	1:4	7.5	24	6	14	1:3
洋桥段	827	设计	2.4	66~80		6.50~7.50	10~15			
		完成	2.3~2.5	66~80	1:3	6.50~7.50	10~15	6	13.2	1:3
张桥小圩段	1 349	设计	2	50	1:3	8	52~62	6	14.3	1:3
		完成	4	60	1:3	7.5	52~60	6	13.2	1:3

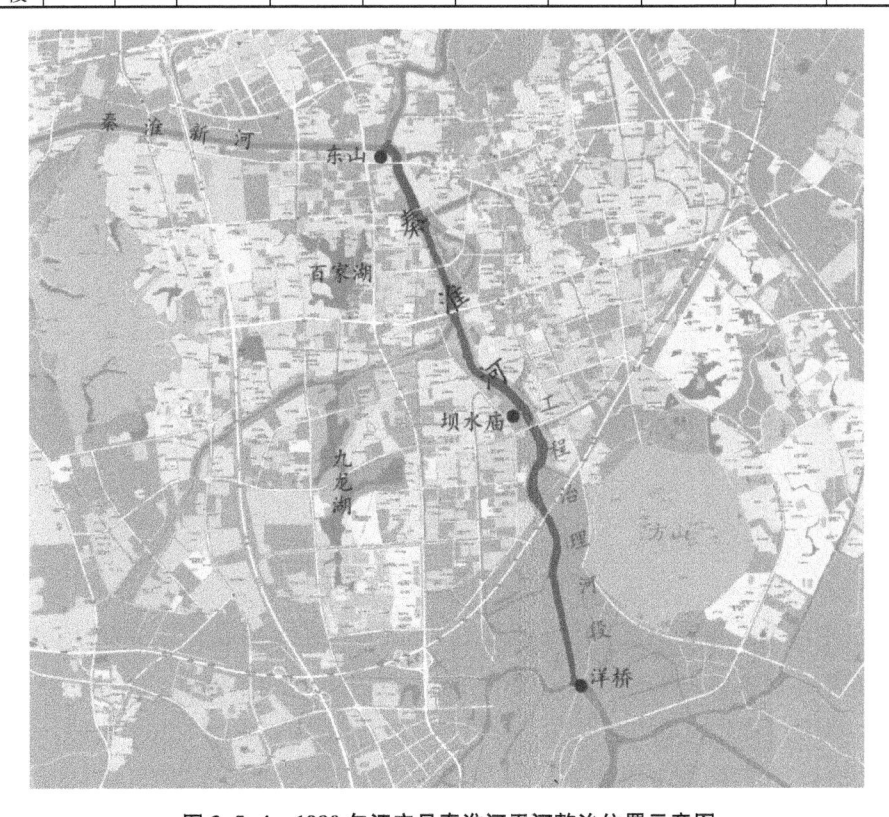

图 3.5-4　1980 年江宁县秦淮河干河整治位置示意图

4. 建康圩裁弯

1970年冬至1971年春,江宁县组织17个公社2.5万民工对方山公社洋桥至青砂嘴段5处河弯裁弯取直,将原河道长4.6 km取直成1.9 km,完成土方80万 m³。所做河道标准为河底高程3 m,河底宽70 m。在7.5 m处做平台宽8 m。堤顶高程13 m,堤顶宽5 m,边坡比1∶3,共完成土方80万 m³（图3.5-5）。

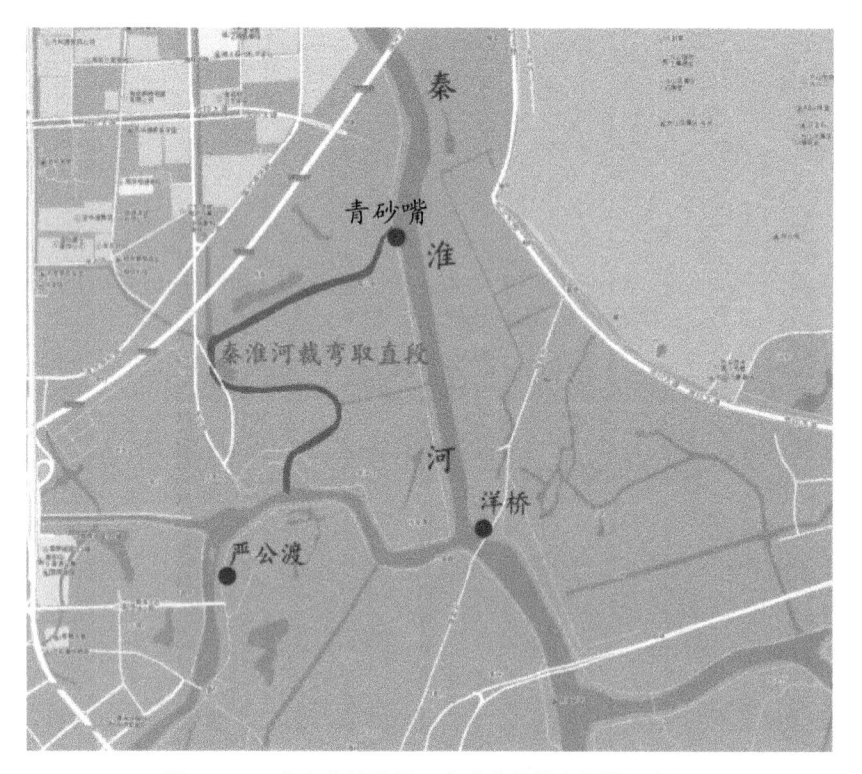

图 3.5-5　方山公社洋桥至青砂嘴段裁弯位置示意图

5. 南埠圩裁弯取直

1971年冬至1972年,江宁县组织17个公社3万民工对上坊桥至前淹儿港、骆家渡至外港河、王家小圩至朱家庄、洋桥至窑墩4处共计6.2 km河弯裁弯取直,排洪断面由400 m²扩大为800 m²,完成土方290万 m³（图3.5-6）。

6. 石门坎公社段裁弯取直

1972年冬至1973年春,雨花台区组织5 000多民工裁弯取直石门坎公社的河弯段,河长由2 500 m减少到800 m,完成土方30万 m³（图3.5-7）。

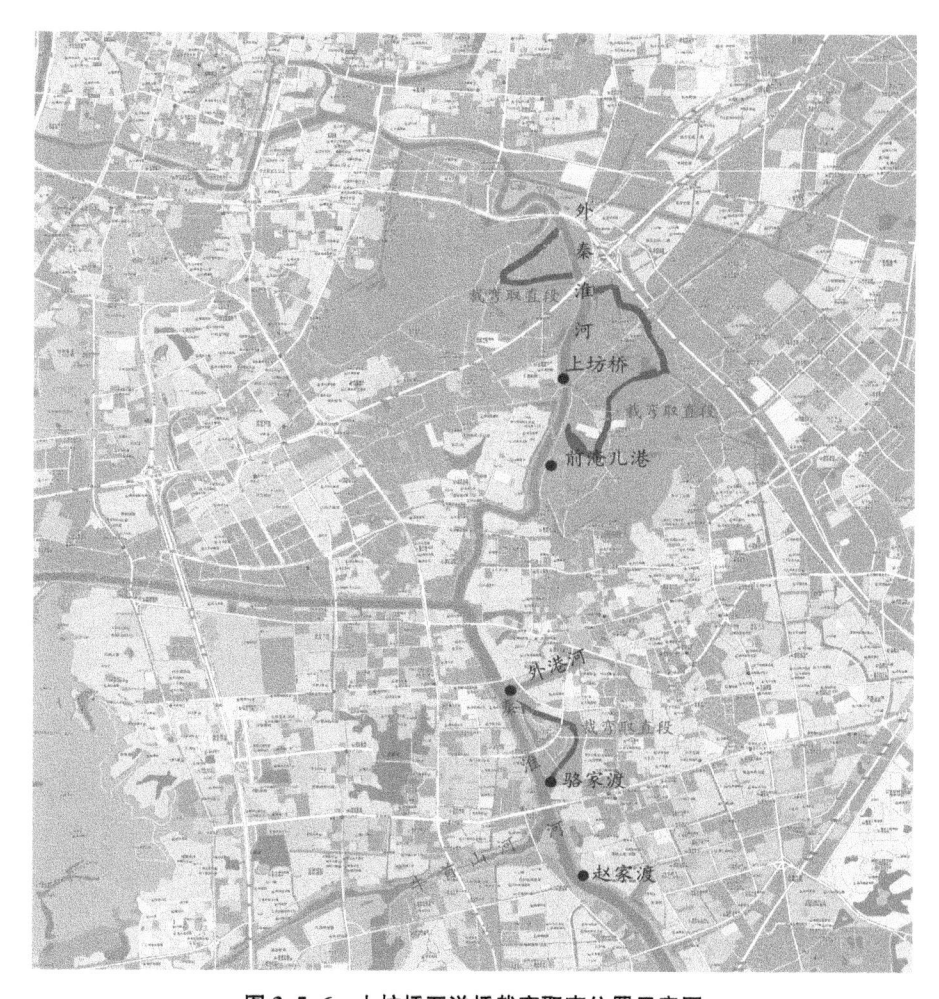

图 3.5-6　上坊桥至洋桥裁弯取直位置示意图

7. 小龙湾段裁弯取直

20世纪80年代以前,骆家渡至赵家渡的小龙湾段长 2.87 km,河道狭窄,急弯回旋,其间又有牛首山河水汇入横冲对岸,水流极为紊乱,该段是秦淮河干流上的肠梗阻。1981年汛期,洪水将下游骆家渡河床冲出深达 −7 m 的大塘,坍岸直抵堤脚,长度达 155 m,直接威胁着县政府所在地东山镇及周边村镇的安全。1986年冬至1987年春,江宁县组织20个乡镇4万民工,集中力量对该段进行裁弯取直,消除险患。工程于1987年底前完工,工程完工后该段河道河底挖深至 2～2.5 m,河底宽度 50～154 m,设计过流能力达 1 200 m³/s,河道经裁直后长 1.41 km,比原防洪堤线缩短 677 m(图 3.5-8)。

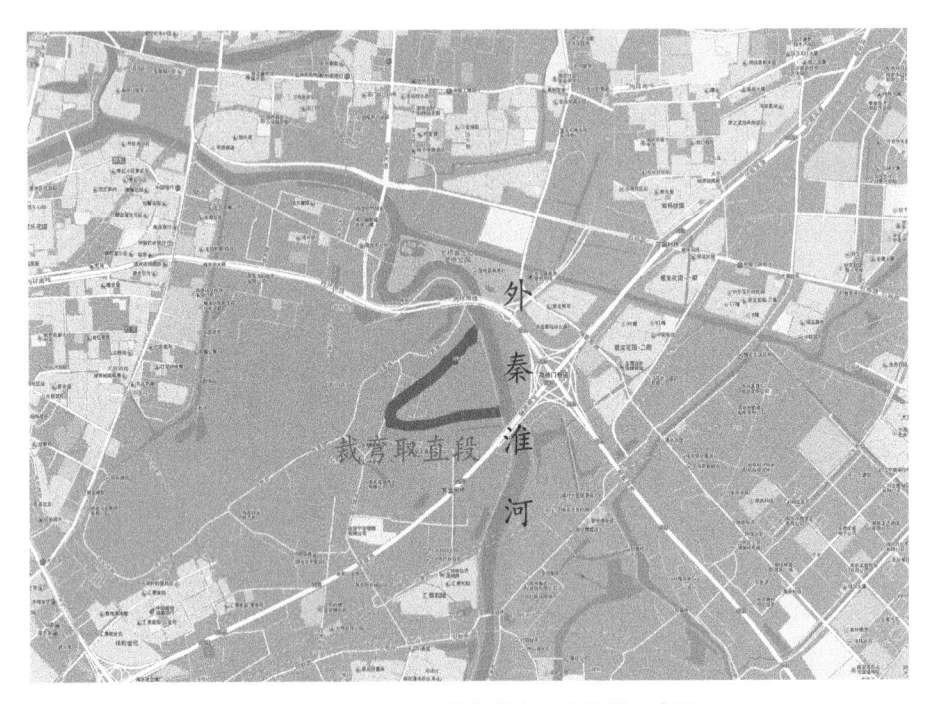

图 3.5-7 石门坎公社段裁弯取直位置示意图

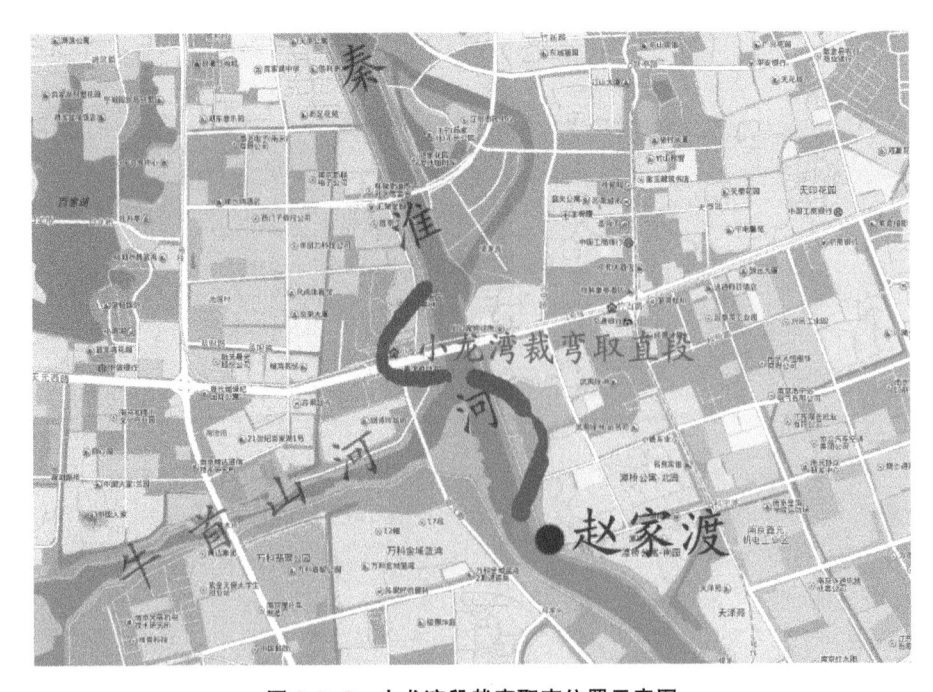

图 3.5-8 小龙湾段裁弯取直位置示意图

小龙湾的整治,是秦淮河干流自1970年以来分段整治的最后一段。这段工程的整治有效扩大了行洪断面,降低了上游水位,确保了沿河两岸人民的生命财产安全。

8. 秦淮河综合整治

进入21世纪,随着南京市经济社会的快速发展,南京城市范围不断扩大,秦淮河干流城市段由武定门节制闸至三汊河入江口,扩大为江宁区西北村至三汊河入江口,河道治理也逐渐从以防洪排涝为主的思路转变为河道水安全、水环境、水生态等综合能力的提升。

2002年底,南京市政府正式启动秦淮河环境综合整治,要求把秦淮河主城12.5 km段建设成为一条流动的河、美丽的河、繁华的河,工程范围为运粮河口~三汊河口段,河段总长度18.1 km。在2002年底至2005年9月近三年的建设期里,秦淮河综合整治工程顺利动迁了4 356户居民和97家工企单位,完成拆迁面积38万 m^2;改造防洪墙20 km;铺设污水截流管道25 km,截流大小排污口550个;沿线修缮城墙5 km、改造出新房屋110余幢,美化亮化桥梁13座;河道方面整治了沿河洼地,清理、加高加固堤防,共建造防洪墙20 km,河道疏浚18.1 km,清淤200万 m^3,新建了三汊河口闸工程。

9. 桥梁建设

在治理河道的同时,部分阻水桥梁也进行了改扩建,增加行洪能力。1965年改扩建中和桥和雨花桥,1971年改建石城桥,1972年改扩建洋桥和上坊门桥,1974年改建长干桥,1975年扩建三山桥。同时,随着南京城市化发展,秦淮河干流陆续新建了多座跨河桥梁,目前秦淮河共有跨河桥梁33座,秦淮河沿路跨河桥梁统计见表3.5-2。

表3.5-2 秦淮河沿路跨河桥梁统计表

序号	名称	桩号	所属河道
1	秦淮河北大桥(宏运大道)	WH1+400	外秦淮河
2	宁杭城际铁路	WH4+100	外秦淮河
3	上坊门大桥	WH4+200	外秦淮河
4	沪宁城际铁路桥	WH4+750	外秦淮河
5	京沪高速铁路桥	WH4+800	外秦淮河
6	秦淮河大桥(绕城高速)	WH5+700	外秦淮河
7	七桥瓮桥	WH7+900	外秦淮河

续表

序号	名称	桩号	所属河道
8	中和桥	WH10+050	外秦淮河
9	秦虹大桥(龙蟠中路)	WH11+550	秦淮河干流
10	雨花桥	WH12+550	秦淮河干流
11	长干桥	WH13+700	秦淮河干流
12	饮马桥	WH14+100	秦淮河干流
13	凤台桥	WH15+200	秦淮河干流
14	集庆门大桥	WH15+800	秦淮河干流
15	三山桥(水西门大街)	WH17+000	秦淮河干流
16	建邺路桥	WH17+450	秦淮河干流
17	汉中门大桥	WH18+350	秦淮河干流
18	凤凰桥	WH18+650	秦淮河干流
19	清凉门桥	WH19+300	秦淮河干流
20	石头城人行桥	WH20+050	秦淮河干流
21	草场门桥	WH20+900	秦淮河干流
22	定淮门大桥	WH21+900	秦淮河干流
23	三汊河桥	WH22+700	秦淮河干流
24	下关大桥	WH23+150	秦淮河干流
25	河口人行桥	WH23+600	秦淮河干流
26	河定桥	XH0+350	秦淮新河
27	明城大道桥	XH1+500	秦淮新河
28	曹村桥	XH2+750	秦淮新河
29	宁宣高速桥(3幅)	XH3+450	秦淮新河
30	将军大道桥	XH4+150	秦淮新河
31	南站西高铁桥(4幅)	XH4+600	秦淮新河
32	铁心桥	XH5+900	秦淮新河
33	红庙桥	XH8+850	秦淮新河
34	梅山桥	XH10+050	秦淮新河
35	红梅桥	XH10+450	秦淮新河
36	宁铜铁路桥	XH10+900	秦淮新河
37	西善桥	XH10+950	秦淮新河

续表

序号	名称	桩号	所属河道
38	秦淮新河大桥（沪蓉高速）	XH11+750	秦淮新河
39	格子桥	XH12+500	秦淮新河
40	中兴路北延大桥	XH13+700	秦淮新河
41	大胜关大桥	XH16+300	秦淮新河
42	方正中路桥	GH0+250	秦淮河干流
43	洋桥	GH1+100	秦淮河干流
44	秦淮河特大桥（长深高速）	GH4+000	秦淮河干流
45	诚信大道桥（彩虹桥）	GH5+700	秦淮河干流
46	天元路桥	GH8+200	秦淮河干流
47	小龙湾桥	GH9+100	秦淮河干流
48	盛泰桥	GH10+000	秦淮河干流
49	东山桥	GH11+000	秦淮河干流

注：表中秦淮河干流桩号起点为句容、溧水两河交汇处，秦淮新河桩号起点为东山桥。

3.5.3 主要支流治理

1. 溧水河整治

溧水河是秦淮河上游一条主要支流，流域面积 833 km²，在县境西北村至乌刹桥长 14.2 km。双河口以上分东西两岔到乌刹桥会合。该河的分支流：一干河从天生桥至乌刹桥长 18 km，在县境长 9 km。二干河从朱公村至方便水库长 24 km，在县境长 8 km。三干河从王家圩至石湫坝长 12 km，在县境长 6.5 km，均在乌刹桥会合入主河——溧水河。

1979 年冬至 1980 年江宁县组织 11 个公社 4 万民工裁弯取直，拓宽禄口公社新村至西岔、周岗公社船闸至朱公村、湖熟公社龙德桥、龙都公社秦淮 4 段河道，开河标准为底高 2.8~3 m，河底宽 50 m，河坡比 1:3，平台高 7.5 m，堤顶高程 14.2~14.5 m，顶宽 6 m，内外坡比 1:3。将溧水河禄口段西岔的十里长河两头打坝堵死，使一、三干河改经东岔独流，杨树弯一段由弯改直，完成土石方 287 万 m³，新改建排灌站 15 座，涵闸 8 座。同时将万寿、常熟、高伏 3 个大圩和其他小圩，合并成一个大圩——禄口联圩，缩短防线 14.3 km（图 3.5-9）。

1981 年冬至 1982 年江宁县组织 17 个公社 5 万民工治理小新圩至陈家圩段，裁弯取直，拓宽河道，完成土石方 136 万 m³/s，投资 138.5 万元。工程标

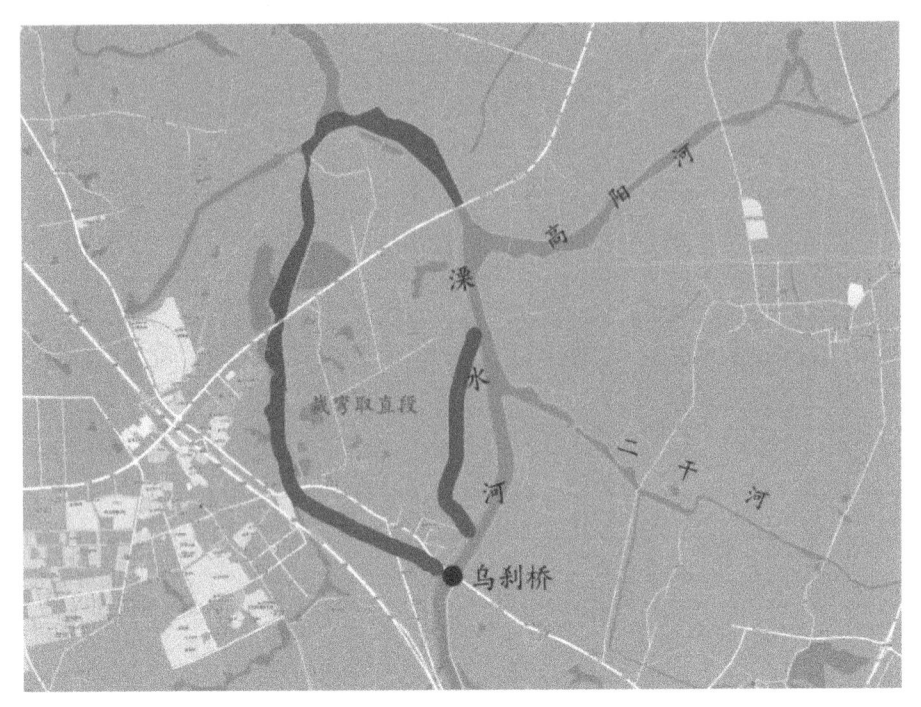

图 3.5-9　溧水河裁弯取直位置示意图

准:按近期行洪 600 m³/s 的流量开挖河槽,按最终行洪 830 m³/s 留足河宽 155 m 筑堤,河底高程 2.5 m,河底宽 30 m,河坡比 1∶3。全部工程于 1982 年 3 月完成。小新圩至陈家圩段拓宽复堤长 1 961 m,同时对句容河的出口段西北村至犁头尖裁弯扩宽。

此后溧水河水系整体没有大调整,基本以堤防达标建设、河道清淤疏浚、局部消险等工程为主。

2012 年,溧水河溧水段自三干河口～二干河口(桩号 K0+000～K6+400)右岸堤防及沿河建筑物进行了整治,整治河道长 6.40 km,整治堤防总长为 6.48 km。主要工程内容包括:6.48 km 堤防达标建设、迎水坡整坡、防汛道路修建、穿堤和跨河建筑物的改建、白蚁防治等。

2015 年和 2016 年,秦淮河流域持续发生流域性大水,溧水河沿线多处出险,汛后南京市江宁区、溧水区分别实施了堤防加固工程。

2. 句容河整治

句容河是秦淮河上游又一条主要支流。从句容县的宝华山至江宁县龙都镇的西北村长约 50 km,流域面积 1 258 km²。20 世纪 70 年代以后,句容河上游在句容县和江宁县按标准分段进行了治理,中段从龙都镇的东北村至句容县境的黄泥坝长 30.4 km,还未整治,河道堤防标准低,坡陡流急,冲刷严重,每遇大水,险象环生,严重威胁沿河两岸人民的生命财产安全。1975 年春,在汤水河土桥段大会战中,江宁县组织 8 万人培修句容河堤,从土桥祝庄机头经远景、周子到夏三岔共培修标准堤 11 km,使这段堤防的防洪标准有了较大的提高。

1974 年发大洪水,句容河排泄不畅,句容县城三面被洪水包围,一片汪洋。是年秋,对其进行全面规划,决定将句容河上段改道,由老南门桥直线经长龙山与兆文山之间开挖新河到周岱村接老河,裁弯取直,长度减少三分之一,减少挖废土地。当年冬,句容县抽调石狮、城东公社 1 万劳力施工,并有半机械化配合。由于事先未经地质探勘,施工中发现兆文山、长龙山是砂石土层,量达 70 余万 m³,不易开通而停止开挖。1977 年秋,修改治理句容河方案,经过实地勘察,提出从县城东南郊直插兆文山、杜家山之间,经方便村大弯向南,至石人头南接周岱老河,分两期施工。第一期工程,周岱至南门桥,长 7.81 km,于 1978 年春节开工,动员 18 个公社及县城机关、厂矿等 8.5 万人大战句容河,完成土方 314.29 万 m³。是年冬,进行二期工程施工,从南门桥至房家坝,长 2.39 km,发动 5 个公社 17 840 人,完成土方 145.94 万 m³,并完成桥涵等配套工程,国家投资经费 299.3 万元,为沿河两岸环城、石狮、三岔 3 个乡的两万余亩农田的排洪、引灌以及今后发展航运打下基础。

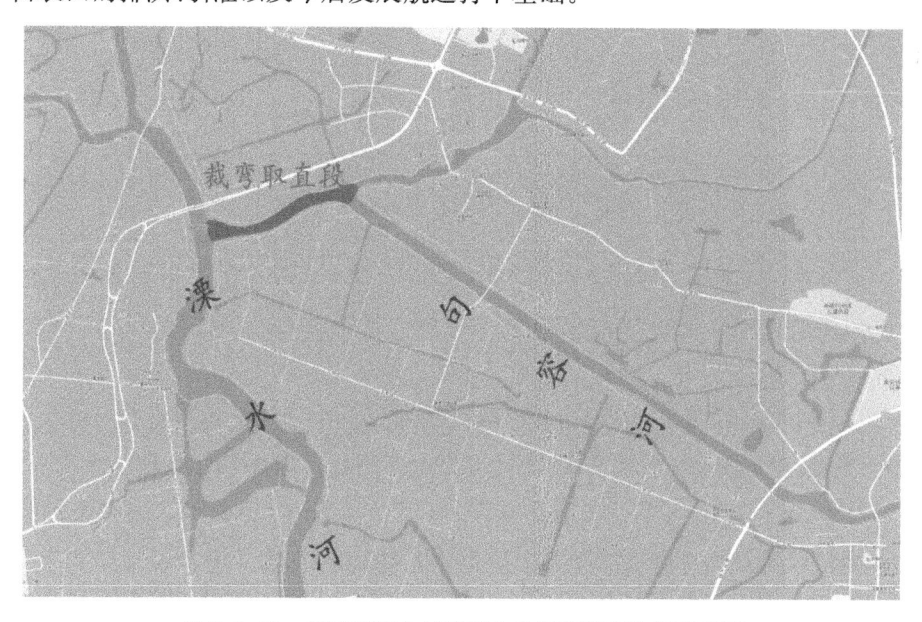

图 3.5-10　句容河西北村至犁头尖裁弯取直位置示意图

1981年12月,南京市在治理溧水河下段的同时,治理了句容河的出口处,西北村至犁头尖,裁弯拓宽 1 203 m(图 3.5-10)。河底高程 2.5 m,河底宽 30 m,河坡比 1:4。青坎高 7.5 m,坎宽 20 m。堤顶高程 14 m,顶宽 6 m,边坡比 1:3。句容河的出口得到了扩大,泄洪能力有了增强。

1987年省、市、县再次对句容河进行查勘规划,1988年省水利厅编制了《句容河近期工程设计任务书提要》,1991年特大洪水发生后,省政府把整治句容河工程和治淮治太(湖)一道列入"八五"省重点水利工程。

句容河整治工程范围从周岗至东北村,长约 30.4 km,其中县界至东北村段 20.5 km 以及蒋巷至县界右岸 6.3 km 均由南京市江宁县实施,周岗至县界 9.9 km(不包括蒋巷至县界右岸 6.3 km)由句容市实施。整治句容河工程主要做了河道整治、祝贤圩裁弯、赵家村切角和江宁侧复堤四部分(图 3.5-11)。

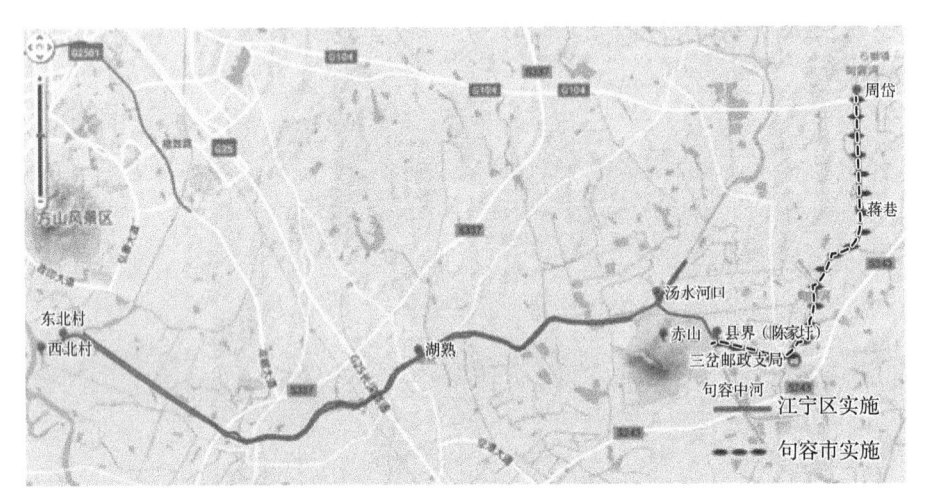

图 3.5-11　句容河整治工程实施范围示意图

河道整治工程分二期实施,第一期工程(1992—1995 年)从龙都镇东北村至湖熟镇新大桥长 11.2 km,分两段实施,第一段从龙都镇东北村至解放大闸,长 5.2 km,于 1992 年 11 月 18 日开工,沿老河拓宽,退北堤,加做南北堤迎水面平台,挖河土方量达 160 万 m³,筑堤土方达 220 万 m³。第二段(1996—1999 年)从龙都解放大闸至湖熟镇新大桥长 6 km,于 1994 年 10 月破土动工,土方任务 230 万 m³。第二期工程(1996—1999 年)从湖熟镇新大桥至土桥镇土桥渔场长 9.3 km,总土方 310 万 m³,石方 16 万 m³,分 3 年完成。

祝贤圩裁弯工程,根据南京、镇江及江宁、句容市、县协商精神,以江宁县土桥渔场为界,上段至周岱长 8.9 km 河段的土方工程由句容县承建,下段至东北村长 20.5 km 河段的土方工程由江宁县承建。1992 年 11 月两县分别在所施工段破土动工。句容县按计划完成周岱至蒋巷即江宁侧祝贤圩段 1.7 km 的裁湾工程(图 3.5-12)。

图 3.5-12　句容河祝贤圩裁弯取直位置示意图

赵家村切角工程,处于蒋巷至赵家村 3.2 km 和赵家村至赤山闸 2 km 之间的一个弯段,长 450 m。工程于 1996 年 12 月初动工,开河、筑堤,切去弯段部分,理直河线,增加赵家村转弯处的曲率半径,工程于 1997 年 4 月完工,共做土方 7.68 万 m³(图 3.5-13)。

蒋巷至土桥渔场江宁侧长 6.37 km 复堤任务是整治句容河工程的一部分,其中除在 1997 年春结合赵家村切角完成 450 m 外,还有 5.92 km 于 1999 年 12 月开始至 2000 年 5 月竣工,复堤土方达 7.97 万 m³。

此后,句容河整治以河段治理、局部消险为主,再无系统性治理,比较大的工程有:

(1) 2015 年江宁区淳化街道杨塘泵站～赤山桥段堤防加固(图 3.5-14)

江宁区淳化街道杨塘泵站～赤山桥段右岸长约 5.2 km,该段堤防在 20 世纪 90 年代整治工程中仅实施了复堤工程,未能完全按原计划实施。2015 年,

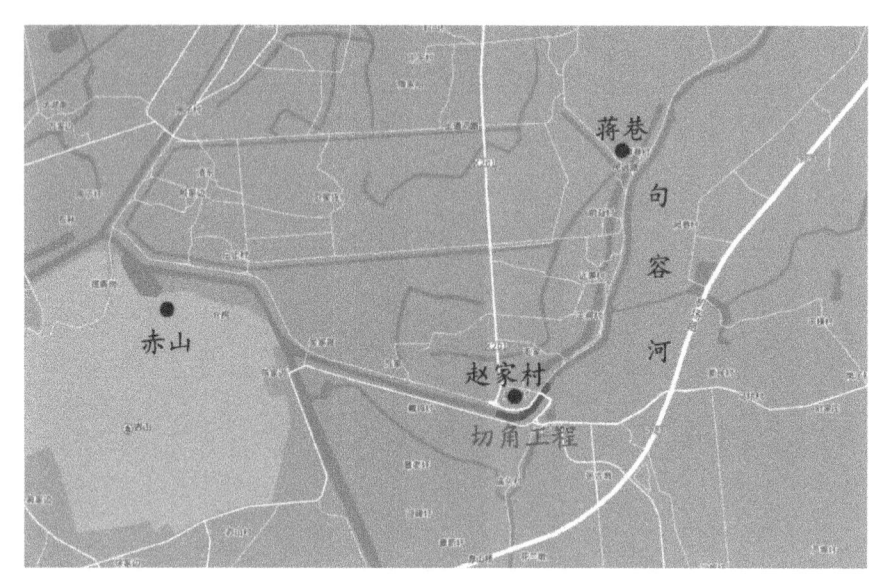

图 3.5-13　句容河赵家村切角位置示意图

句容河北堤杨塘泵站～赤山桥段堤防实施了除险加固,以满足句容河 50 年一遇防洪要求。主要包括加固堤防 5.21 km,局部堤防防渗处理 1.4 km,迎水坡坡脚陡坎段护坡 3.41 km,堤后填塘,拆(新)建堤顶防汛道路共 5.21 km。

图 3.5-14　2015 年江宁区工程范围示意图

(2) 2018 年句容河汤水河口～淳化湖熟界段右岸堤防加固(图 3.5-15)

治理长度为 1.8 km,主要工程内容包括堤身加高加固、迎背水坡整坡、堤后填塘固基等。

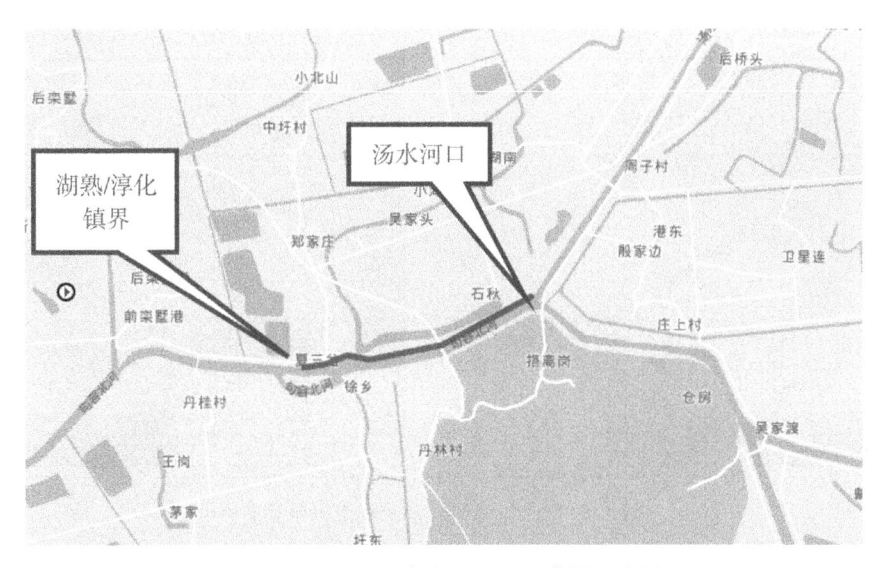

图 3.5-15 2018 年句容河工程范围示意图

(3) 句容河整治工程

2019年,南京市水务局启动了句容河整治工程前期工作,句容河防洪标准为50年一遇,工程治理范围为句容河汤水河口至西北村段20.5 km河道及两岸堤防(图3.5-16)。主要工程内容包括:(1) 加固堤防总长约38.17 km;(2) 湖熟新市镇段河道拓浚0.7 km;(3) 坡面防护和抛石固脚,总长约33.058 km;(4) 新建道路总长2.85 km,拆建道路总长16.37 km,帮宽道路总长18.95 km;(5) 堤身防渗处理3.4 km;(6) 背水坡填塘固基56.85亩;(7) 沿线改造建筑物12座。

3. 云台山河整治

云台山河是秦淮河干河的一条支流,源于陶吴云台山,云台山河最早分为2支,一支在凤凰山附近自西向东横穿秣陵全境,在司马庄入溧水;一支名九里河,改折北上,在双基严公渡入秦淮河干河。该河在秣陵境内长63 km,河道弯曲浅窄,堤防单薄低矮,险工隐患多,防汛任务艰巨。

后经江宁县水利局协助全面规划,废除原2支老河,开一条南起小章山接云台小河,北至双基严公渡,由南向北高地穿行的新河入秦淮河。工程于1969年11月破土动工,至1970年6月开通一条新河长5.6 km,河底高程4~5 m,河底宽10 m,共做土方107.6万 m³。新河开通,云台山河改入秦淮河后,

059

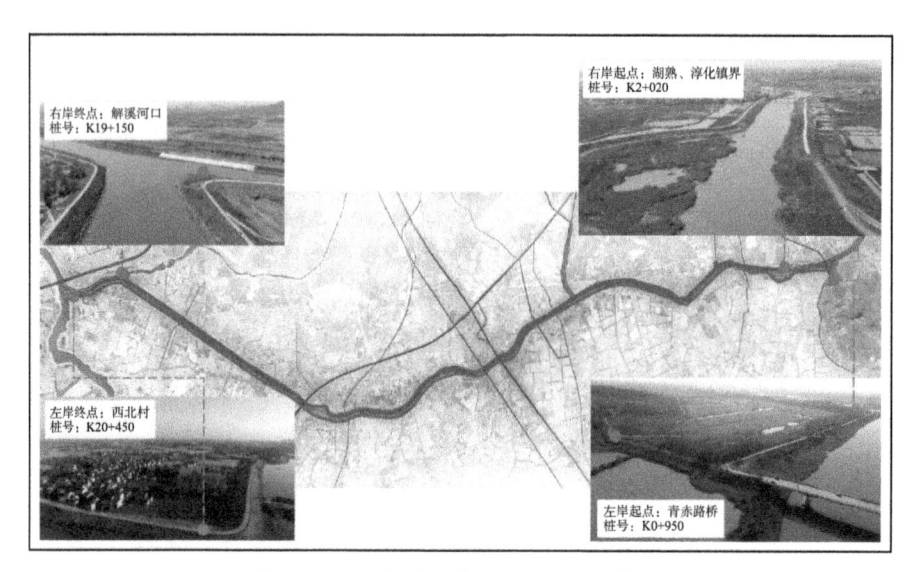

图 3.5-16　句容河整治工程范围示意图

东旺、西旺、南旺和常熟4个大圩合并为秣陵联圩,防洪堤线由50 km缩短为14.4 km,消除了老险工,增强了防洪能力,确保了秣陵联圩2.6万亩农田的旱涝保收(图3.5-17)。

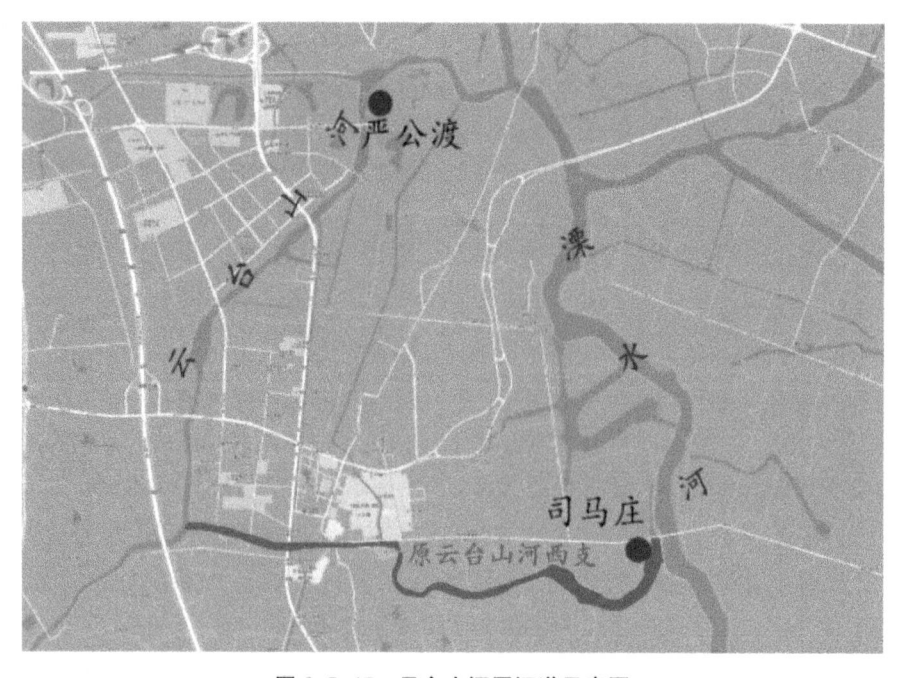

图 3.5-17　云台山河原河道示意图

4. 三干河整治

三干河下段在江宁县铜山乡,上段在溧水县石湫乡(河长 11.19 km)。

1969 年起,江宁县分期整治河道,废弃原三干河下段反修桥至王家圩段 6.5 km 老河,从反修桥向西北取直线开新河,原出口从小魏庄下移 1 000 m 至王家圩入一干河,与谢村支河合流。工程分四期施工,到 1973 年基本完成。新河将沿河 6 个小圩合并成一个面积万亩的五圩,缩短防洪战线 10 km,完成土方 130 万 m³(图 3.5-18)。

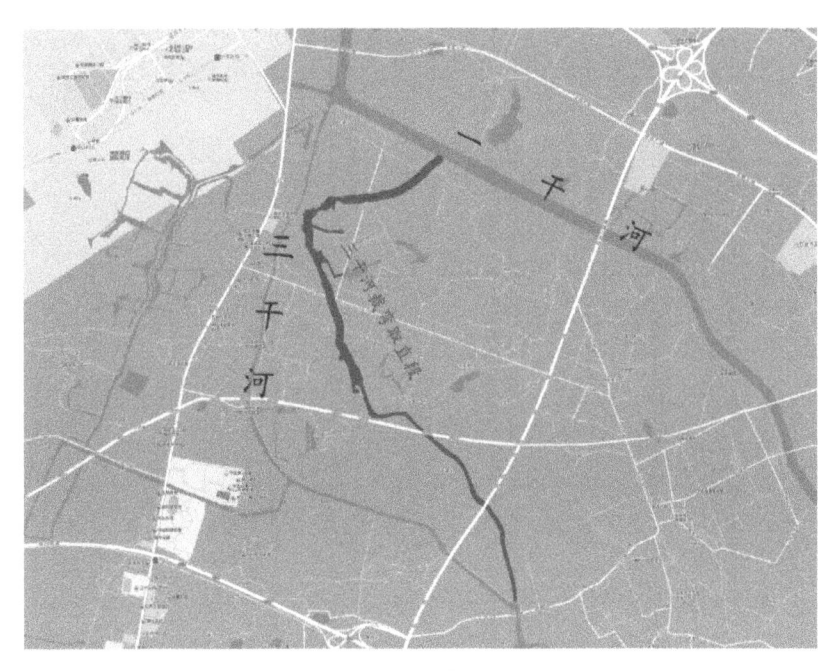

图 3.5-18 三干河裁弯取直示意图

5. 横溪河整治

横溪河是溧水河的一条主要支流,集水面积 70 km²,河道弯曲,断面狭小,堤身低矮,汛期山洪暴发险象丛生。该河横贯横溪、禄口两个公社,横溪 9 个小圩 7 000 余亩,禄口 3 个万亩大圩常受威胁,曾于 1954、1956、1962、1969 年四次决口破圩,人民生命财产受到很大损失。

1974 年 7 月县水利局制定了横溪河的改道规划,分上、下两段进行。1975 年冬横溪公社首先按照设计标准开挖上段,发动 5 000 劳力由横溪集镇西的桃花坝经刘家山、丰收村,基本上沿高岗穿行至罗大圩入老河。

1976 年冬禄口公社出动 7 000 劳力开挖下段,接罗大圩撇开老河重开新河,由黄桥圩入溧水河。全长 11.2 km,共做土方 180 万 m³,石方 10 万 m³。河底高程 4 m,河底宽 4~6 m,堤顶高程 14 m,顶宽 6 m,行洪能力 208 m³/s。这条河的改道,做到了山圩分家,泄引结合,改善了这两个公社的防洪压力,为横溪和丹阳汤村翻水线的引水、提水提供了水源,确保了 5 万亩农田的灌溉用水(图 3.5-19)。

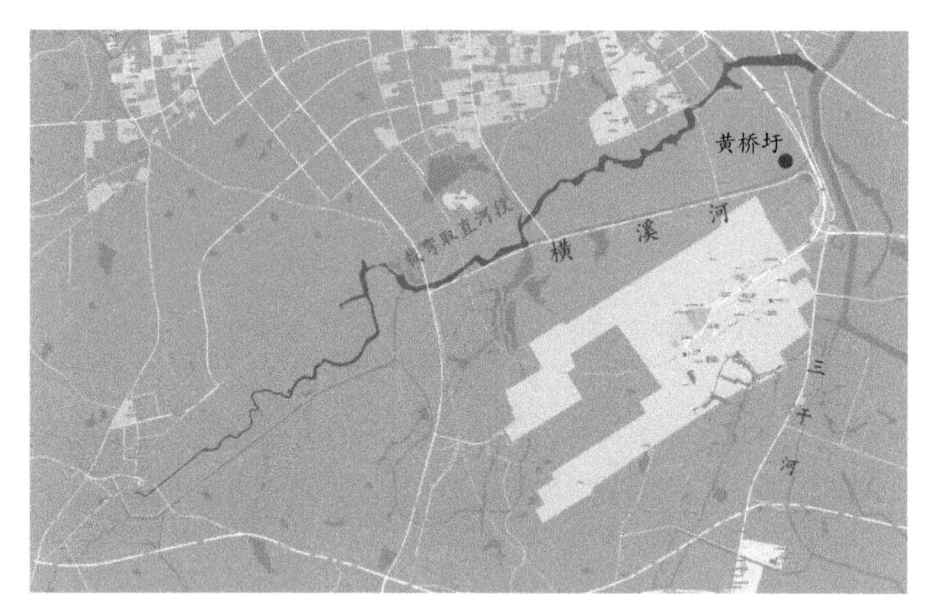

图 3.5-19　横溪河治理范围示意图

6. 天生桥河疏浚

为了沟通秦淮河和石臼湖,分洪削峰,发展航运,引水抗旱,1965 年镇江专区水利局,决定拓浚湮塞了近 200 年的天生桥河(古称胭脂河)。1966 年起历时 6 年完成河道拓浚和天生桥套闸及跨河桥梁等配套工程,效果显著。1973 年汛期,从秦淮河分洪入石臼湖总水量 6 670 万 m³,最大分洪流量 51 m³/s。1974 年,秦淮河集中暴雨,天生桥闸开闸 4 天,分泄秦淮河洪水 2 489 万 m³ 入石臼湖,最大流量为 63.7 m³/s。1977 年 5 月 5 日测得削峰入湖流量为 101 m³/s(图 3.5-20)。

3.5.4　秦淮新河分洪道

1969 年秦淮河流域发生流域性大洪水,7 月份秦淮河全流域平均降雨量达 499.1 mm,7 月 17 日秦淮河大骆村出现有记载以来最高水位 10.48 m,超过

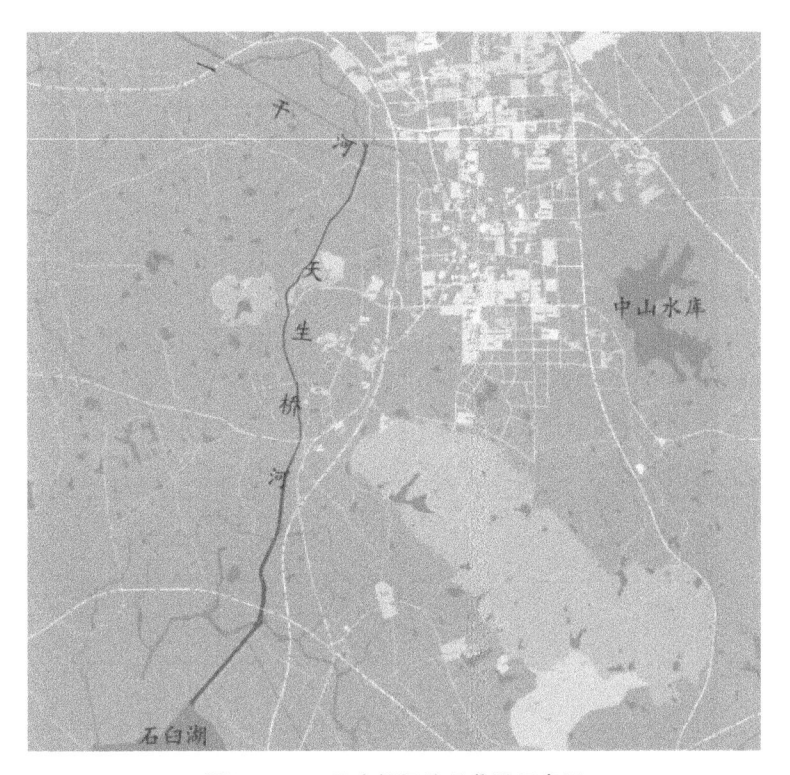

图 3.5-20　天生桥河治理范围示意图

1954年最高水位0.33 m。方山公社建康圩发生溃口，堤防被洪水冲开10 m长的缺口，殷巷公社大马墩圩溃口，溃口长度200余米。该年，江宁县倒圩68个，淹没农田6.1万亩，内涝20万亩，倒屋1.17万间。

　　大水之后，省市各级政府深感解决秦淮河洪水出路的重要性，组织有关专家进行秦淮河洪水出路的研究。1972年编制了《秦淮河流域水利规划（初稿）》，1974年省水电局又组织有关市、县进行全流域查勘，修改和完成了《秦淮河流域水利规划报告》。根据规划报告成果，扩大秦淮河洪水出路有两个方案，一是拓宽老河，二是开挖新河，因老河绕南京城而过，民房、厂矿密集，拓宽老河拆迁房屋太多，影响大，投资多，经比较决定以开河分洪作为解决秦淮河洪水的主要手段。当时开新河分洪有走东线、西线两套方案。东线方案是从江宁县上坊乡，经其林乡、接七乡河入长江，河长32 km。西线方案是从江宁县东山镇，经雨花台区铁心桥乡，穿沙洲圩入长江。后经分析比较采用西线方案，由老河干流江宁县岔路口河定桥向西，切铁心桥分水岭，经西善桥穿沙洲圩在金胜村入江,河长 16.8 km(图 3.5-21)。

根据"秦淮河流域治理规划",按 1969 年型暴雨计算,秦淮河下游的洪峰流量将达到 1 700 m³/s,规划安排老河走 900 m³/s,新河走 800 m³/s。

秦淮新河分洪道经江苏省人民政府批准,于 1975 年 12 月 20 日动工,1979 年 11 月竣工,历时 4 年,采用人工挖河,参加施工的有南京市、镇江市所辖 17 个区县,最高出工人数 22 万人,新开分洪河道长 18 km,其中切岭段 2.9 km,新建公路桥 11 座,铁路桥 1 座,建成江边河口水利枢纽 1 处,水利枢纽由节制闸、翻水站、船闸各一座组成,节制闸设计流量 800 m³/s,翻水站装机 5 台套,容量 2 750 kW,设计翻水能力 50 m³/s,船闸宽 12 m,长 160 m。秦淮新河分洪道共挖压土地 13 719 亩、拆迁房屋 21 950 m²,完成土方 1 930 万 m³,石方 240 万 m³,国家投资 8 800 万元。

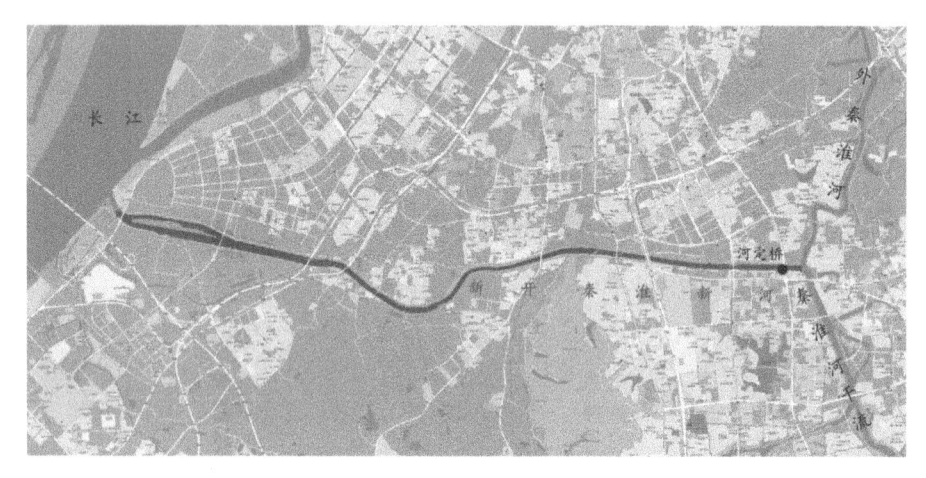

图 3.5-21 秦淮新河走向示意图

3.6 生态文明时代人水和谐期

工业文明时代人类将重点放在社会经济发展上,忽略了人与自然间的关系,大量工业和生活废水排入河流,对河流形态、资源能力、运动规律以及河水品质产生了巨大影响。水质污染加剧,生物多样性减少,直接导致了河流生态的空前危机。

党的十七大报告明确提出,要建设生态文明,基本形成节约能源资源和保护生态环境的产业结构、增长方式、消费模式。秦淮河流域的治理思路也逐渐向水生态文明时代的和谐共生、良性循环转变。这一阶段,人类对秦淮河的需求也从水安全为主,逐渐转变向水环境、水生态、水景观的综合需求。

随着城市整体发展布局趋于稳定,秦淮河水系格局也进入稳定期,本阶段水利工程重点逐渐转向对河流生态环境的改善,大量水环境综合治理工程的上马使秦淮河流域重塑水清岸绿的水美画卷。

1. 响水河红花机场段环境综合整治工程

2016年,为了满足南京红花机场地区开发建设需要,开展了响水河红花机场段环境综合整治工程,工程主要内容为对响水河进行疏浚及两岸环境治理,同时河口新建控制闸站,将响水河由外河变为圩内自排河道,排涝泵站规模32 m³/s,河口节制闸规模23.5 m³/s。

2. 秦淮河中和桥～上坊门桥段环境整治工程

2017年以后,随着大校场机场的关闭,秦淮区"智慧新城"建设的加快,秦淮河干流现状防洪能力已经不能适应经济社会的发展要求,迫切需要对该段秦淮河进行整治。为了给"智慧新城"的建设保驾护航,同年秦淮区组织开展了秦淮河中和桥～上坊门桥段共约6 km的环境整治工程。该工程位于南部新城核心区内,涉及秦淮河干流上坊门桥至中和桥段,河道总长度约6 km。该项目治理目标为以河道为载体,形成融防洪安保、景观绿化、休闲旅游、文化宣传等为一体的综合性滨河风光带(图3.6-1、图3.6-2)。

工程的主要内容包括:按现有河道走向拓浚河道6 km;沿现有的堤线加固改造堤防11.17 km(含新建闸口2座),其中主城老城防洪圈2.18 km、主城新城防洪圈5.90 km、东山副城防洪圈3.09 km;扩建、改建穿堤建筑物3座,均在原址翻建。

滨水地区是一个城市非常珍贵的资源,也是对城市发展富有挑战性的一个机会。良好的城市河流可以调节城市的小气候,平衡城市中的人工环境,提升城市的品质,有利于野生动植物的生存和发展,增加城市的田园风情。随着人们对生存环境要求的提高,随着"让城市重返滨水区域"规划理念的改变,改善滨水环境、开发滨水空间将带来城市滨水区域甚至整个城市的新生。它使城市空间具有完整的形象,也是公共活动最为强烈的地带,使城市空间具有更大的开放性。

图 3.6-1　中和桥～上坊门桥段整治工程鸟瞰图

图 3.6-2　常家圩段整治效果图

6 km 长的秦淮河干流中和桥～上坊门桥段环抱南部新城核心区,其滨水区域是南部新城重要的生态廊道及未来发展的机遇区,也是南京市市域绿地系统及休闲绿道的重要组成。该段河道整治充分结合区域地形、地貌,兼顾滨水区域规划开发的整体性,为滨河生态建设提供基础,推动秦淮河绿化带建设,使其成为衔接上游东山副城和下游老城区滨河绿地系统的纽带,从整体上优化了本地区生态环境质量,提升了城市品质。

3. 江宁区秦淮河景观综合整治工程

自2016年起,江宁区按照"一核、一轴、三带"(秦淮生态核心、秦淮文化轴、三条滨河景观带)总体结构规划,启动实施了江宁区秦淮河整治工程,在提高河道防洪标准的同时,将秦淮河分为"门户形象区、创意文化区、都市运动区、休闲体验区、郊野养生区"等五大功能区域,将秦淮河两岸打造成具有集休闲、商业、运动、娱乐多位一体的城市空间,使秦淮河成为防洪安全、风景秀丽的滨水风光带,形成东山副城城市新名片(图3.6-3)。

江宁区秦淮河整治工程范围上起秦淮河干流起点西北村(正方大道K0+000),下至秦淮河江宁、主城分界线(上坊门桥K15+080),总长约15.0 km,此外还包括江宁区境内秦淮新河河口~将军大道段长度约4.0 km。江宁区秦淮河景观综合整治工程的任务首先是提高秦淮河干流主城区新城防洪圈段河道堤防防洪标准至200年一遇,东山副城段河道堤防防洪标准至100年一遇,使得汛期洪水安全下泄,堤防不发生险情;其次为便于工程日常管理,拆建堤顶道路等管理设施;再次是在防洪安全基础上,对两岸堤防进行景观打造,建设安全、生态、优美、宜人的滨水风光带。工程主要内容:1. 秦淮河干流西北村(正方大道)~上坊门桥段堤防加固整治、秦淮新河河口~将军大道段整治;2. 江宁区内秦淮河、秦淮新河河道清淤;3. 扩建胜利泵站和城北泵站、新建邵圣河泵站等。

图3.6-3 江宁区秦淮河整治工程实施后

4. 外秦淮河清淤工程

外秦淮河自东南向西北贯穿南京主城,是本区域重要的行洪、排涝通道,历经多年运行,外秦淮河主城段大部分河道淤积严重,泥沙淤积对河道行洪、河道水环境都造成了不利影响,根据南京市2020年城建计划及水环境整治提升计划,计划对外秦淮河主城段实施清淤工程,通过河道底泥疏浚,减少内源污染、改善城市水环境,同时恢复河道的行洪能力。

外秦淮河清淤工程起点位于中和桥(K10+100),终点为三汊河河口闸(K23+450),全长约 13.35 km(图 3.6-4)。工程主要建设内容为实施工程段外秦淮河河道清淤疏浚,清淤设计底高程为 1.0 m,近三汊河口段渐变为 0.0 m,设计底宽 20~70 m,设计坡比 1:3.0~1:4.0。在清淤工程的基础上,在局部河段实施岸坡防护和生态修复工程。

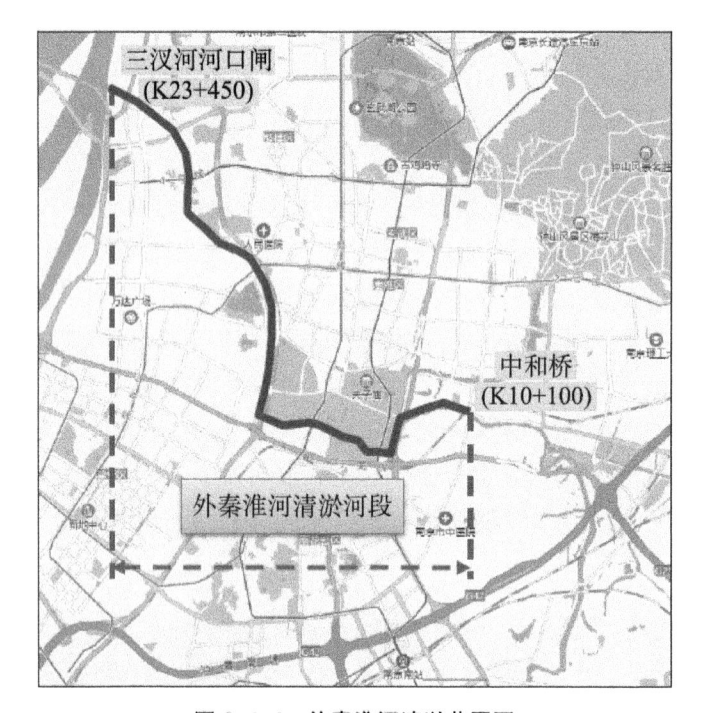

图 3.6-4 外秦淮河清淤范围图

3.7 水系历史变迁特征和规律分析

本章从远古时期至今对秦淮河流域水系变迁过程进行了梳理,并将流域水系变迁史划分成了 5 个阶段,从 5 个阶段流域水系变迁的特点来看,总结出流域水系变迁的特征及规律如下:

1. 从水系变迁的特点来看,人类对秦淮河流域水系改造的方向随着不同阶段人类社会需求的改变而改变,见表 3.7-1。

自然演变期人类对大自然尚无改造的能力,秦淮河流域随自然气候、地质运动等大环境的变化而变化,此阶段洪水随地形由高而下宣泄入江,尚无水系的概念；原始文明时代水系雏形时期，人类具备了一定的生产能力，随着人口的增加，为了生存人类逐水而居，开始有意识地围湖造田，此时的秦淮河主流面积开始收缩。

农业文明时代缓慢演变期，此时人类已经具有一定的改造河流的能力，这个阶段初期，随着生产力的提高、流域内人口的迅速增长，为了获取更多的粮食，流域内围湖造田活动较为剧烈，流域水面减少，但河流仍保留着自然的形态特征。农业文明时代城市发展中后期，人类社会战争增多，为了确保生产所获，城邑开始出现，人类赋予河流的使命不仅仅是生存生产的要求，同时也是防御外敌的要求。此阶段秦淮河水系的变化已经出现了明显的人为干预的特点，如内外秦淮河的河网布局，已经非自然之力为之，有着明显的城市护城河的特点。

进入工业文明时代剧烈变化期，人类开始控制河流，对河流实行掠夺式开发。这一时期人类的主要需求为除水害兴水利，为了城市发展，人类开始逐渐侵占秦淮河流域干支流水系，为了防洪安保，人类要求洪水尽快下泄，干流水系的自然弯曲的形态一再被裁弯取直，原有的过水滩地被垫高筑堤，当水系宣泄洪水的能力不能满足城市发展的需求，人类又新开秦淮新河宣泄洪水。

生态文明时代人水和谐期，此阶段流域防洪安保问题已经得到一定的解决，秦淮河水系格局也进入稳定期，人类对高品质的生活环境的追求更加迫切，这座依水而建的城市开始重新审视起秦淮河的发展，人们开始把注意力放在了水资源利用、水生态和水环境改善上。近年来秦淮河沿线景观提升工程的上马也无不体现了人类对幸福秦淮河的需求。

表3.7-1 秦淮河水系变迁历史划分

序号	时期划分	人类社会需求	主要特征	对秦淮河流域水系影响
1	自然演变期		人类生活方式主要是逐水而居，完全受自然因素控制，只能被动地适应、屈从自然	秦淮河水系的变迁主要受气候、地质运动等大环境影响，具有自然缓慢、突变剧烈等特征
2	原始文明时代水系雏形期	生存需求	生产力水平极为低下，"逐水草而居"，以渔猎为生。逐渐开始围湖造田，"筑土御水，而耕其中"	经过围湖造田，秦淮河大湖面的面积逐渐缩小，河道雏形已经初步形成，但是河形较乱、差，主支难分，时宽时窄，迂回弯曲，水流不畅

续表

序号	时期划分	人类社会需求	主要特征	对秦淮河流域水系影响
3	农业文明时代缓慢演变期	城市防御的需求,农业灌溉的需求	人类开始有条件兴建一些水利工程,对河流洪水有了一定的改造能力。这个时期人类对秦淮河水系的改造主要是出于城市防御,农耕灌溉的目的。这一时期主要工程包括六朝石头城建时,对运渎、潮沟、东渠、城北渠等水网的开通;杨吴南唐时外秦淮河的开通;明朝南京城扩张对内外秦淮河水系的梳理,至此秦淮河流域下游内外秦淮河水系基本定型	秦淮河主干水系逐渐形成,流域下游主城段内外秦淮河水系逐渐形成,河道走向基本稳定下来
4	工业文明时代剧烈变化期	除水害兴水利的需求	这一时期,南京城市化范围不断扩大,秦淮河原有的城市防御作用逐渐消失,人类对秦淮河水系的改造,更多的是从生活、生产需求考虑,该时期人类对秦淮河供水保障能力和防洪安全的要求占主导地位。这一时期对秦淮河水系影响较大的水利工程包括:上游水库群建设、河道干流裁弯取直、秦淮新河开通等	秦淮河上游句容河、溧水河两源汇流,下游外秦淮河、秦淮新河双向入海的河网格局确定,干流河水系不再有大的变化,流域支流及末梢水系随着城市化发展有减少趋势
5	生态文明时代人水和谐期	水资源、水生态、水环境的需求	本阶段水利工程重点放在对河流生态环境的改善,大量的引流补水工程上马,秦淮河水质得到逐步恢复	这个时期秦淮河水系格局不再有大的变化,取而代之的是流域范围内的水环境、水生态的建设

2. 从水系变迁的频次来看,秦淮河流域水系变迁的频繁程度与南京城市发展的强度成正比。

城市发展的一个重要指标就是城市人口,人口的生产伴随着物质资料的生产和再生产,它受物质生产的制约,同时又为物质生产提供劳动力。人口的生产和人的全面发展是社会发展的前提,只有人的不断繁衍,才有人类社会的延续和发展。人类社会的发展的高峰期,对物质生产资料的需求是十分迫切的,为了满足生产生活需要对河网水系的改造也随之频繁。

从图 3.7-1 可以看出,南京城历史上出现了几个城市发展的人口增长的高峰期。孙吴时期,建业作为其都城,当时是中国南方的经济、文化、政治、军事中心,该时期是南京城发展的一个高峰期,同时也是秦淮河水系治理的一个高峰期。当时吴通过疏通潮沟、青溪、运渎,构建了健康城的水网框架,并新修"破岗渎"等水利工程,这也是秦淮河水系因人类城市发展的影响而发生的一次较大的水系变迁。南北朝以后,随着南京城市中心地位的逐渐减退,秦淮河水系的变化又趋于缓慢,"破岗渎""上容渎"等水利工程也因年久失修逐渐废弃。南唐烈祖李昪定都江宁,才使得秦淮河水系因城市发展需要又一次进行了较大调整,外秦淮河的水系格局即是于该时期基本形成。宋元时期,南京不再作为政治中心,史料上对秦淮河治理的记录也笔墨颇少。明太祖朱元璋定都南京以后,南京城又一次进入了城市发展的鼎盛时期,伴随城市的发展,秦淮河水系也进行了大规模治理,其中上游地区最重要的工程是开凿胭脂河。

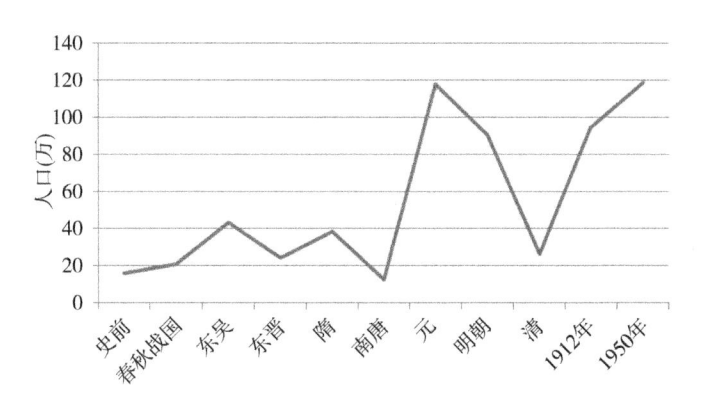

图 3.7-1 南京地区人口变迁

3.8 流域湖泊、水库的演变

3.8.1 赤山湖

赤山湖位于县城西南 33 华里处,西临赤山。该湖历史源流有二:一是承受境内东南茅山、方山、丫髻、瓦屋、浮山、虬山诸山之水,二是承受境北仑山、武岐、空青、华山诸山之水。两源总来水面积 806.13 km²,分流汇合于湖,下注秦淮河入江,成为秦淮河上游最大的天然湖泊。

3.8.1.1 1949 年以前的演变

千百年来,为利用赤山湖四周水土资源,历经修筑整治。专家考证,汉代以前,赤山湖曾是句容、江宁、溧水交界处的一片天然湖荡。西汉神爵年间,太守张渤治赤山湖,拉开了赤山湖人工治理的序幕。

吴赤乌时始筑赤山塘,立磐石,以为湖水疏闭之节。南朝齐建武年间,复使沈瑀筑赤山塘,所费银两数十万。

梁武帝(萧衍)大同七年,再培湖堰并浚九源溪涧,复通之。九源溪涧为:五堵涧,今葛村镇南河;盛家涧,今天王镇天王河;高坪溪,今葛村镇西河;蒲溪,今天王镇蒲溪河;水南涧,今二圣镇汀香河;淮源溪,今后白镇淮源河。

唐麟德二年县令杨延嘉修复赤山塘,并建两斗门,"立碑碣,定取五尺之侧不得盗耕一亩"。大历十三年县令王听附培湖堤,浚九源,历时四载,修复周百里为赤山塘,灌田万顷。五代时南唐修赤山湖,保大年间差两县官员置造斗门3所,计用17 680个工。宋建隆、乾德、开宝年间湖禁尤严,执条常加束辖。庆历三年二月叶龙图知建康府,于古来旧湫处置立大石柱,刻水则于其上(图3.8-1)。

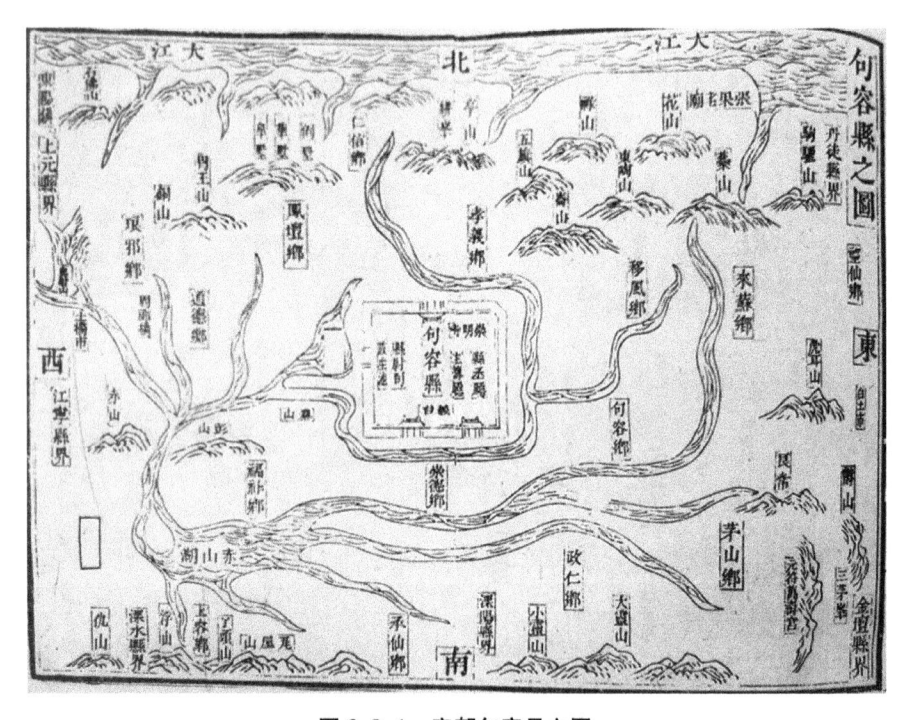

图 3.8-1 宋朝句容县之图

明万历二十九年知县茅一桂,以赤山湖久废,议浚河麻培桥达秦淮,东西建闸,以为低乡之利。

清康熙时江夏人刘著以赤山湖久废,大半侵占成田,废产复湖,势不可能,议严禁开垦,让地钟水。光绪八年冬,湘潭侯左宗棠督两江,关心民瘼乃遴道员,详勘地势,公奏朝廷,拨营勇5 000人兴筑赤山湖道士坝至陈家边新旧河道,计长3 907丈(1丈约为3.33 m),于是年开工,到光绪十年二月竣工,共挑土175 811方(营造方),同时又建陈家边闸一座,长7.6丈,宽1丈,高1.2丈,并建陈家边村木桥一座,长12.2丈,宽9.1尺,高2.2丈,以上实支银28 462两。

1936年,江苏省江南水利工程处,在章老圩与章新圩交界处,兴建花兰墩节制闸一座,闸底高程5.103 m,闸顶高程13.233 m,分三孔,中孔净宽4 m,边孔净宽各3 m,每孔闸门分上下两扇,共装设手摇启闭机六台,是年6月开工,次年6月竣工。同时废陈家闸,兴建陈家边滚水坝一座,坝长34 m,顶高程10.765 m,在坝身留有九孔泄水,孔底高程7.761 m,总过水断面20 m^2,翼墙顶高程11.761 m,1937年3月完成,并对赤山湖南、东、北三面湖堤进行加高加固,堤顶高程一般在11 m左右,湖内最大水面积达14.3 km^2。此闸建成后,句容河汛期水位超过10.75 m时,洪水仍倒灌入湖,实际上赤山湖仅能滞洪一米多深水,蓄洪量2 000万 m^{3}左右,对沿湖圩区的洪水危害仍不能彻底消除。

3.8.1.2　1949年以后的治理

赤山湖对句容县南部20万亩农田的防洪灌溉关系很大。整治赤山湖,是句容南乡人民的长期愿望。中华人民共和国成立后,贯彻"以蓄为主,以小型为主,以群众自办为主"的方针,结合该地区易旱、易涝的特点,采取灌溉与排涝相结合,防洪与水土保持相结合,有计划地在上游兴建蓄水工程,逐步发展机电排灌事业。

20世纪50年代初,主要是加固堤防,整修涵闸,消除险工隐患,1956年大水,圩区淹没,1957年1月由县调集三岔、二圣、葛村、郭庄、城东、石狮、后白、春城8个乡民工6 404人,投入赤山湖切滩培堤工程,1957年12月使堤顶高程由11 m增至13 m,顶宽3 m,完成土方48.16万 m^3。20世纪50年代后期至60年代,在湖河上游兴建中、小水库43座,控制上游来水面积336.87 km^2,对防洪和灌溉都发挥了显著效益。1969年、1972年、1974年三次大水、山洪暴发,河湖水位猛涨,1974年最高湖水位12.48 m,部分地段仅低于湖堤顶0.5 m,沿湖圩区仍遭受严重洪涝威胁。

为进一步整治赤山湖,1974年秋,经省、地、县三级领导和技术人员沿湖实地查勘,提出浚河建闸分洪,将湖堤及南、中、北河进行改线,裁弯取直,加高培厚;将赤山滚水坝及花兰墩节制闸作废,在陈家边翻水站西侧,兴建赤山闸一座;将原南、北二源,九河进水,改为南源由南、北、中三河进水,原从允盛桥入湖的北源来水直入秦淮河。是年冬,发动18个公社5.6万民工投入施工,新湖堤全周长为16.15 km,堤顶标高15 m,顶宽6 m,坡比1∶3,并在沿湖堤内开挖新河,底宽15 m,其中西北出口段为50 m,共完成土方336.59万 m³。

为了充分利用水面发展渔业生产,县水利渔业部门进行勘察、规划,在湖内沿河加筑内堤建鱼池,并建排、引涵洞一座、拦鱼栅一道,长180 m,顶高14.5 m,共计完成土方340万 m³。平时河内蓄水,池内养鱼,一般情况下洪水由河道排入句容河,鱼池不滞洪。闸下河水位达到12.5 m时,即开闸引洪入池,由于新赤山闸的控制,湖内最高洪水位可达13.5 m,滞洪量又可增加1 000万 m³。

1991年大水以后,江苏省编制完成了《秦淮河流域防洪规划》,规划针对流域防洪能力不足的问题,提出恢复赤山湖8.8 km²蓄滞洪区的要求。2007年起,句容市政府开始编制《赤山湖退渔还湖防洪综合治理工程规划》,规划以赤山湖地区乃至整个秦淮河流域的防洪安全为核心,对赤山湖内湖全面退渔还湖,恢复大水面。

目前,赤山湖退渔还湖工程已基本完成内湖退渔还湖、内湖防洪滞洪、外大堤加固及外环河清淤、白水荡退渔还湖等四期工程。赤山湖地区的防洪压力得到了彻底缓解,整体提升赤山湖地区的防洪滞洪能力,对减轻下游南京的城市防洪压力,乃至整个秦淮河流域的防洪压力有着积极的意义(图3.8-2、图3.8-3)。

图3.8-2　2005年9月赤山湖内湖影像图

图 3.8-3　2019 年 3 月赤山湖内湖影像图

3.8.2　水库塘坝

秦淮河流域在中华人民共和国成立初期开始了兴建小型水库试点工作，1952 年溧水县建曾巷水库，库容 41 万 m³。1953 年句容县建成小马埂水库，库容 81 万 m³。1955 年江宁县建库容 20 万 m³ 的军民友谊水库。

1958 年兴起了建水库的热潮，共兴建水库 71 座，控制山丘区面积 595 km²，总库容 2.77 亿 m³。其中库容 500 万 m³ 以上的水库 13 座，控制面积 445 km²，总库容 2.34 亿 m³；库容 100 万 m³ 到 500 万 m³ 的水库 13 座，控制面积 88 km²，总库容 3 042 万 m³；库容 100 万 m³ 以下的水库 45 座，控制面积 62 km²，总库容 1 325 万 m³。这些拦洪工程不仅可以削减洪峰对秦淮河下游的威胁，还为山丘区蓄水、发展灌溉创造了条件。

进入 20 世纪 60 年代，在丘陵山区对已建的水库进行完善配套，并继续兴建水库 21 座，增加控制山丘区面积 44 km²，增加库容 1 339 万 m³。

1969 年汛期，秦淮河流域发生大洪水，1975 年《秦淮河流域水利规划》编制完成，规划要求："上游大搞蓄水工程，中游整治干支河道，下游扩大排洪出路。"此期间，在上游山丘区，对已建的水库全面进行配套，提高防洪标准，又新建小型水库 57 座，增加库容 3 697 万 m³，增加控制山丘区面积 108 km²。

至 1987 年，秦淮河经过治理，丘陵山区共兴建中小型水库 149 座，控制山丘区面积 747 km², 总库容达 3.28 亿 m³, 有效地减少了下游的洪水威胁(表 3.8-1、图 3.8-4)。

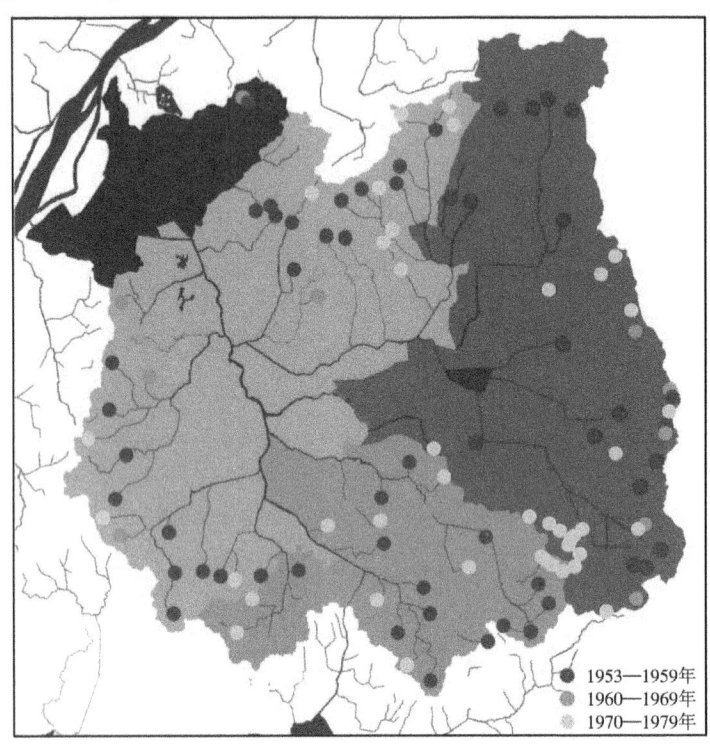

图 3.8-4 秦淮河流域水库分布示意图

表 3.8-1 秦淮河流域中型水库统计表

序号	水库名称	所在位置	坝址控制流域面积 (km²)	建成时间 (年)	总库容 (万 m³)
1	方便水库	南京市溧水区东屏街道	77.1	1959	4 900
2	卧龙水库	南京市溧水区东屏街道	18.2	1960	1 277
3	赵村水库	南京市江宁区横溪街道	18.32	1959	1 034.2
4	中山水库	南京市溧水区永阳街道	32.28	1958	2 868
5	句容水库	句容市	45.8	1959	2 670
6	北山水库	句容市	59.5	1982	4 980
7	二圣桥水库	句容市	103.5	1959	5 695
8	茅山水库	句容市	33.5	1959	2 153

3.9 水系变迁的驱动因子分析

总体来看,秦淮河水系的演变过程主要受自然因素和人类活动因素两者影响。自然因素主要包括地质构造、地形地貌、气候气象、水文泥沙等,人类活动因素包括人类为了生存及发展采取的圈圩造地、建城、灌溉引水等措施。

从生产生活方式、水土资源开发方式、人水关系以及其连通状况等角度,可将秦淮河水系变迁过程划分为以下 4 个阶段:

(1)远古是秦淮河水系形成和发展初期。该时期的秦淮河水系处于天然演变状态,完全受自然因素控制。人类生活方式主要是逐水而居,以渔猎采摘为生,基本没有抵御自然灾害的能力,只能被动地适应、屈从自然,所以秦淮河水系的演变具有自然缓慢、突变剧烈等特征。

(2)古代是自然因素主导下,秦淮河水系格局逐渐形成和不断调整的时期。该时期的秦淮河水系连通仍然以自然演变为主,但也出现了一些顺应自然规律的开发治理与人工干预。河流治理处于不断摸索阶段,开发处于起步阶段,显示出了初步的人为干预能力。

(3)近代是自然-人工干预相结合情况下,秦淮河水系格局逐步稳定的时期。随着人类科技水平和生产能力的提高,对秦淮河水系格局与经济社会发展格局相匹配的需求也越来越高,防洪建设、河湖围垦和水资源开发利用等活动越来越频繁。人类活动通过直接或间接改变河流边界条件、水沙条件,对秦淮河水系演变的影响越来越显著。

(4)当代是秦淮河水系进一步调整,水系格局逐步完善的时期。该时期秦淮河水系格局直接受人类活动影响,自然影响因素的主导作用逐渐减弱。河湖水系在为人类服务的同时,其面临的压力负荷也不断增大,一些地区开始出现河网水系的衰退,流域水旱灾害有增多趋势。

3.9.1 自然因素对秦淮河水系变迁的影响

从前文史料分析可知,自然因素对秦淮河水系的格局、形态、结构及功能的演变起控制性作用。其中,地质构造对秦淮河水系的总体格局、走向起决定性作用,其影响具有剧烈性、突发性等特点。例如受地壳运动影响,鸡笼山至覆舟山之间地势抬高,古秦淮原有的入江水道逐渐消失,自此古玄武湖与古秦淮河逐渐分成了两个流域,秦淮河的总体流向基本成型。气候气象是河湖水系演变中水动力变化及其作用的直接影响因素,例如唐宋时期秦淮河地区经过了一个较长的枯水期,导致了从南唐开始秦淮河河道开始变窄了,大概东西两侧各"缩水"五六米。

3.9.2 人类活动对秦淮河水系变迁的影响

人类活动自古有之,但近代人为因素已逐步成为影响秦淮河水系及其连通状况的最活跃因素。南京作为六朝古都,历史上城市地位一直很高,南京城也是历史上建城年代较早的古城之一,秦淮河水穿城而过,既是古代城市防御的重要工程措施,又是南京城内居民生活、生产用水的重要来源。为了让秦淮河更好地服务于南京城,历史上人们对秦淮河水系尤其是下游进行了多次的改造,而对秦淮河水系改造的频次及强度也与南京城市兴衰的过程关系密切。

孙吴时期,作为其经济、文化、政治、军事中心的建业,水系治理达到第一个高峰期,潮沟、青溪、运渎、破岗渎等水利工程均是这个时期修建;南北朝以后,南京城市中心地位开始下降,水利工程变少,对河流的改造也趋于缓慢,直到明朝定都南京之后,秦淮河水系才又进入了一个新的发展高峰期,内秦淮河改造、胭脂河开凿也均发生在这个时期。

可见,秦淮河水系的变迁过程与南京城市发展的过程密不可分,同时水系的发展由其在社会发展中所发挥的主要功能决定,明朝之前,秦淮河水系主要以抵抗外敌、引水灌溉功能为主,河道相对较宽;明朝之后,随着南京城区的发展,护城河的防御功能、引水灌溉功能逐渐弱化,更多成了文化符号、排泄通道,河道规模逐渐缩小。

4 秦淮河流域水系变迁规律及影响因子研究

气候变化、地质构造运动以及人类活动的共同作用下,秦淮河水系发生了多次变迁,这必然带来流域产汇流特点的变化,为了更好地研究秦淮河流域洪涝灾害的变化特点,有必要从秦淮河水系变迁机理出发,深入研究秦淮河流域水系变迁规律及影响因子。本章借助地理信息技术对秦淮河流域不同年代的卫星影像资料进行数据分析,通过对比不同年代流域的水系及下垫面数据,揭示秦淮河水系及下垫面的变化规律。

4.1 流域下垫面变化规律分析

4.1.1 下垫面遥感信息提取

1. 下垫面提取方法

解译时间结合不同年份的影像质量,选择了 1988 年、1994 年、2006 年和 2015 年的影像资料,不同年份可分别代表各自年份所在的年代,4 个解译结果分别代表了 1980 s、1990 s、2000 s 和 2010 s 的土地利用状况。

基于遥感影像专业处理软件(ERDAS)对遥感影像进行解译分析。首先对遥感影像(TM/ETM+)进行辐射校正、几何校正、直方图匹配、图像拼接和裁切及图像滤波和增强等一系列预处理工作。然后结合多种遥感图像分类算法,结合研究区的地物类型及影像光谱差异的特点和对研究区实地的考察分析,进行影像的解译。影像解译方法 1988 年、1994 年和 2006 年以监督分类中的最大似然分类法为主,以神经网络、机器学习等算法作为辅助,2015 年主要采用非监督分类方法将地物划分200类后结合同时期的谷歌影像判别地类并合并，最后完成不同地物类别信息的提取，并建立相应的数据库(图4.1-1)。

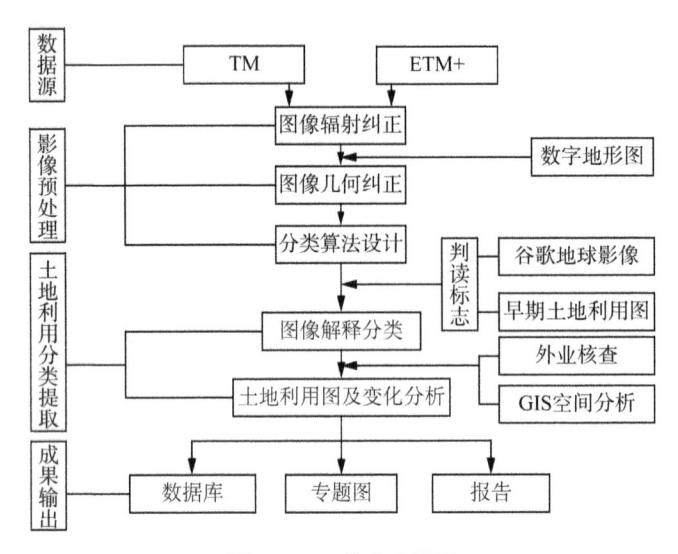

图 4.1-1　技术路线图

分类系统上参考中国土地资源分类系统，并根据研究区土地覆被类型特点，将其土地利用类型分为草地、林地、园地、滩涂、旱地、城镇、水田、水体8个类别，最后依据研究的目的将其合并归类为旱地、城镇用地、水田、水域和林地5大类别。精度检验上结合实际考查数据、地形图及高分辨遥感影像分别对三个时期的分类结果进行精度验证。其中1988年分类精度85.93%，Kappa系数0.80；1994年分类精度88.62%，Kappa系数0.85；2006年分类精度83.62%，Kappa系数0.79；2015年分类精度86.88%，Kappa系数0.83；总体平均kappa系数达到0.80以上，其精度可以满足宏观上大尺度下城市化遥感监测的要求。

2. 转移矩阵

为了更好地反映秦淮河流域1988—2015年各土地利用类型之间的相互转换特征，采用转移矩阵分别分析1988—1994年、1994—2006年和2006—2015年三个阶段的土地利用变化。该方法源于系统分析中对系统状态转移的定量描述，对于分析土地利用类型之间的流向具有重要作用，其不仅可以定量说明土地利用类型之间的相互转化状况，还可以表示不同类型之间的转移速率，从而更好地反映出土地利用的时空演变特征，其数学形式可表示为：

4 秦淮河流域水系变迁规律及影响因子研究

$$\boldsymbol{D}_{ij} = \begin{bmatrix} d_{11} & d_{12} & \cdots & d_{1n} \\ d_{21} & d_{22} & \cdots & d_{2n} \\ \vdots & \vdots & & \vdots \\ d_{n1} & d_{n2} & \cdots & d_{nn} \end{bmatrix}$$

式中：$\boldsymbol{D}_{ij}$ 表示面积，n 表示土地利用类型数，i、j 分别表示不同时段开始和结束的土地利用类型。

4.1.2 下垫面变化特征分析

4.1.2.1 秦淮河流域土地利用状况及变化(图 4.1-2)

从表 4.1-1 可以看出，1988—2015 年城镇面积扩展迅猛，其中以靠近流域出口的位置变化最为明显。

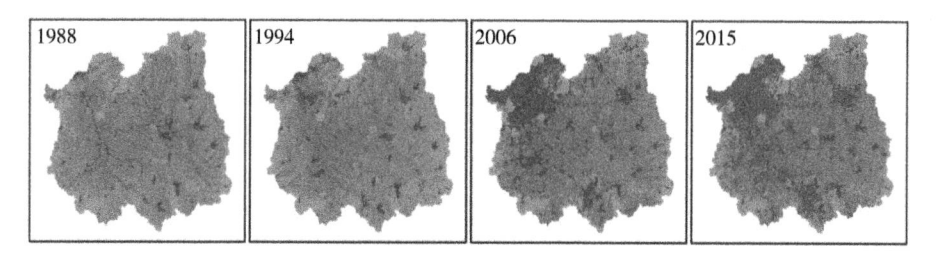

图 4.1-2 秦淮河流域不同年份土地利用示意图

表 4.1-1 秦淮河流域不同土地利用及其变化率

地块分类	1988 (km²)	1994 (km²)	2006 (km²)	2015 (km²)	1988—1994 (%)	1994—2006 (%)	2006—2015 (%)	1988—2015 (%)
城镇	106.91	135.27	365.31	572.30	26.52	170.07	56.66	435.31
水域	98.49	101.33	99.19	92.14	2.88	−2.11	−7.11	−6.45
水田	1 295.97	1 204.04	1 343.41	944.69	−7.09	11.58	−29.68	−27.11
旱地	724.33	683.24	488.89	724.39	−5.67	−28.45	48.17	0.01
林地	361.78	440.97	290.72	254.00	21.89	−34.07	−12.63	−29.79

秦淮河流域在不同年份皆以水田面积最多，水域面积最少，农业活动较多。城镇用地变化最为显著，1988—1994 年的城镇用地增长率为 26.52%，1994—2006 年增长率达到 170.07%，2006—2015 年增长率为 56.66%，远远高于其他的土地利用类型，27 年间增长率达 435.31%。秦淮河流域水田面积在 1988—

1994年、2006—2015年两个阶段均为下降趋势,后一阶段的下降率显著大于上一阶段,27年间水田面积共下降了351.28 km²。旱地面积在27年间变化并不明显,变化幅度基本为0。林地面积在秦淮河流域同样有一定减少,只在1988—1994年间有一定增加,在剩余两个阶段都有所减少,27年间共减少了107.78 km²。

城镇用地增加会显著增加地表径流,是城镇化进程中产汇流过程变化以及洪涝灾害风险演变的主要影响因素,因此城镇用地是本研究中主要关注的土地利用类型,而城镇面积在不同年代均有显著增加。秦淮河流域1988年到1994年城镇面积年均增加了4.73 km²,增长速度相对较缓。不同年代中1994年到2006年增加最为显著,年均增加了19.17 km²,远高于1988到1994年的年均面积增加速度。2006—2015年城镇面积增加了206.99 km²,年均增加23.00 km²,增加速度更快。自1988年到2015年,城镇面积的年均增加速度越来越快,说明在秦淮河地区城镇化进程迅速,而且扩展速度有加快趋势。

表4.1-2　1988—2015年秦淮河土地利用转移矩阵(km²)

1988—2015年	城镇	水域	水田	旱地	林地	1988年转出
城镇		4.19	29.79	19.55	1.14	54.67
水域	6.62		33.08	7.07	0.68	47.45
水田	295.37	31.6		354.48	40.47	721.92
旱地	175.19	4.23	234.22		30.86	444.5
林地	42.52	1.1	73.45	63.75		180.82
2015年转入	519.7	41.12	370.54	444.85	73.15	

通过转移矩阵可以分析出旧时期到新时期,不同土地利用类型之间的转换关系(表4.1-2)。1988—2015年,城镇面积转入最多,而水田面积转出最多,这两种用地类型是期间变化最为显著的用地类型。不同用地类型之间的转移可以看出,水田和旱地之间的转换最为剧烈,旱地也有较大面积转换为水田,但是二者在功能上皆为耕作用地,可以归为农田不同类型之间的转换。除此之外水田转换为城镇面积最多,旱地转换为城镇面积也较多,二者共有470.56 km²面积转换为城镇。这反映了在该时期,水田面积大幅缩减,农业种植活动减少,农业从事人口比重大幅降低,农业生产GDP比重也大幅降低。城镇建设迅速,城镇面积快速扩张,非农业人口数比重则大幅增加。城镇面积扩展以侵占农田为

主,同时也在一定程度上侵占了部分林地,而城镇面积转换为其他用地类型则较少,这会在一定程度上加剧秦淮河流域的洪水风险。

表 4.1-3　不同阶段其他用地向城镇的转移(km^2)

类别	1988—1994	1994—2006	2006—2015	1988—2015
农田	29.67	187.92	198.72	416.31
林地	1.78	32.91	6.50	41.19
水域	−2.21	6.91	1.76	6.46

1988—2015 年所有其他用地类型都有部分转移为城镇用地,其中以农田最多,1988—1994 年阶段每年有 4.95 km^2 农田转为城镇,1994—2006 年阶段农田以每年 15.66 km^2 的速度转为城镇,2006—2015 年阶段农田转换为城镇的速度达到 22.08 km^2/a,越往后的阶段,农田转换为城镇的速度越快。林地在不同年代皆有部分转换为城镇用地,三个年代的转换速度分别为 0.30 km^2/a、2.74 km^2/a 和 0.72 km^2/a,1994—2006 年阶段林地转换为城镇速度最快,而城镇化速度最快的 2006—2015 年阶段转变速度远小于这一阶段,这与发展中水土保持意识加强、森林保护得到重视有关。水域转变为城镇的幅度最小,三个阶段的转变速度分别为 −0.37 km^2/a、0.58 km^2/a 和 0.20 km^2/a,与林地转换为城镇的规律类似,都在 1994—2006 年阶段达到最快的转变速度,而 2006—2015 年阶段转换速度皆有所下降(表 4.1-3)。城镇化进程中,由于防洪减灾需求,水面率需要有一定保证,这是导致转换速度下降的原因之一。

秦淮河各个行政分区的土地利用同样发生了不同程度的变化,由于各个区域之间自然条件、区位因素以及经济发展等条件的差异,造成土地利用变化的特征及趋势也存在一定差异。

4.1.2.2　分区土地利用变化

按照不同地区的行政区划为界,将秦淮河流域划分为主要的 4 个地区,分别包括市辖区、句容、江宁和溧水,总面积分别约为 120 km^2、945 km^2、1 050 km^2 和 473 km^2。在不同年代各区的土地利用类型都发生了一定变化(图 4.1-3)。不同土地利用类型中,城镇面积变化最为显著,且表现为增加趋势。

1988—2015 年只有城镇面积在不同区域内都有所增加,且城镇是所有用地类型中变化最大的用地类型(表 4.1-4)。1988—2015 年阶段,四个地区城镇外的其他用地类型面积基本都减少,除句容外,面积减少最多的用地类型皆为水田。四个地区的城镇面积占比增加的顺序从大到小排序为：市辖区＞江宁＞溧水＞句容，这基本反映了秦淮河流域内城镇化进程的空间特征。

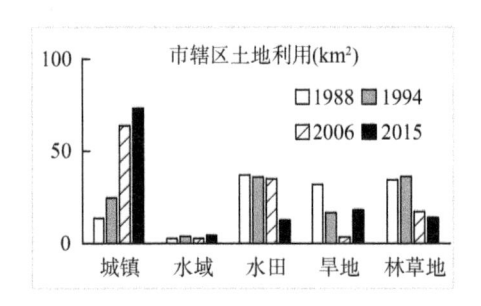

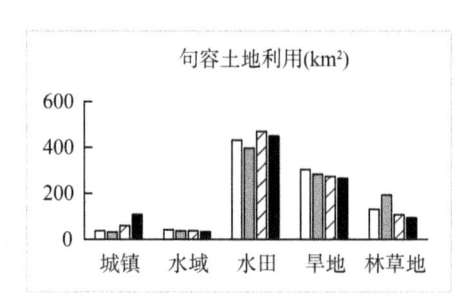

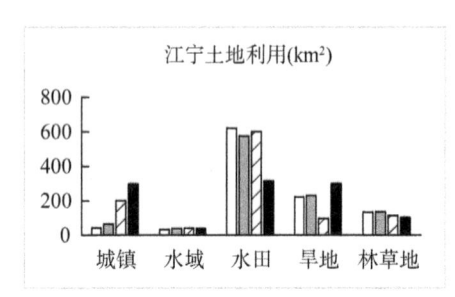

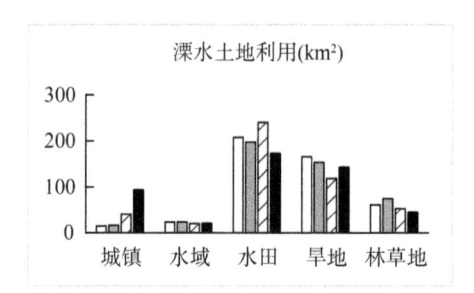

图 4.1-3　各行政分区土地利用示意图

南京市辖区是城镇面积占比扩张最大的地区，主要是因为市辖区以南京市中心为主，是南京市发展早期的重心，1988—2015 年有近 50% 的土地利用被用于城镇建设，城镇化程度较高。在三个不同的阶段，南京市辖区每年分别有 1.51%、2.71% 和 0.88% 的土地用于城镇扩张，其中 1994—2006 年阶段是市辖区城镇扩张的最快速时期，而 2006—2015 年阶段发展速度大幅下降，这主要是因为这一时期大部分易于城镇化的土地已经用于城镇扩张，余下的土地因开发难度或政策要求不能继续开发。

江宁地区是南京继市区之后开发的重点，1988—2015 年有近四分之一的土地转变为城镇用地。三个阶段分别有 0.35%、1.10% 和 1.03% 的土地用于城镇扩张，虽然城镇扩张最快的时期与市区一样都是 1994—2006 年阶段，但是 2006—2015 年阶段的下降幅度远小于市区，而且城镇扩张的速度基本与 1994—2006 年阶段持平，说明江宁地区自 1994 年后长期保持高速的城镇化速度。江宁地区早期城镇化程度较低，城镇面积小，为后期的持续高速城镇化进程提供了基础，加上市区面积有限导致南京市城镇化建设重心转移，导致了江宁地区的持续高速城镇化状态。

表 4.1-4　秦淮河流域不同年代土地利用面积(km²)及面积占比(%)变化

分区	类别	面积(km²) 1988	1994	2006	2015	面积占比变化(%) 1988—1994	1994—2006	2006—2015	1988—2015
市辖区	城镇	13.66	24.56	63.61	73.12	9.08	32.54	7.93	49.55
	水域	2.63	3.76	2.69	2.15	0.94	−0.89	−0.45	−0.40
	水田	37.01	35.87	34.92	12.43	−0.95	−0.79	−18.74	−20.48
	旱地	31.85	16.50	1.19	17.98	−12.79	−12.76	13.99	−11.56
	林草地	34.34	36.14	17.16	13.90	1.50	−15.82	−2.72	−17.03
句容	城镇	37.34	31.50	59.81	107.53	−0.62	3.00	5.05	7.43
	水域	41.76	36.65	36.97	32.27	−0.54	0.03	−0.50	−1.00
	水田	431.11	395.71	467.99	447.10	−3.75	7.65	−2.21	1.69
	旱地	303.83	283.02	273.12	264.43	−2.20	−1.05	−0.92	−4.17
	林草地	130.96	193.01	107.28	93.83	6.57	−9.07	−1.42	−3.93
江宁	城镇	41.30	63.18	201.28	298.24	2.08	13.15	9.23	24.47
	水域	31.04	37.74	39.64	37.42	0.64	0.18	−0.21	0.61
	水田	620.43	575.01	600.21	314.57	−4.33	2.40	−27.20	−29.13
	旱地	222.36	229.94	95.91	299.10	0.72	−12.76	19.35	7.31
	林草地	134.69	136.62	112.93	100.65	0.18	−2.26	−1.17	−3.24
溧水	城镇	14.60	16.02	40.61	93.40	0.30	5.20	11.16	16.66
	水域	23.06	23.18	19.89	20.30	0.03	−0.70	0.09	−0.58
	水田	207.98	197.44	240.22	172.56	−2.23	9.04	−14.30	−7.49
	旱地	166.07	153.77	118.66	142.86	−2.60	−7.42	5.12	−4.91
	林草地	61.61	75.08	53.14	45.39	2.85	−4.64	−1.64	−3.43

溧水和句容则是秦淮河流域内城镇化程度较低的地区,二者在1988—2015年间分别有16.66%和7.43%的土地被用于城镇建设,城镇化进程也相对较缓。溧水在三个阶段平均每年有0.05%、0.43%和1.24%的土地用于城镇建设,城镇化进程呈现明显的上升速度,在2006—2015年阶段达到最快。句容地区在三个阶段平均每年则分别有−0.10%、0.25%和0.56%的土地被用于城镇建设,城镇化速度同样呈现上升趋势,但是城镇化速度上升程度明显小于溧水地区,说明溧水地区的城镇化发展较句容更快。

秦淮河流域不同地区转换为城镇用地的都是以农田为主,1988—2015年市辖区、句容、江宁和溧水分别有占区域面积38.60%、6.75%、22.72%和

15.29%的土地转换为城镇用地(表4.1-5)。

表4.1-5 不同阶段各区其他用地向城镇用地的面积(km²)和占比(%)转移

分区	类别	面积(km²) 1988—1994	1994—2006	2006—2015	1988—2015	面积占比(%) 1988—1994	1994—2006	2006—2015	1988—2015
市辖区	农田	9.31	25.64	8.44	46.32	7.76	21.37	7.03	38.60
	林地	2.05	10.93	0.61	12.28	1.71	9.11	0.51	10.23
	水域	0.02	1.05	0.46	0.60	0.02	0.88	0.38	0.50
句容	农田	-2.94	19.59	46.25	63.77	-0.31	2.07	4.89	6.75
	林地	-1.87	7.96	1.24	6.34	-0.20	0.84	0.13	0.67
	水域	-0.93	0.50	0.23	0.07	-0.10	0.05	0.02	0.01
江宁	农田	21.24	122.24	93.94	238.59	2.02	11.64	8.95	22.72
	林地	1.56	10.74	2.40	16.58	0.15	1.02	0.23	1.58
	水域	-0.82	4.61	0.61	1.46	-0.08	0.44	0.06	0.14
溧水	农田	2.06	20.39	50.08	72.33	0.44	4.31	10.59	15.29
	林地	0.04	3.27	2.26	6.14	0.01	0.69	0.48	1.30
	水域	-0.48	0.74	0.46	0.29	-0.10	0.16	0.10	0.06

市辖区在三个阶段平均每年分别有占区域总面积1.29%、1.78%和0.78%的农田转换为城镇用地,2006—2015年阶段农田转换为城镇面积的速度低于1994—2006年,农田区域被城镇化速度降低。江宁在三个阶段平均每年分别有占区域总面积0.34%、0.97%和0.99%的农田转换为城镇用地,农田被城镇化速度逐渐加快,但是后两个阶段的转换速度变化不明显。溧水在三个阶段平均每年分别有占区域总面积0.07%、0.36%和1.18%的农田转换为城镇用地,句容在三个阶段平均每年分别有占区域总面积-0.05%、0.17%和0.54%的农田转换为城镇用地,这两个区域农田的城镇化速度加快明显,后一阶段的速度皆明显高于前两个阶段。

通过对不同地区林地和水域转换为城镇用地的速度分析,发现在三个阶段中,这两种用地类型转换为城镇的速度都是先上升后下降,在1994—2006年阶段城镇化速度最快,而2006—2015年阶段相对较慢,且以南京市区最为明显。说明在城镇化发展到一定阶段,城镇化程度高的地区由于防洪和生态环境保护需求提升,会更加重视对林地和水域的保护,不会过度开发。

4.2 流域水系变化规律分析

为了进一步说明秦淮河流域内水系变化情况,本研究中搜集了秦淮河流域纸质地形图数据及数字地形图,依据一定规则划分河道等级,通过各类指标计算,反映流域内不同等级水系特征在不同阶段的变化情况,以定量化揭示秦淮河流域内水系变迁规律。

4.2.1 水系分级与特征指标选取

1. 河流水系提取与分级

由于本研究各典型流域属于平原河网地区,其地形高差较小,人工河道众多,难以采用传统的 DEM 提取水系,因此本研究针对平原河网地区河流水系的特征,采用数字化地形图的方式对研究区的河流水系进行提取。

水系提取采用的数据源为各典型流域 1960 s(1960—1963 年)和 1980 s(1983—1985 年)的 1∶50 000 分幅纸质地形图,以及 2010 s 电子地图(2009 年 1∶50 000 数字线划图以及 2012 年左右数字影像图)。在对纸质地形图进行扫描、配准、数字化、拓扑检验、拼接和裁剪等处理的基础上,提取 2010 s 的 DLG 数字线划图中的 HYDA、HYDL 水系层,最终分别得到各典型流域三个时期的水系分布图。同时,参考同时期研究区的遥感影像、土地利用图和水利普查数据对水系数据进行核对。

水系提取的结果分为 2 个部分,一部分为线状水系,另一部分为面状水系。所有水系均是在地理信息系统软件(ArcGIS)中进行数字化获取。在使用 ArcMap 进行处理时,研究者将湖泊和双线河作为面状要素,其余作为线状要素。在完成单幅地形图数字化的基础上,按照图幅号将水系图进行拼接,得到 2 个时期研究区的水系图。同时,在数字化过程中,为了保持线状河道长度尽可能与实际河长相一致,首先将面状水系转换为二值栅格数据,然后利用软件的自动捕捉栅格中心线功能(Scan),沿栅格水系中心线进行数字化,并结合实地考察及专家咨询对水系之间的连接状况进行核对;最后利用 ArcGIS 拓扑检查功能对线状水系进行拓扑检查(Topology)。

水系分级问题是水系形态结构定量评价的前提,对分析不同等级水系演变特征具有重要的作用。本书结合研究区的实际情况及研究目的,并对照江苏省水利普查成果中对不同等级河道的划分规则,从河道的自然属性(平均河宽)、管理属性(河道范围)和功能属性(行洪排涝能力)入手,同时兼顾河道在城市发展中的重要性等因素,将研究区水系划分为3个等级。各等级水系划分标准如下:一级河道在图上显示为面状的地面河、运河和干渠,一般属于省管或者市管的区域性行洪排涝骨干河道,实际河宽一般大于20 m,在地形图上一般显示为大于0.4 mm的河流;二级河道在图上显示为线状的地面河和干渠,一般属于区、县管的连接骨干河道的河流,主要功能为调蓄,实际河宽一般为10~20 m,在地形图上一般显示为0.15~0.4 mm的河流;三级河道在图上显示为线状的支渠、独立支流与其他通过地下涵洞、泵站、桥相连或者因为城市化作用被道路分割开的河流,一般属于村镇河流,具有一定的调蓄功能,实际河宽一般为10 m以下,在地形图上一般显示为0.15 mm及以下的河流。一级河道在纸质地形图上显示为双线河,与湖泊一起作为面状要素;二级河道与三级河道在纸质地形图上分别显示为粗单线与细单线河,并作为线状要素。水系分级标准详见表4.2-1。

表4.2-1 研究区水系分级标准

级别	河宽	地形图图示		主要功能	主管单位
		纸质地形图	数字地形图		
一级河道	>20 m	>0.4 mm	面状的地面河、运河和干渠	行洪	省、市
二级河道	10~20 m	0.15~0.4 mm	线状的地面河、运河和干渠	调蓄	区、县
三级河道	≤10 m	≤0.15 mm	线状的地面河、干渠和支渠	调蓄	乡、镇

2. 水系特征指标选取

为了定量描述研究区水系变化特征,对不同时期的河流长度和水面面积进行量算统计,以表征水系结构的参数——河网密度、河网水面率、河网复杂度和河网结构稳定度等作为指标,从而探讨研究区水系演变的主要特征。

(1) 河网密度

河网密度(D_R)指单位流域面积上的河流总长度,数值大小说明水系发育与分布疏密的程度,河网密度越大,表明单位面积内河流越多,反映了流域水系的长度-面积比。城镇化等人类活动对河流的填埋、取截、改道等会改变河流的自然长度。因此,对水系的河流密度进行统计评价,可比较直观地表现河流的纵向改变度。

$$D_R = L_R/A \tag{4.2-1}$$

式中:L_R为河流长度(km),A为区域总面积(km^2)。

(2) 河网水面率

水面率(W_p)指多年平均水位条件下河道两岸堤防之间所包括的河道面积以及湖泊面积与区域总面积之比式[式(4.2-2)]。水面对削减洪峰、蓄滞洪水及灌溉供水意义重大,直接影响着区域防洪排水的综合能力,而且体现平原河网地区的生态环境状况,因而水面率是区域土地利用和洪涝控制的主要参考指标之一。河网密度和水面率的计算公式为:

$$W_p = (A_R + A_L)/A \qquad (4.2\text{-}2)$$

式中:A_R、A_L 和 A 分别为河流面积、湖泊面积和区域总面积(km^2)。

(3) 河网复杂度

河网复杂度(CR)用于描述河网数量和长度的发育程度,其数值越大,说明该区域河网的构成层次越丰富,支撑主干河道的支流水系越发达。该指数是对分支比和长度比的综合。

$$CR = N_c \times (L/L_m) \qquad (4.2\text{-}3)$$

式中:N_c 为河流等级数,L 和 L_m 分别为河流总长度(km)和主干河流长度(km)。

(4) 河网结构稳定度

河网结构稳定度 SR 通过河网长度和河道面积的比值(即长度面积比)来表征。由于河网结构发生变化直接表现为河道长度和面积的不同步演变,因此计算不同年份长度面积比值可以反映河网结构的稳定程度。河网结构稳定程度的计算公式如下:

$$SR = (L_{i+n}/RA_{i+n})/(L_i/RA_i) \qquad (4.2\text{-}4)$$

式中:L_{i+n}、RA_{i+n} 与 L_i、RA_i 分别为第 $i+n$ 年和第 i 年的河道总长度(km)与河道总面积(km^2)。

(5) 河网发育系数

河网发育系数(K_ω)是各级支流河流长度之和与主干河流长度的比值,表示各级支流的发育程度。

$$K_\omega = L_\omega/L_m \qquad (4.2\text{-}5)$$

式中:L_ω 为 ω 级河流长度之和(km),L_m 为主干河流长度(km)。

(6) 面积长度比

面积/长度比(R_{AL})反映了河网的发育状况，R_{AL}越大，表明单位河长的河流面积即河宽越大，河流过水能力越强，反之R_{AL}越小，河道越窄，过水能力相对较弱，河网尤其骨干河道的面积长度比对区域的行洪排涝能力具有重要参考意义。本研究中面积长度比由主干河道的总面积(A_R)与相应的河流长度(L_R)计算得到：

$$R_{AL}=A_R/L_R \tag{4.2-6}$$

式中：A_R为主干河道的总面积(km^2)，L_R为主干河道的总长度(km)。

(7) 河网维度

分形几何学自创立以来在研究自然界不规则现象及其内在规律的自然科学中得到了广泛应用，流域内水系的发育具有自相似特征，因此水系的形态特征可通过分形特征来反映。分形维度是河流分形特征的量化表示，维度的计算可以用 Horton 分形理论和分形维数进行量化，其中，盒维数(D_0)是最简单和应用最多的分形维度表征方法，反映了河网对整个平面空间的填充能力。

盒维数可通过 AutoCAD 和 ArcGIS 软件实现。本研究利用 ArcGIS 软件平台对盒维数进行计算。通过创建不同边长(r)的多边形，利用 ArcGIS 的空间分析功能，将河网与不同尺度的多边形网格进行交叉(Intersect)，总会出现其中一些网格里有水系，而另一些网格为空的情形。统计有河流盒子的数目，记为$N(r)$，当多边形变成$r \to 0$时，得到盒维数：

$$D_0 = -\lim_{r \to 0} \frac{\lg N(r)}{\lg r} \tag{4.2-7}$$

本研究通过变换多边形的尺寸(50,100,150,300,…,500)，计算出非空多边形个数，从而得到一系列[$r,N(r)$]，最后将$N(r)$与相应的格子边长(r)在双对数坐标系下进行一元线性回归，直线的斜率的负值即为盒维数(D_0)：

$$\lg[N(r)] = -D_0 \times \lg r + C \tag{4.2-8}$$

4.2.2 秦淮河流域水系格局变化

秦淮河位于城区以南到溧水秋湖山之间。秦淮河由南而北，贯穿地区中部，地形四面环山，中间低平，成一完整的山间盆地。四周山地海拔 250～450 m，北为宁镇山地，南为横山和东庐山，西面是牛首山、云台山，东到句容县茅山。山地内侧分布大片黄土岗地，海拔 20～60 m。沿秦淮河两侧是低平的河谷平原，海拔 5～10 m。

本研究选取自前埠村向下直至武定门闸和秦淮新河闸的秦淮河流域中下游平原水网地区作为研究区。以研究区的 2003 年 DEM 为数据源，通过 ArcGIS 的水文分析工具 Arc Hydro Tools 9，划分出若干子流域。参考秦淮河流域的河流地貌状况，并参照南京水资源规划常规图件进行适当调整，最终划分出 10 个水利片，分别为云台山片、牛首山片、外港河片、秦淮新河片、秦淮河干流片、章村片、响水河片、秦淮河北支片、护城河片、运粮河片，如图 4.2-1 所示。

按照城市土地扩展强度指数，该区域可以划分为：高度城市化区（外港河片、响水河片）、中度城市化区（秦淮河北支片、秦淮河干流片、章村片、牛首山片、运粮河片和秦淮新河片）以及低度城市化区（护城河片、云台山片）。

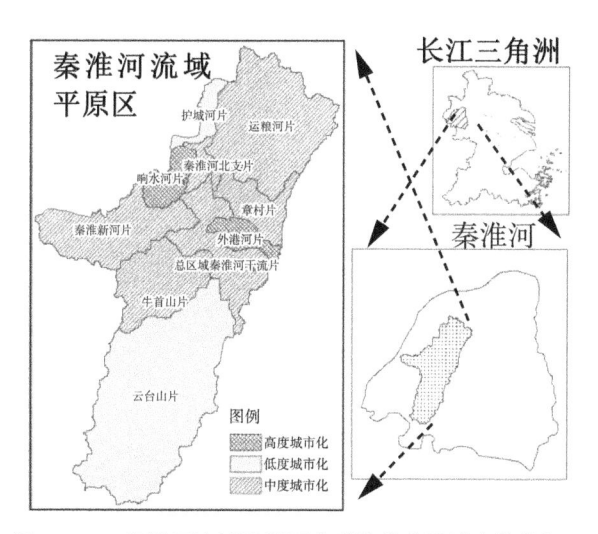

图 4.2-1　秦淮河流域平原区水利片分布及城市化等级图

1. 水系总体变化

根据研究区 1960 s、1980 s 和 2010 s 的线状和面状水系图（图 4.2-2、图 4.2-3）。按照各水利片和高度、中度、低度城市化区以及总区域统计得到 1960 s、1980 s 和 2010 s 的河流长度、水体面积以及各水系结构参数。由于秦淮河中下游流域面积较小，并且将其划分为 10 个水利片区。因此，为了更为细致分析该流域水系变化特征，本研究将秦淮河流域河道等级划分为四级。通过将 1960 s 的水系结构特征与 1980 s 和 2010 s 进行比较，计算得到各水系参数的变化率,如表 4.2-2 所示。

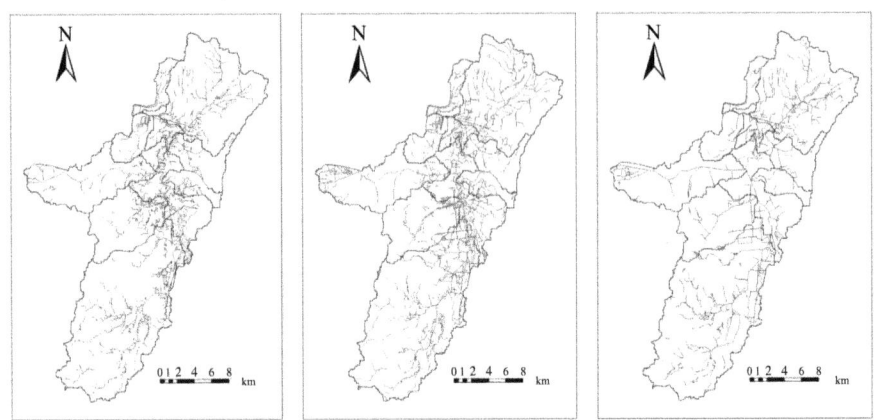

图 4.2-2 1960 s—2010 s 秦淮河流域线状水系图

(左:1960 s,中:1980 s,右:2010 s)

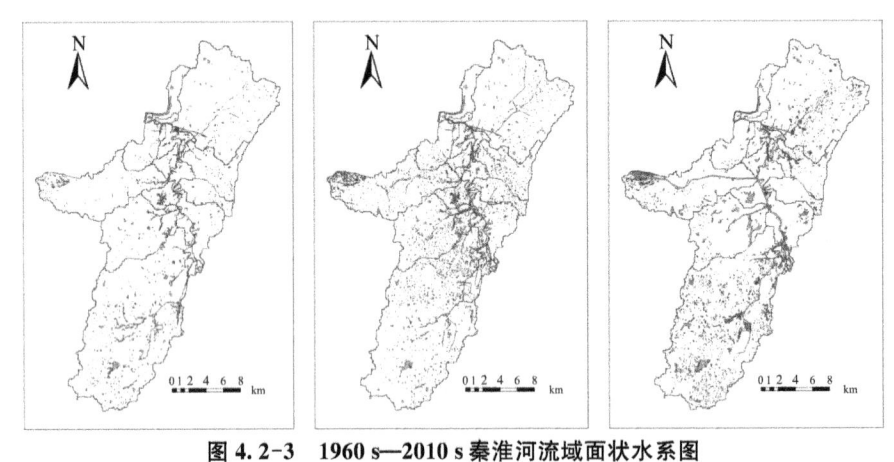

图 4.2-3 1960 s—2010 s 秦淮河流域面状水系图

(左:1960 s,中:1980 s,右:2010 s)

表 4.2-2 秦淮河流域不同水利片水系结构参数变化

指标	区域	1960s	1980s	1960s—1980s(%)	2010s	1980s—2010s(%)
河网密度 (km/km^2)	高度城市化区	1.35	1.73	27.94	0.69	−60.31
	中度城市化区	1.27	1.47	15.88	1.01	−31.20
	低度城市化区	1.21	1.37	13.18	1.03	−24.46
	总区域	1.25	1.45	15.72	1.00	−30.98

续表

指标	区域	1960s	1980s	1960s—1980s(%)	2010s	1980s—2010s(%)
水面率(%)	高度城市化区	4.50	4.74	5.39	2.88	−39.16
	中度城市化区	5.19	5.59	7.70	6.73	20.46
	低度城市化区	6.24	5.58	−10.61	7.96	42.62
	总区域	5.53	5.53	0.09	6.94	25.50
河网复杂度	高度城市化区	35.01	42.93	22.61	38.17	−11.09
	中度城市化区	30.70	25.20	−17.90	17.45	−30.76
	低度城市化区	26.55	36.36	36.97	20.16	−44.55
	总区域	29.33	29.12	−0.69	18.82	−35.38
河网结构稳定度	高度城市化区	—	1.19	—	0.85	−28.82
	中度城市化区		1.01		0.67	−33.04
	低度城市化区		1.06		0.92	−13.42
	总区域		1.04		0.75	−27.73

表 4.2-3　秦淮河流域平原区各水利片水系分级量算

等级	区域	河流长度(km)			
		1960s	1980s	1960s—1980s(%)	2010s	1980s—2010s(%)
一级	高度城市化区	0.09	0.00	−100.00	0.00	—
	中度城市化区	29.10	37.84	30.00	37.39	−1.18
	低度城市化区	7.33	3.70	−49.54	3.80	2.89
	总区域	36.52	41.53	13.71	41.19	−0.82
二级	高度城市化区	9.30	11.57	24.40	2.15	−81.44
	中度城市化区	64.20	90.35	40.74	29.17	−67.71
	低度城市化区	66.08	65.25	−1.25	33.14	−49.22
	总区域	139.57	167.16	19.77	64.45	−61.44
三级	高度城市化区	20.37	15.60	−23.40	15.90	1.95
	中度城市化区	141.12	151.86	7.61	159.98	5.35
	低度城市化区	47.19	95.09	101.48	104.37	9.76
	总区域	208.68	262.54	25.81	280.25	6.75
四级	高度城市化区	10.58	24.44	131.03	2.43	−90.06
	中度城市化区	129.76	141.95	9.40	63.81	−55.05
	低度城市化区	97.20	82.48	−15.15	44.91	−45.55
	总区域	237.53	248.87	4.77	111.15	−55.34

续表

等级	区域	河流面积/km²				
		1960s	1980s	1960s—1980s(%)	2010s	1980s—2010s(%)
一级	高度城市化区	0.03	0.00	−99.96	0.00	—
	中度城市化区	2.01	2.55	27.28	4.38	71.58
	低度城市化区	0.55	0.23	−57.92	0.24	4.87
	总区域	2.58	2.78	7.89	4.62	66.08
二级	高度城市化区	0.32	0.41	26.41	0.11	−73.64
	中度城市化区	2.30	2.60	13.17	1.22	−53.28
	低度城市化区	2.60	2.57	−1.05	1.80	−30.21
	总区域	5.22	5.58	6.90	3.12	−44.12
三级	高度城市化区	0.31	0.23	−23.40	0.24	1.95
	中度城市化区	2.12	2.28	7.61	2.40	5.35
	低度城市化区	0.71	1.43	101.48	1.57	9.76
	总区域	3.13	3.94	25.81	4.20	6.75
四级	高度城市化区	0.05	0.12	131.03	0.01	−90.06
	中度城市化区	0.65	0.71	9.40	0.32	−55.05
	低度城市化区	0.49	0.41	−15.15	0.22	−45.55
	总区域	1.19	1.24	4.77	0.56	−55.34

由表4.2-3可知,1960s—1980s河流长度普遍增加,整个研究区平均增幅达到15.72%,其中,城市化进程越快的区域,增长越明显;而1980s—2010s河流长度明显缩减,平均减幅达30.98%,并且呈现出城市化进程越快,河流缩减越显著的趋势,其中,高度城市化区的减幅高达60.31%。对于水体面积的变化情况,1960s—1980s,整个研究区域的水体面积总体上变化不大,其中,中、高度城市化区域的水体面积略有增大,而低度城市化区域的水体面积略有缩减。1980s—2010s,总体上看,水体面积呈现增幅为25.50%的增大趋势,其中,高度城市化区域的水体面积缩减了近40%,而中、低度城市化区的水体面积则分别增大了20%和40%左右。从表4.2-2可知,河网密度及水面率呈现出与河流长度及水体面积相同的变化趋势。

(1) 基本参数变化

河流长度、河网密度:由表4.2-2可知,1960s—1980s河流长度及密度呈现增加的趋势,总体平均增幅为15.72%,其中高度城市化区增幅为27.94%,

中、低度城市化区的增幅递减,约15%左右,即城市化相对快速的区域,河流的长度增长略快,但差异不明显;归结原因,一方面从1960s至1980s,城市化尚未大规模发展,各区域城市化程度差异不大,另一方面,该时期是农业大力发展的阶段,农业增长旺盛,河流对于输水、调蓄、灌溉等的巨大作用推动了农业水利的大力建设发展,农业渠道大力兴修,导致河流长度及密度有所增加。

1980s—2010s秦淮河流域平原河网地区的河网长度及密度则表现出明显的下降趋势,平均减幅达30%左右,其中,高度城市化区域的减幅高达60%,中度城市化区的减幅为30%左右,低度区为25%左右,表现为城市化程度越高,河流缩减越明显的趋势。秦淮河流域从20世纪80年代开始,进入快速城市化阶段,不透水硬地面大幅增加,许多河流,尤其是较低等级的支流河道被缩窄、填埋至消失,加之河流的自然演化,整个平原区的河网变疏、简化。

分析研究区的水体面积和水面率可知,1960s—1980s秦淮河流域平原河网区的水体面积总体上变化不大,中、高度城市化区的水面率略有增大,而低度城市化区略有减小,增减幅度均在10%以内。可见,在1980s之前,流域内的城市化水平还较低,河流、湖泊总体上呈现自然状态,未受到人类活动的大幅干扰。

1980s至2010s的近30年间,研究区的总体水面率呈现出了增大趋势,增幅为25.5%,从空间分布上看,高度城市化区域的水面率大幅减小,减幅高达近40%,而中、低度城市化区域则表现出了超过20%的水面率增幅。这主要是由于主干河道的大幅拓宽、湖泊面积的增加以及大量鱼塘的挖建,从而使得研究区总体水面积呈现出较大幅度上升。

从水体的构成要素分析,将水体分解为湖泊状水体、地面河流(一、二级河流)和渠道(三、四级河流)分别考察。河流方面,河流面积从1980s的13.54 km^{2}减少为2010s的12.5 km^2,略有减小,减幅不大,为7.73%;其中,从河流等级角度分析,一级河流面积增大66.08%,三级河流变化不大,二、四级河流呈现大幅减少趋势,表明面状及线状河流中相对主干的部分都表现为面积略有增大。

这可归因于城市化建设中的河流截弯取直、拓宽修缮、河道疏浚,使得主干河道面积增大,而输水、行洪、调蓄等功能需求导致了干渠等人工河道的大量开挖及拓宽,使得渠道面积略有增大。另一方面,研究时段内,区内末端支流和支渠的面积减小主要是由于城市化过程中建设众多的工厂、居民地对支流小河的填埋、截断,导致支流水系及其更小的分支逐步消解。总体来说,纵横交错的人工渠道已代替原有的天然河道水网,加上部分原本较为蜿蜒曲折的河段被裁弯取直，使得河网结构简化，河道加宽，主干化明显。

湖泊状水体主要包括湖泊、池塘、水库等面状水体，其中，秦淮河流域的池塘数量较多但面积普遍较小。湖泊状水体从1960s的15.36 km²变化为1980s的13.96 km²，变化不大，而到2010s，湖泊状水体的面积已经增长为22.02 km²，增幅达57.74%；其中，根据表4.2-4中的湖泊状水体分级数据显示，大于10 000 m²的湖泊状水体的面积呈现剧烈增大，增幅超过100%，5 000～10 000 m²的湖泊状水体的面积略有增大，增幅为21.82%，而小于5 000 m²的湖泊状水体略有缩减，减幅为7.69%，由此可知，湖泊状水体面积增大的原因不在于池塘的开挖，而在于大湖泊的水体面积增加。

表4.2-4 秦淮河流域湖泊状水体分级统计

面积范围	区域	1960s	1980s	1960s—1980s(%)	2010s	1980s—2010s(%)
<5 000 m²	高度城市化区	0.46	0.4	−12.05	0.11	−72.73
	中度城市化区	5.37	2.9	−45.95	2.16	−25.7
	低度城市化区	3.85	1.55	−59.81	2.21	43.11
	总区域	9.67	4.85	−49.85	4.48	−7.69
5 000～10 000 m²	高度城市化区	0.05	0.12	126.84	0.07	−42.67
	中度城市化区	0.68	1.74	154.09	2.02	16.19
	低度城市化区	0.54	1.14	111.46	1.56	37.36
	总区域	1.28	3	134.98	3.65	21.82
>10 000 m²	高度城市化区	0.12	0.12	3.73	0.32	157.28
	中度城市化区	1.77	3.25	84.15	6.82	109.87
	低度城市化区	2.53	2.74	8.12	6.75	146.58
	总区域	4.42	6.11	38.39	13.89	127.27

数据表明，1960s—2010s大面积水体的增速高于小面积池塘的增速。从意义上分析，小面积池塘大量挖掘是农业发展的表现，而大面积水体的增加则是河湖整治、水利部门进行规划整治、连湖并湖成片、规则边界的结果，是城市化的典型表现。小面积水体（如池塘等）的减少，表明是在去农业化，并且城市建设将小水体填埋，变其为不透水硬地面。而中型甚至大型面积的水体的增加表明河湖的规划整治、连结成片，城市化水平更高，面积越大的水体增多越明显，因为大湖相对于小湖，其规划必须经过水利、国土部门审核，其增大是城市化的显著标志。

在城市建设施工的影响下，土壤的原有属性被改变，土地的透水性发生变化，许多低等级河道、小水体遭填埋而逐渐消失。由于堤防、人工湖库等水利工程的修建及围湖养殖等人类活动的影响，部分小面积水体连结成片，加上人工开挖的水库、池塘等增加，导致湖泊状水体的面积明显增加。

从湖泊状水体增加的空间分布考虑，城市化程度越高，对于小面积水体的缩减越显著，对大面积水体的扩张越明显；其中，1980s—2010s 在大于 10 000 m^2 的湖泊状水体中，高度城市化区的增幅最大，低、中度城市化区次之，而在小于 5 000 m^2 的湖泊状水体中，高度城市化区的减幅最大，中、低度城市化区的减幅逐渐减小。可见，河网水系的形态与结构对城市化的响应与反馈十分明显。从趋势上来说，城市化水平越低，湖泊状水体面积扩张程度越大。

近年来，秦淮河流域的水面率虽有一定幅度的增加，但是与江苏省水利普查成果中公布的全省平均水面率 16.9% 相比，还有一定差距，应当引起相关部门的高度重视。此外，也有研究表明，从保护河网结构与功能的角度出发，平原河网地区的平均水面率应至少保持在 9% 以上。

(2) 水系结构变化

河网稳定程度(SR)：由于河道长度和面积的不同步演变是水网结构发生变化的直接结果，因此长度面积比可以用于反映河网的结构稳定程度。分析表 4.2-2 可知，1960s—2010s 期间，1980s 的河网结构稳定度为 1.04，2010s 为 0.75，相比 1980s，呈现出 27.73% 的减幅，其中，中、高度城市化区域的减幅显著，高达 30% 左右，而低度城市化区的减幅仅为 13.42%；河网结构稳定程度数值越大，说明河网越稳定，从 1980s 到 2010s，SR 在不同城市化区域间不同幅度的减小说明城市化程度在提高，河道长度与面积的不同步演变越显著，河网稳定程度越低。

由表 4.2-3 可知，四个等级河流的长度和面积的变化程度表现为不完全同步的状况。其中，三、四级河流由于宽度较窄，为细线型河流，因此长度和面积的变化呈现较同步的状态，而二级河流在两个时期，长度的变化均比面积变化更加剧烈，1960s—1980s 一级河流长度增长幅度超过面积增长幅度，而 1980s—2010s 即城市化快速时期，则表现出长度变化不大，而面积剧烈增加的趋势。

总体来说，城市化引发的主干河道支撑水系的削减导致了河网的结构稳定度下降。

河网复杂度(CR)：分析河网复杂度，1960s 为 29.33，1980s 为 29.12，从

1960s 至 1980s,总体上变化不大,高、低城市化区域均呈现出增大的趋势,而中度城市化区呈减小趋势;而 2010s,CR 值为 18.82,1980s—2010s 河网复杂度则表现为明显减小的态势。空间尺度上,城市化程度越低,减幅越大;说明伴随城市化的发展,河网的数量及长度的发育呈现弱化趋势,构成层次越发简化,支撑主干河道的支流水系越发薄弱。秦淮河中下游平原区的河网层次正趋于简化,支撑主干河道的支流水系逐渐弱化,河网水系发育呈现出由多元到单一、由复杂到简单的变化趋势。

根据河流在流域中所处的地位等级和河流宽度,量算各水利片、不同城市化水平区域及总研究区内的三个时期、四个等级河流的长度、面积及各自的变化率,发现 1960s—2010s 各级河流的长度和面积呈不同幅度的缩减,河网结构主干化趋势显著。由表 4.2-3 可知,各等级河流的增减幅度与城市化水平呈现明显的逆向关系,城市化水平越高,缩减幅度越大。

分析得到,伴随城市化迅速发展,高等级河道表现出面积发育强于长度发育的状况,而低等级河道则呈现出相反的趋势,主要表现出长度的扩张。总体来说,河道拓宽明显,主干化趋势显著;这主要是由人工渠道、闸、坝、堤防等水利工程建设所带来的影响。以秦淮河干流为例,1980s 河宽仅仅不到 90 m,经过 20 多年的河道整治与拓宽,到 2010 s 干流宽度已达到 150 m 左右。对比相同级别的河流发现,城市化水平越高,河流的长度和面积下降得越多,或增加得越少。另一方面,河流等级越低,其受城市化的影响越显著,而等级较高的河流受城市化影响较小,主要表现为河道整治后的面积变化。

2. 水系变化空间分异

从空间角度分析,在各片区中,响水河片、外港河片等高度城市化区的河道缩减程度尤为明显,长度面积比、河网复杂度的下降也极为显著,充分反映了城镇扩展引起的河道缩窄和支流小河道等的填埋消失现象。相比之下,护城河片和云台山片这两个低度城市化区的河网密度、长度面积比和河网复杂度的减小程度均最低,说明城市化程度相对低的区域由于受到的人为干扰最少,河网水系结构更接近于自然状况。而秦淮河干流片、牛首山片、章村片等中度城市化区的河网发育状况则介于高低度城市化区域之间。

对比表明,河网结构的变化与城市化过程有直接的关联。不同区域的河网水系的变化幅度与城市化程度具有显著的一致性。从低度城市化区到中度、再到高度城市化区,各指标下降程度显著增加,充分表明随着城市化水平的不断提高,河网结构的简化趋势越发明显。城市化过程对于河网水系结构丰富程度的影响呈现负相关。

通过上述对秦淮河流域平原河网区城市化下水系格局变化的研究可以看出，1980s—2010s，除水面率略微增加外，河网密度、河网结构复杂度均呈下降趋势，且河流数量的减少以低等级河流为主，城市化程度越高河网结构越简化。

4.3 城市化进程对水系格局的影响

4.3.1 城市化发展进程

1. 城市化指标

城市化一般认为是指农业人口向非农业人口转化并向城市集中的过程，但不同学科、不同学者对城市化的具体理解有所不同：经济学家通常从经济与城市的关系出发，强调城市化是从乡村经济向城市经济的转化；地理学家强调城乡经济和人文关系的变化，认为城市是地域上各种活动的中枢，城市化是由于社会生产力的发展而引起的农业人口向城镇人口、农村居民点形式向城镇居民点形式转化的全过程；人口学家研究城市化，主要是观察城市人口数量的增加变化情况、城市人口在总人口中比例、城市人口规模的分布及其变动等，并分析产生这种变化的经济、社会原因及后果。我国《城市规划基本术语标准》中把城市化定义为人类生产和生活方式由乡村型向城市型转化的历史过程，表现为乡村人口向城市人口转化以及城市不断发展和完善的过程。由此可以判断城市化主要有以下三种表征方法：①城市人口比重指标。即某一地区内的城市人口占总人口的比重。其实质反映了人口在城乡之间的空间分布，具有很高的实用性。但是，由于行政区划的变更和社会政治因素的影响会导致城市人口的突变，造成城市化水平忽高忽低，因此缺乏连续性。②非农业人口比重指标。即某一地区内的非农业人口占总人口的比重。该指标体现了人口在经济活动上的结构关系，较准确地把握了城市化的经济意义和内在动因，反映了生产方式变革的广度与深度。③城市用地比重指标。即以某一区域内的城市建成区用地占区域总面积的比重，来反映当地的城市化水平。可以通过不同时相的遥感图像来快速地动态地监测城市化的进程，对城市建成区的扩展变化进行监测和分析。

2. 城市化发展状况

中华人民共和国成立以来，我国城市化水平大幅提高，城市化进程经历了

1949—1957年的城市化起步阶段、1958—1965年城市化波动阶段、1966—1978年的城市化停滞发展阶段、1979—1991年的城市化快速发展阶段、随后城市化进入稳定发展阶段。秦淮河大流域与南京市大部分地区重合,因而通过南京市统计数据反映秦淮河流域的城镇化发展状况。

伴随着工业化的推进,南京市总体上经历了一个城镇数量不断增加、城镇人口规模不断扩大、城镇人口比重不断上升的发展历程。其城市化发展大致经历以下五个发展阶段:①起步阶段(1949—1962年)。城镇人口占总人口的比重由1949年的39.7%上升到1962年的46.2%。②波动阶段(1963—1985年)。1963年,城镇人口占总人口的45.3%;1982年最高,达到50.5%,1970年最低,为36.7%。③恢复阶段(1986—1997年)。这期间城镇人口占比趋于稳定,城镇人口由213.0万人增加到270.1万人,增长了26.8%。这期间人口城镇化率有小幅度上升,而城镇人口和农业人口都有一定上升。④高速发展阶段(1998—2005年)。城镇人口增长57.6%,城镇人口比重由51.9%提高到73.1%。⑤稳定发展阶段(2006—2016年)。这一阶段,城镇人口由463.9万人增加到543.5万人,城镇人口比重由2006年的76.4%上升到2016年的82.0%。

4.3.2 水系格局变化特征

1. 河网密度和水面率普遍降低,且具有时空分异规律

1960s—2010s期间,秦淮河流域的河网密度均呈现出减少的趋势。秦淮河流域河网密度减少了20%,但秦淮河流域的水面率总体上略有增加,主要集中在中、低度城市化地区,与这一地区众多人工养殖鱼塘的开挖有关。

在时间变化上,河网密度和水面率衰减有加速趋势;在空间分布上,城市化较快的地区其河流长度、面积、河网密度、河网水面率比城市化较慢区域下降更快。秦淮河流域的河网密度在1960s—1980s期间增加了15.72%,而在1980s—2010s期间减少了30.98%。

2. 河网水系主干化和简单化明显,河网稳定程度减弱

1960s—2010s期间,研究区的非主干河道长度衰减速度大于主干河道,河网组成的级别多元性降低,水系趋于主干化。例如,在1960s、1980s和2010s三个时期,秦淮河流域的河网复杂度分别为29.33、29.12和18.82。同时,河网水系的盒维数均呈现出减小的趋势,水系结构趋于简单。

此外,河网水系的稳定程度趋于减弱。秦淮河流域的河网结构稳定度由

1960s—1980s 的 1.04 减少为 1980s—2010s 的 0.75。

4.3.3 城市化对水系格局的影响分析

河网是由干流及其支流组成的网络系统,干流下包含许多支流,每条支流下又包含有低一等级的小河支流,这种分支现象构成了复杂的河网结构,河网结构是分析河流形态和功能的重要理论基础。随着城市化的快速发展,人类活动强度的增加以及城市规划缺乏对河流自然演进过程的认识,人工化的不透水表面不断替代自然土地,大量的人工渠道已代替原有纵横交错的天然河道水网,空间扩展已经占用了河流赖以稳定的流域空间。

河网变化主要指河流长度、面积的减少以及河流生态系统功能的退化。天然的河流,是自然变迁、新构造运动、气候变化的产物。随着社会的发展,人类开发活动的加剧,特别是城市的开发建设、河道的裁弯取直、水库和其他水利设施的修建以及人工河道等的开辟,使天然河流大部分被闸、坝、堤防所控制,违背了河流的连通性,从而改变了地表水的自然分布状态,使得改变后的水系结构及其变化更加复杂。由于人类对河流的过度开发利用,使得河流资源的数量和质量急剧下降,从而引起了一系列的生态环境问题,表现为汛期内洪涝灾害严重,非汛期河网水量减少、河流水环境污染加剧以及动植物资源减少等。由于受到自然的干扰和人类的破坏,河流生态系统的结构、过程和功能发生了很大变化,其中河流长度、面积的减少和丧失是河流动态变化的重要特征之一。

城市化的发展,特别是居住区的建设,对河道的填埋比较多;道路交通的建设对小河道基本采用填埋方式,尤其是公路建设的加速,导致断头河增加;较大的河道上建涵洞和桥梁,使得过水断面缩小,加速了河道的淤积。城市长期以来的高强度开发导致水土流失严重,建筑弃土和垃圾等抛弃入河的现象比较频繁,加上多数河道建闸控制,使得水流速度极小,河道淤积十分严重。由于河道污染严重和断头河的增加,水体功能基本丧失,人们随后采取的极端填埋方法,使得河网水系锐减。河道水面和水量的变化,导致部分河道淤积萎缩,甚至消失,河道变迁频繁。

20世纪90年代以来,秦淮河流域的洪涝灾害逐渐加剧,除了降水变化等自然因素外,人为因素也起了重要的负面作用,主要包括:①随着城市的扩张,不透水面积增加,原有雨水滞留能力锐减,径流系数大增,汇流速度加快,使洪水波形变尖变陡,洪峰流量明显增加;②围湖之后,不仅削弱了湖泊的调蓄能力,同时也切断了原先与湖泊相连通的河道,而且有的圩区位于湖泊下游排水尾闾地段，使过水断面束窄，阻洪碍洪；③此外，过量开采地下水，引起地面沉降，形成新的低洼地。大面积低洼地的出现不仅改变了河流的径流条件和流向，同时也降低了防洪工程标准，加重了洪涝灾害的险情。总之，由于秦淮河流域水系复杂，水利工程众多，人类活动影响非常广泛，因此流域水情极其复杂。

总的来说，城市化扩张、农业活动及水利工程建设等人类活动，尤其是城市化进程中的开发建设及河网改造等人为活动是造成区域河湖萎缩、水面减少的主要驱动力（图 4.3-1）。

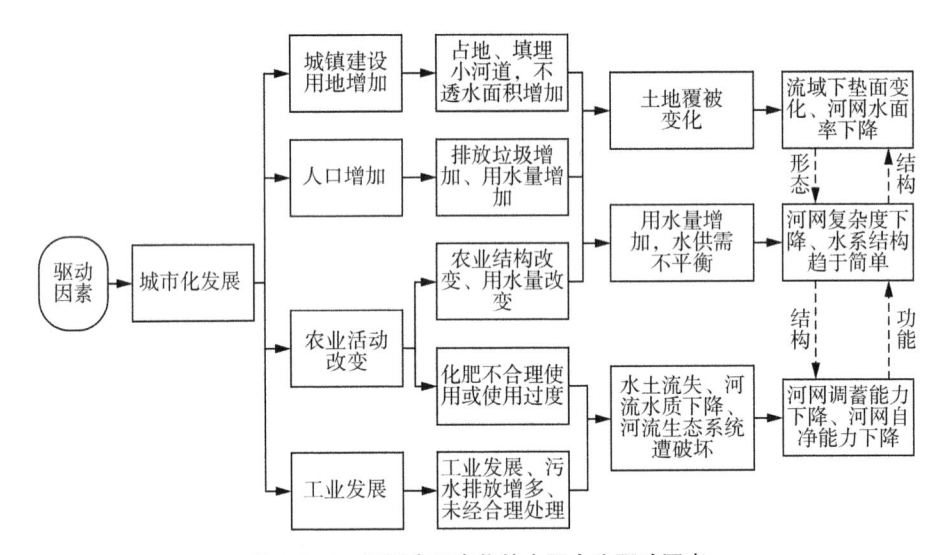

图 4.3-1 河网水系变化的主要人为驱动因素

5 流域洪水模拟方法研究

洪水计算是制定流域水利工程建设及运行管理策略的重要参考依据,是分析流域水文效应变化规律的基础工作。洪水计算是通过数学方法对流域产流、汇流过程进行科学概化,经过学术界多年的研究,洪水计算的理论体系逐渐完善,出现了推理公式法、单位线法、水文模型法等多种行之有效的计算方法。现有文献中对秦淮河流域范围内局部小流域洪水的模拟计算学术界成果颇丰,但对整个秦淮河流域洪水模拟的相关成果相对较少,本章在前人研究的基础上,提出了一套秦淮河流域洪水计算的方法,并以实测洪水资料验证了该方法的实用性。

5.1 流域产汇流计算方法

产汇流计算是水文水动力模型建立的基础,合理地选用产汇流计算方法可以确保模型的精度,本研究对瞬时单位线法、NAM 模型及 Urban B 模型三种方法进行了比选。

5.1.1 瞬时单位线法

单位线是按某些基本假定,利用流域的实际降雨和与其相应的出口断面处的流量过程资料分析得出的。在近代汇流理论中,把流域降雨径流的汇流现象看作一个线性系统,降雨作为系统的输入,径流量过程作为系统的输出,而流域的单位线就是这个线性系统的响应函数。单位线法应满足下列假定:①倍比假定。即单位时段内净雨深若不是一个单位而是 n 个单位,则它所形成的流量的过程线的底长与单位线底长相同,地面流量过程线的纵坐标为单位线纵坐标

的 n 倍;②叠加假定。降雨历时如果不是一个时段而是 m 个时段,则各时段净雨所形成的流量过程彼此独立互不影响,出口断面处的流量是这 m 个流量过程之和。

瞬时单位线是指极小时段内,均匀降落在流域上的单位净雨所产生的出口断面的流量过程线,一般单位线的基本假设对瞬时单位线同样适用。瞬时单位线在应用时,是根据它的两个参数 m_1、m_2 转化为一般常用的各时段单位线。

m_1 反映了流域汇流特性,与流域面积 F、干流坡度 J、净雨量 R 有关。秦淮河地区 m_1 计算公式如下:

$$m_1 = 5.60 \times (F/J)^{0.4} \tag{5.1-1}$$

m_2 反映了流域汇流时间的特性,山丘区一般取 0.35,平原区一般取 0.5。

5.1.2 NAM 产汇流模型

NAM 模型主要基于水文循环的物理结构,同时又结合了一些经验、半经验公式。作为一个集总式模型,NAM 各个参数及变量只是流域的平均值,模型的参数和变量初始值可以根据流域的自然特征初定,然后利用历史水文资料进行率定(图 5.1-1)。NAM 将水循环中的土壤状态用数学语言描述成一系列简化的量的形式,分 4 层蓄水体进行流域产汇流模拟计算,4 层蓄水体分别为融雪蓄水层(Snow storage)、地表蓄水层(Surface storage)、浅层蓄水层(Lower zone storage)、地下蓄水层(Ground water storage),它表示了陆面的水文循环过程,以及其中不同的土壤状态和水分在 4 种蓄水层中的运动途径。

1. 产流模型

产流模块通常分三层进行计算,第一层为地表储水层,主要提供蒸散发及向浅层和地下蓄水层的下渗,其最大含水量为 U_{max}。当地表储水层达到最大蓄水容量后,会有净雨 P_n 出现,一部分直接以地表径流形式汇入河道,另一部分下渗到达根区储水层,也就是第二层。壤中流(Interflow)产生于地表蓄水层。根区储水层,也就是浅层储水层,其最大蓄水容量 L_{max} 表示提供植物蒸散发所需水分的根系层土壤所能达到的最大含水量,可由野外观测数据初定其取值范围,也可以由流域特性、参数分布规律确定初值,然后通过多年总水量平衡试错率定。上层入渗水量到达此区后会增加根系调蓄区的含水量,剩下的继续下渗到达第三层,也就是地下水储水层。地下水储水层,生成基流并通过毛细作用与浅层蓄水层进行水分交换。

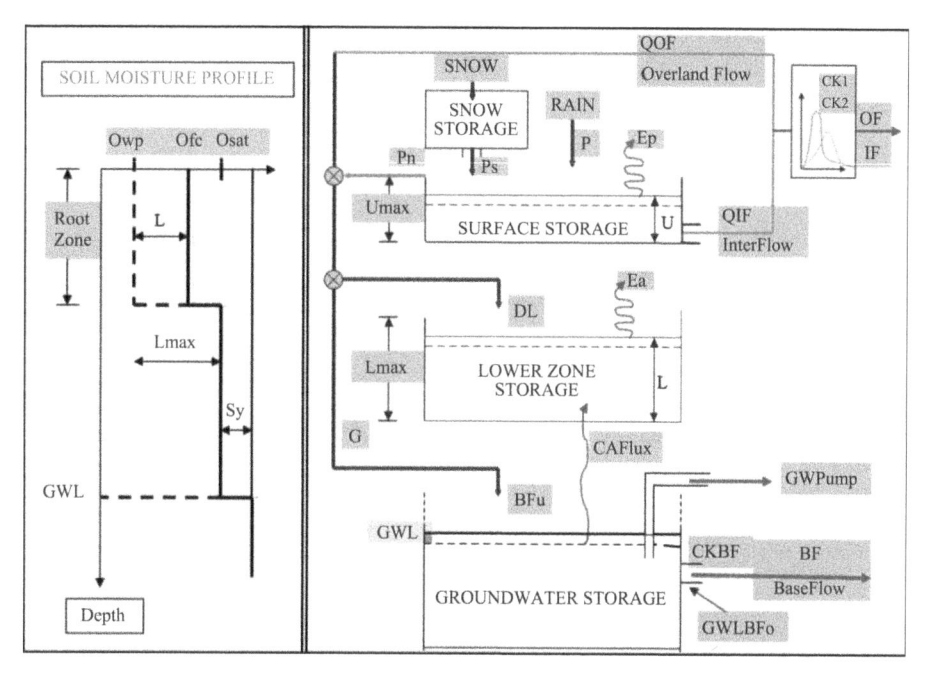

图 5.1-1 NAM 模型基本原理图

2. 汇流模型

NAM 模型中地表径流和壤中流的出流均采用单一的线性水库来模拟,其出流时间分别为 CK1 和 CK2。三种径流成分(地表径流、壤中流及基流)计算完成后,分别进行线性水库汇流计算,叠加至流域出口断面,即为计算总径流量。

3. 蒸散发模型

蒸散发计算采用两层模型。E_1 表示地表蓄水层蒸发量,当地表蓄水层蓄水量 U 大于蒸散发能力 E_P 时,以蒸散发能力 E_P 蒸发。当 U 小于蒸散发能力 E_P 时,蒸发量先从地表蓄水层扣除,不足部分再从浅层蓄水层蒸发,浅层蓄水层实际蒸发量 E_2 与剩余蒸散发能力及根系带相对含水量呈正比。

5.1.3 Urban B 产汇流模型

Urban B 模型计算降雨径流是基于运动波方程计算的非线型水库水文过程线,把研究区域概化成棱形渠道计算,只考虑其中的重力和摩擦力作用,计算的地表径流量由流域面积、汇流长度、净雨、初损、填洼、下渗、糙率等因素控制。模型的计算过程见图 5.1-2 所示。

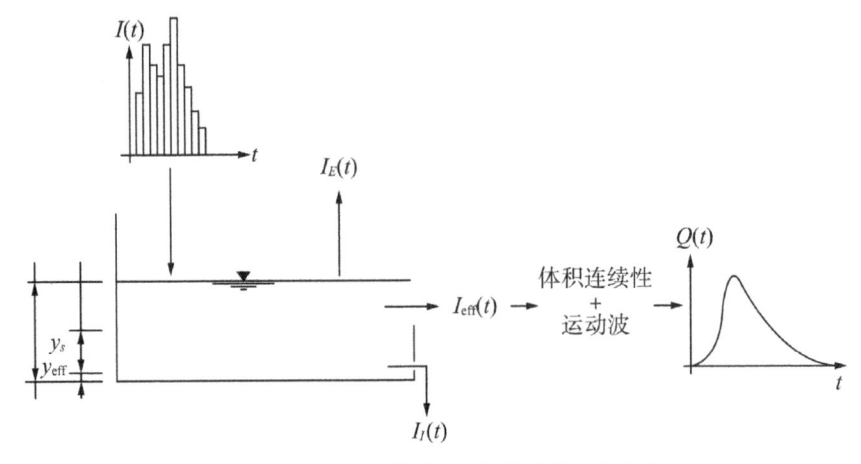

秦淮河流域水系变迁与洪涝风险研究

图 5.1-2　Urban B 模型地表径流模拟过程示意图

1. 产流模型

Urban B 模型的产流计算公式如下：

$$I_{eff}(t) = I(t) - I_E(t) - I_w(t) - I_I(t) - I_S(t) \quad (5.1-2)$$

$$I_{eff} \geqslant 0$$

其中：$I_{eff}(t)$，t 时段的净雨；$I_E(t)$，t 时段的蒸发量；$I_w(t)$，t 时刻的初损；$I_I(t)$，t 时刻的入渗率；$I_S(t)$，t 时刻的表层填洼量。

一次降雨过程中的下渗过程非常复杂，下渗量的大小取决于土壤孔隙率、土壤湿度地下水条件、坡面条件以及流域蓄水能力等。Urban B 模型采用比较通用的霍顿下渗公式进行下渗过程的计算，霍顿公式的计算过程如下：

$$I_H(t) = I_{Imin} + (I_{Imax} - I_{Imin}) \cdot e^{-Kat} \quad (5.1-3)$$

其中：$I_H(t)$，根据霍顿公式计算的入渗率；I_{Imax}，最大入渗率；I_{Imin}，最小入渗率；Kat，湿润的时间参数（土壤参数特性）。

理论上，Urban B 模型仅适合模拟场次降雨的径流，同时要求降雨数据的精度至少达到时段数据的程度。Urban B 模型的主要参数及物理意义如下：

初损（Wetting），使集水区域表层湿润造成的损失，主要包含了降雨产流初期的植物截留、土壤表层吸水。初损量受土壤初始含水率、植被覆盖率、降雨强度的影响较大，一般来说前期土壤越干燥，植被覆盖率越大，初损量就越大；初损量还与降雨强度的大小有直接关系，降雨越强，初损量越低，降雨越弱，初损量越大。建议取值范围为 1～50 mm，水域、建成区、水田、旱地、山林的初损量大小关系为山林＞旱地＞水田＞建成区＞水域。

填洼(Storage loss)：产生降雨径流前用于填充、滞蓄在集水区域地面坑洼所需的水量，最终耗于下渗、蒸发和地下水的补给。影响填洼的因素有集水区域的坑洼体积及地貌条件、土壤入渗状况、降水量、降水强度和降水历时等降水特性。依据经验判断，南京地区各土地类型的填洼量大小关系为：水田＞建成区＞旱地＞山林＞水面。经相关文献调研，6—9月份，水田的最大需水量为50 mm，因此水田的取值范围建议为0～50 mm，其余土地类型的填洼量按大小关系分配。

初渗(Start infiltration)：土壤初始入渗速率，指降雨初期土壤水分的瞬时入渗速率，受土水势和土壤大孔隙流控制。初始含水率越小，土水势越低，对水分子的吸力更大，土壤水分下渗更快，因此干燥土壤的初始入渗率高于湿润土壤的初始入渗率。干燥土壤的颗粒收缩，土壤团聚体间出现裂隙或裂缝，降雨后表层土壤快速漏水，土壤含水率增大，土水势升高，团聚体膨胀后裂隙减少，入渗率逐渐降低，土壤初始入渗率要远高于稳定入渗率。此外相关研究表明，在地表腐殖质含量较低的山林，表层土壤结构的大孔裂隙导水效应更为明显，而须根系发达、腐殖质丰富的草地土壤内裂隙较少，导水效应较弱。

经相关文献调研及经验总结，南京地区各土地类型中土壤初渗的大小关系为山林＞旱地＞水田。初渗的取值差异性很大，建议取值范围为100～1 000 mm/h。

稳渗(End infiltration)：土壤稳定入渗率，与土壤初始入渗率的差异较大，两者之间存在显著线性关系。土壤压实越严重，其容重越大，孔隙度越小，土壤的水分含量减少，严重压实的土壤中存在水分入渗的限制层，致使稳定入渗率明显降低。

各土地类型的稳定入渗大小关系与初渗一致(山林＞旱地＞水田)，经相关文献调研，稳渗的参数取值见表5.1-1。

表5.1-1　水文土壤组定义指标(美国土壤保持局(SCS)径流曲线指数)

分类	土壤质地	稳渗(mm/h)
A	砂土、壤质砂土、砂质壤土	＞7.26
B	粉砂土和壤土	3.8～7.26
C	砂质黏壤土	1.3～3.8
D	黏壤土、粉质黏壤土、砂质黏土、粉质黏土、黏土	0～1.3

霍顿指数(Horton's Exponent):定义在发生降雨时,土壤从初渗到稳渗的变化速率的参数,单位为 Hertz。经相关文献调研,强降雨下南京地区土壤从初始入渗速率变化到稳定入渗率的时间一般为几十分钟到几小时,对应的取值范围为 0.01~0.09。

反霍顿指数(Inverse Horton's Exponent):定义降雨结束后,当前土壤入渗速率恢复速度的参数,单位为 Hertz。与霍顿指数类似,一般而言,模拟短历时降雨,该参数影响极小。

2. 汇流模型

当有效降雨量大于零时,模型开始计算坡面汇流过程。Urban B 模型坡面汇流计算采用控制方程,包括连续性方程和运动波方程,方程如下:

$$Q(t) = M \cdot B \cdot I^{1/2} \cdot R(t)^{5/3} \tag{5.1-4}$$

$$I_{eff}(t) \cdot A - Q(t) = \frac{dR}{dt} \cdot A \tag{5.1-5}$$

其中:M 为曼宁数;B 为流域宽度(由 A/L 计算获得,A 为流域面积,L 为汇流长度);I 为坡度;R 为径流深;I_{eff} 为有效降雨。

Urban B 模型的主要参数及物理意义如下。流域长度(Length):集水区域的长度。流域平均坡度(Slope):集水区域的平均比降(千分之)。下垫面类型:集水区域中各种用地类型所占的百分数,分为不透水与透水两个大类。其中不透水分为陡坡和平坦两类,平坦比陡坡要多考虑填洼计算;透水分为渗透性弱、中等渗透、渗透性强三类。

建模过程中,将研究区域分为水域、建成区、水田、旱地、山林五种用地类型,在模型中分别对应 steep(陡坡),flat(平坦),small infiltration(渗透性弱),medium infiltration(中等渗透),large infiltration(渗透性强)。

曼宁系数(Manning number):集水区域的曼宁系数,定义各个土地类型的地表粗糙度。水域部分应是集水区域的河道、湖泊、水库等自然水体部分及其人工水利工程等,其糙率应接近于实际河道糙率。建成区的地表多为混凝土与沥青,但考虑建成区的降雨产流多先管网,再进河道,其糙率值应比水域大些。

水田和旱地的坡面糙率在不同的灌水季节和不同的耕作情况下差别很大,影响水流运动的阻力主要有两方面,一方面是田面凹凸不平及不规则田块引起的阻力,另一方面是作物对水流的阻力,因而其糙率的大小取决于地表的光滑和平整程度及作物疏密和长势情况。鉴于表层作物的疏密程度的影响,旱地的糙率应略小于水田。

山林的地表糙率主要与枯落物组成、数量、厚度等有关,腐烂的枯枝落叶可增加地表有机质含量,提高土壤生物和微生物种类及数量,有利于促进土壤团粒结构的形成,增强土壤渗透性能;半分解或未分解的枯落物直接增加了地表粗糙程度,降低地表径流流速,并减弱其冲刷地表的能力。

依据经验判断,各土地类型的糙率(n)的大小关系为,水田＞旱地＞山林＞建成区＞水域。经相关文献调研,糙率的取值范围见表5.1-2。

表 5.1-2 曼宁系数取值范围参照

地表类型	糙率范围(n)	M 范围($1/n$)
水域	0.025～0.033	30～40
建成区	0.034～0.1	10～30
水田、旱地	0.01～0.2	1～25
山林	0.1～0.8	1.25～10

Urban B 模型中的参数和变量反映的是整个流域上的平均值,一般情形下只能根据流域的地形、气候和土壤类型来估计参数和变量的大致范围。

以上测试的模型参数均是单因素考虑的,在实际的参数调试中需要联系多个因素一起考虑,通过不断的试错对敏感参数进行调整,以期达到较好的模拟结果。

5.1.4 计算方法比选

针对以上三种方法,笔者采用秦淮河流域2015年6月26日二圣桥水库汇水区实测降雨资料作为输入条件,对各种方法计算效果进行了对比分析(图5.1-3、表5.1-3)。

从径流总量和径流系数看,分别采用三种方法计算,二圣桥水库汇水区2015年6月26日场次洪水模拟的结果基本一致,径流系数都为0.83;从洪峰流量看,瞬时单位线法洪峰流量最大为270 m^3/s,而 NAM 模型和 Urban B 模型洪峰流量模拟的结果基本接近,NAM 模型法为159 m^3/s,Urban B 模型法为162 m^3/s,从整个洪水过程来看,NAM 模型法和 Urban B 模型法的洪水过程线也比较接近,瞬时单位线法洪峰靠前,且整个峰形更为尖瘦。

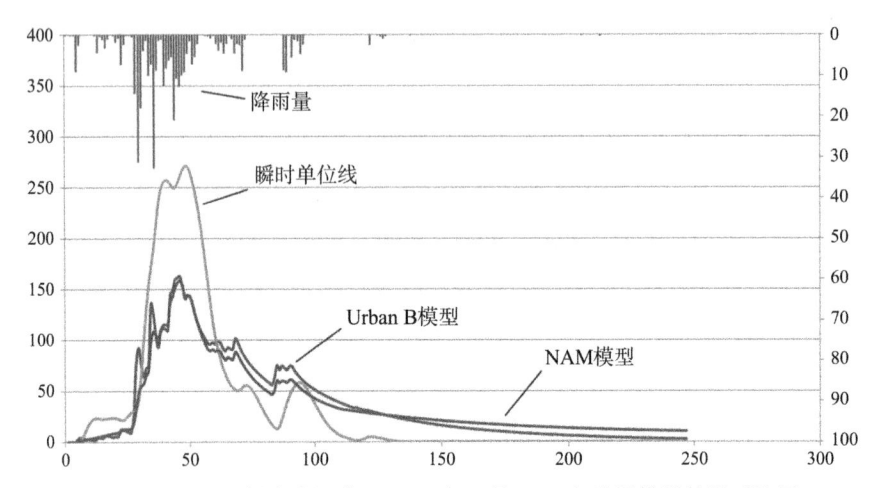

图 5.1-3　二圣桥水库汇水区 2015 年 6 月 26 日入流量模拟结果对比图

表 5.1-3　二圣桥水库汇水区 2015 年 6 月 26 日洪水各方法计算成果对比表

对比指标	瞬时单位线法	NAM 模型	Urban B 模型
径流量(万 m³)	3 259	3 249	3 252
径流系数	0.83	0.83	0.83
洪峰流量(m³/s)	270	159	162

由于单位线是一个经验的方法,处理非线性变化只能作出经验改正,在广泛使用单位线的实践过程中,人们早就发现单位线的线性理论和实际雨洪汇流现象并不相符。NAM 模型与 Urban B 模型比较而言,由于 NAM 模型中的参数和变量只是整个流域上的平均值,而且有些参数是经验性或者概念性的,因此一般情况下只能根据流域的地形、气候和土壤类型来估计参数和变量的大致范围,而不能通过这些条件来算出参数和变量确切值;Urban B 模型对同一个汇水分区的处理上可以进一步把分区划分为 5 类子分区,并赋予不同的产汇流参数,同时模型中汇流长度、坡度等参数均可以借助流域地形数据分析计算确定。

因此,在基础资料翔实的情况下,选用精细度更细致、参数物理意义更加明确的 Urban B 模型作为流域产汇流计算模型更为合理。

5.2　流域洪水模型构建

秦淮河流域洪水推演计算问题是一个复杂大系统求解问题,单一的水文模型只能模拟各子分区坡面产汇流过程,各分区出流过程在河网中的传播需要采用水动力模型进行演算。随着科学技术的发展,水文水动力耦合模型已经在国内外推广使用,并获得了比较理想的模拟结果。朱敏喆等将新安江(三水源)模型与一维水动力学模型进行耦合,把水文模型计算得到的出流量通过集中出流与旁侧出流2种方式加入相应河道断面中,以此来驱动一维水动力学模型,取得了较好的结果。李致家等采用分布式的新安江模型与一维、二维水力学模型耦合进行南四湖上级湖的洪水演进模拟。Lian 等将水文学模型 HSPF 和水动力学模型 UNET 进行耦合,对美国的 Illinois 流域的日径流、月径流和年径流进行了模拟。Paiva 等将分布式水文模型 MGB-IPH 与基于圣维南方程组的水动力模型进行耦合,用于对 Amazon 流域的洪水模拟。本研究以 MIKE11 模型为工具,研究了秦淮河山圩混合地区的水文水动力模型搭建方法。

5.2.1 模型原理

秦淮河流域水文水动力模型包括坡面产汇流计算模块、水动力计算模块及构筑物计算模块等。模型以流域分区为计算单元,以流域面降雨作为模型输入,通过坡面产汇流模块模拟各分区降雨入渗、坡面产流、坡面汇流等过程,并通过坡面产汇流模块和水动力模块的一维耦合,实现整个流域降雨、坡面产流、坡面汇流到河道汇流等全过程模拟。洪水演进过程中,考虑到河道闸、泵、堰等水工建筑物的存在,通过构筑物模块模拟水工构筑物对河道水位流量的影响(图5.2-1)。

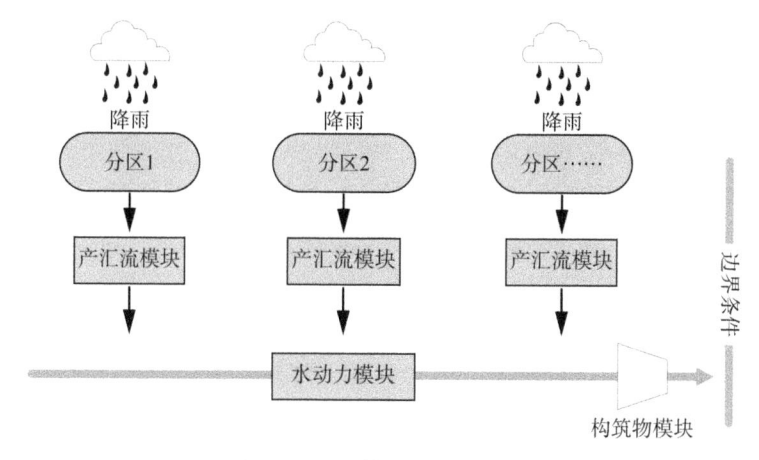

图 5.2-1　模型结构示意图

一维河道水动力计算模型是基于垂向积分的物质和动量守恒方程组,即一维非恒定流圣维南方程组来模拟河流或河口的水流状态。方程组如下：

$$\frac{\partial A}{\partial t} + \frac{\partial Q}{\partial x} = q$$

$$\frac{\partial Q}{\partial t} + \frac{\partial \left(\alpha \frac{Q^2}{A}\right)}{\partial x} g + gA \frac{\partial h}{\partial x} + \frac{gn^2 Q |Q|}{AR^{4/3}} = 0$$

式中：x、t 分别为计算点空间和时间的坐标，A 为过水断面面积，Q 为过流流量，h 为水位，q 为旁侧入流流量，R 为水力半径，α 为动量校正系数，g 为重力加速度。

5.2.2 模型搭建

本书采用通用软件作为模型开发工具,因此模型的构建工作主要是将所需要的数据处理成通用格式并输入模型中,同时还包括区域参数的合理概化。水文模型构建的主要工作包括水文子分区划分、参数识别、雨量计算等方面；水动力学模型构建主要包括河网断面设置、蓄水空间概化、边界条件设置等；圩区模型构建主要包括圩区的概化设置和排涝泵站的设置等。模型构建要本着准确和合理的原则,本模型的参数均具有一定的物理概念,因此相应的参数需要结合物理概念和流域实际测量的数据进行分析设置。模型构建的基本尺寸由实测数据获得,无法获得数据的情况下需要对模型进行合理概化。

5.2.2.1 水文分区划分

水文模型构建首先需要划分水文分区。水文子分区需要根据流域地形和下垫面资料以及水利分区资料来划分。模型首先根据收集到的 30 m×30 m 的 DEM 数据进行山丘区各条支流的集水范围划分,然后结合水利分片对各个平原区以及部分山丘区的汇水范围进行修正和再分区。

研究范围共划分成 215 个水文分区,总面积为 2 860.8 km²,其中圩区 76 个,面积为 719.8 km²,山区 138 个,面积为 2 134.4 km²。另外,赤山湖作为蓄水面,单独划分为一类子分区。子分区划分结果如图 5.2-2 所示。

5.2.2.2 河网构建

河网构建是水动力学模型计算的基础,河网构建包括河网的概化、河道拓扑关系设置、断面设置等工作。秦淮河流域水系复杂,河流众多,总体上河网呈

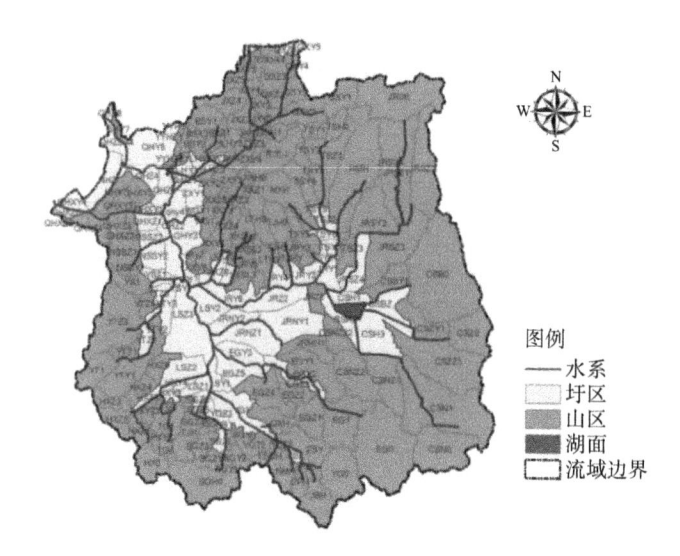

图 5.2-2 流域水文计算分区划分示意图

支状分布。尽管干支流河道上下游关系明确,但是洪水期间河网内的水流状况复杂,需要对河网概化进行分析和合理设置。

经分析,确定模型直接计算的水系包括秦淮河干流、溧水河、句容河以及这些河流的一级支流和部分二级支流。秦淮河流域概化河网如图 5.2-3 所示,共计 130 条河道,总长度为 572 km。主要河道特征参数见表 5.2-1。

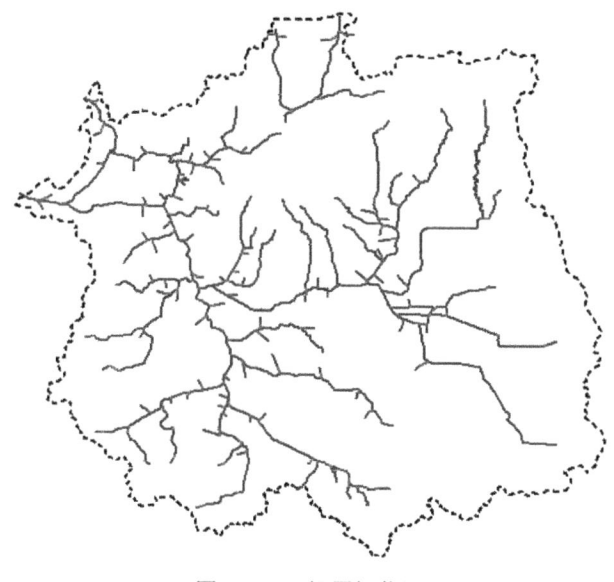

图 5.2-3 河网概化图

表 5.2-1　模型中主要河道特征参数表

河道名称	模型代码	起始-终点位置	长度(km)	所属水系
运粮河	YUNLIANGHE	七桥瓮-上坝河口	8.8	秦淮河
秦淮东河	QINHUAIDONGHE	中心河口-九乡河、七乡河口	44.7	秦淮河
句容河	JURONGHE	北山水库-西北村	58.62	句容河
汤水河	TANGSHUIHE_TUQIAODUAN	土桥村-句容河	11.50	句容河
赤山环河	CHISHANHUANHE_N	赤山南河河口-句容河	5.97	句容河
解溪河	JIEXIHEGANLIU	佘村水库-句容古河	13.10	句容河
溧水河	LISHUIHE	一干河口-西北村	16.80	溧水河
一干河	YIGANHEGANLIU	中山河-溧水河	13.80	溧水河
二干河	ERGANHE	方便水库-溧水河	21.20	溧水河
三干河	SANGANHE	西横山水库-溧水河	13.78	溧水河
横溪河	HENGXIHE	安山水库河口-溧水河	14.20	溧水河
句容南河	JURONGNANHE	孔塘村-溧水河	12.90	溧水河
秦淮河	QINGHUAIHE (DONGSHAN-XIBEICUN)	东山-西北村	11.20	秦淮河
秦淮河	QINHUAIHE (SANCHAHEKOU-DONGSHAN)	三汊河口-东山	23.55	秦淮河
秦淮新河	QINHUAIXINHE	东山-秦淮新河闸下	15.20	秦淮新河

5.2.2.3　输入条件

Urban B 模型属于集中式水文模型,每个子分区需要给定面平均降雨过程作为模型的输入条件。采用泰森多边形法进行雨量站分配权重计算,再根据权重进行各子分区的面平均雨量计算。由于模拟时间段范围内雨量站变化比较明显,因此不同年份需要计算不同的雨量权重值。

5.2.2.4　边界条件

秦淮河模型的流域出口共设五个水位边界点,包括三汊河口闸下、秦淮新河闸下、天生桥闸下、九乡河河口闸下和七乡河河口闸下,采用实测水位作为这些闸下水位边界条件,图 5.2-4 所示为模型中所有水位边界的位置。

5.2.3　水利工程概化

秦淮河流域经过多年的治理,已经形成"上蓄、中滞、下泄"的工程体系,上

5 流域洪水模拟方法研究

图 5.2-4 水位边界设置位置示意图

游建有多座中小型水库用于拦蓄洪水及水资源利用,中游又有赤山湖等湖泊及圩区滞留洪水,下游通过秦淮新河、外秦淮河下泄洪水入江。流域内水库泄洪闸、溢流坝、圩区排涝泵站以及下游入江口门的秦淮新河闸、武定门闸等水利工程共同承担了流域防洪、水资源利用的调度任务。众多的水利工程的运行调度改变了流域水情特点,基于自然条件下搭建的水文水动力模型已经不能适用于人类活动密集地区的洪水计算,须对已建水利工程进行合理概化,从而真实反映出受人类活动影响下的洪水特点。

5.2.3.1 湖泊概化

秦淮河流域主要的湖泊为赤山湖内湖,在不损失计算精度的情况下,可通过一维河道模型对赤山湖进行概化,以提高模型整体计算的稳定性和高效性。赤山湖内湖的调蓄能力可通过水位库容曲线进行数学表达,通过水位库容关系曲线数据可以将赤山湖在一维模型中进行概化,概化出的一维河道具有与内湖相当的槽蓄量,在河网水动力计算中,基本可较真实地还原湖泊的调蓄作用。

模型中,赤山湖环河有实测河道断面,在模型中以实际一维河道来概化,内湖概化成一条 3 km 长、100 m 宽、15 m 深的矩形虚拟河道,湖泊对应水位下的库容在虚拟河道断面中通过添加额外库容的方式进行概化,概化后的河道水位-库容曲线与图 5.2-5 中一致。

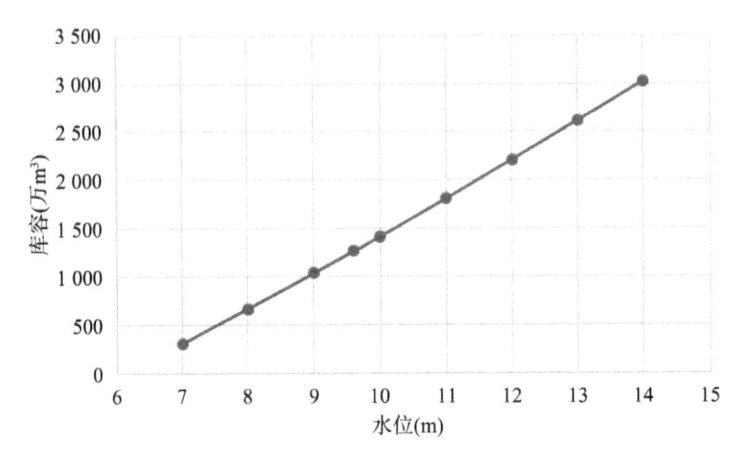

图 5.2-5　赤山湖内湖水位-库容曲线

5.2.3.2　水库概化

秦淮河流域共有中小型水库 25 座,其中中型水库 9 座,小型水库 16 座,水库的位置如图 5.2-6 所示。中型水库的总库容约为 2.69 亿 m^3,小型水库的总库容约为 0.38 亿 m^3,总库容为 3.07 亿 m^3。这些水库的调蓄对秦淮河水系洪水产生直接的影响,模型计算中需要考虑这些水库的调蓄作用。

本书中水库的概化方法为,针对某个水库,设置一条虚拟河道,通过河道断面和额外水面概化水库库容,在河道下游端点附近设置水工建筑物模拟水库的泄洪结构物,然后测试库容曲线和泄洪结构物水位流量关系的合理性。库区内的水面采用断面附加额外水面的方式进行库容概化,这种概化方法考虑到水库水深和库区内的洪水演进过程。除了物理尺寸的概化和结构物尺寸的设置,水库概化的另外一个重要环节是水库调度规则的设置。本模型中,为了满足规划等工作需要,对不同水库设置不同的调度规则。对于小型水库,以默认调度规则(如:水位控制)进行设置,对于中型水库,除了默认调度规则之外,再根据需要,将时间控制、流量控制作为备用调度规则进行设置,以便未来规划计算需要。

对于任何一个水库,在库容概化完成之后需要对库容曲线进行校核。图 5.2-7 为主要中型水库的计算库容与实际库容比较,从图中可以看出,模型计算的最终库容和实测库容基本一致。

5 流域洪水模拟方法研究

图 5.2-6 水库位置示意图

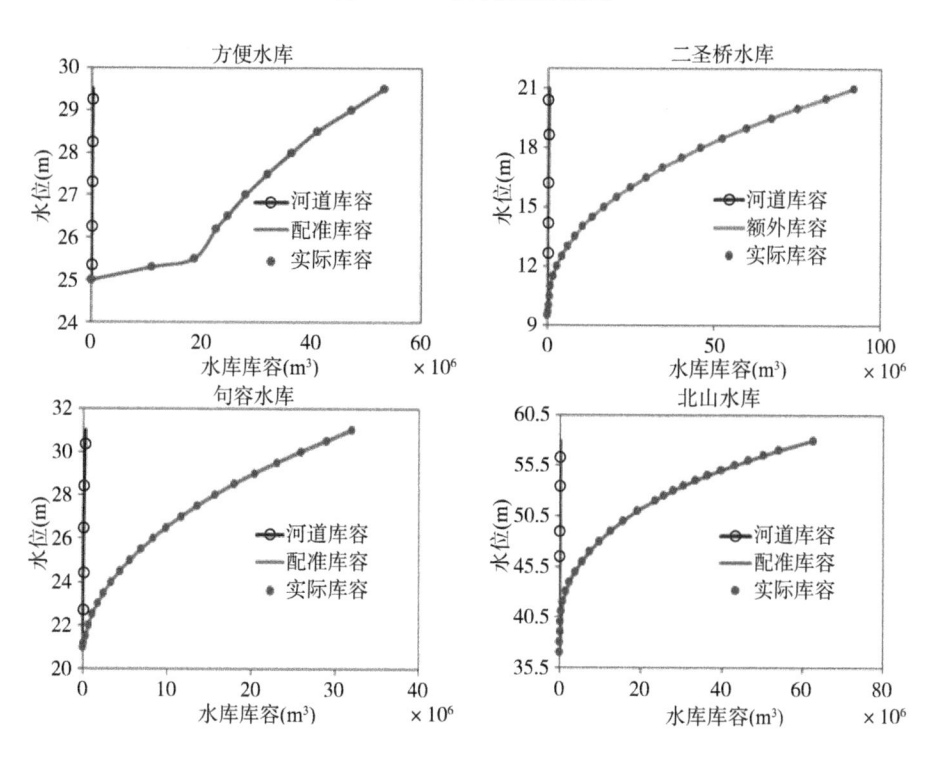

图 5.2-7　水库水位库容配准曲线

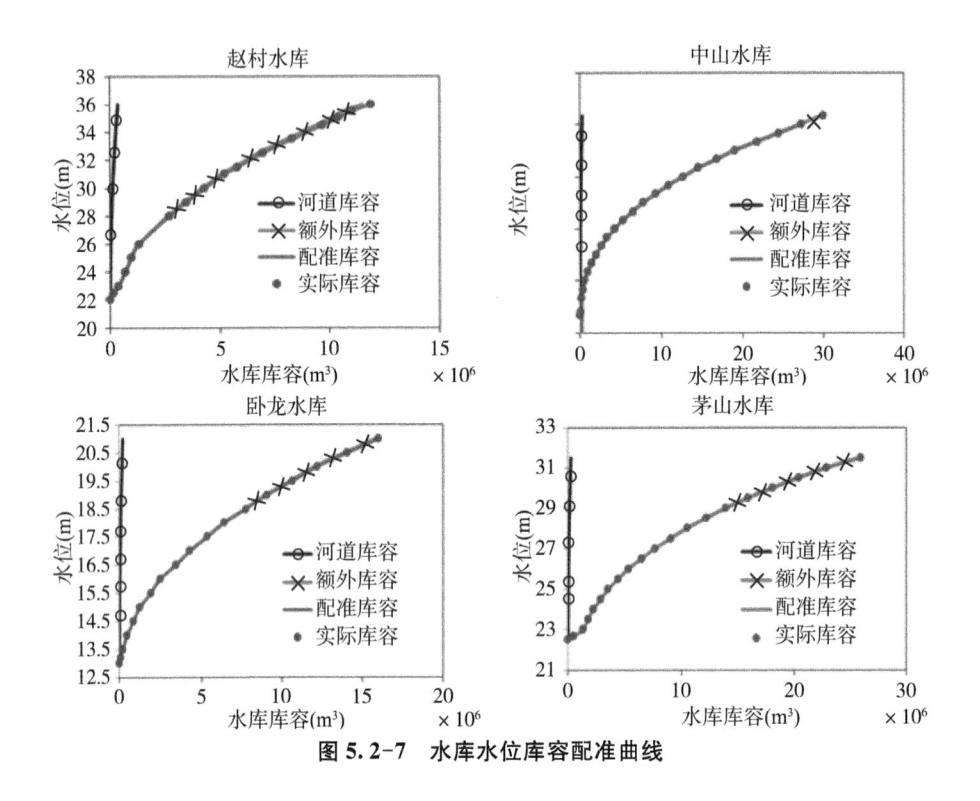

5.2.3.3　水工构筑物概化

由于河道中存在大量的构筑物，而构筑物的调度操作对水力要素影响很大，因此不能忽视构筑物调度的影响。MIKE11 模型采用独立的模块进行构筑物调度计算。将水工建筑物分为两大部分：一种不涉及调度规则的，称为一般水工建筑物，比如堰、涵洞、桥梁等；另外一种是涉及调度规则的，比如闸门、泵站等存在明显人为调度控制的水工建筑物。

秦淮河流域内的水工建筑物主要有闸门、橡胶坝、排涝泵站等。可将闸门概化为泄流闸（Underflow）并以实际调度记录对其进行调度、将橡胶坝以堰（Weirs）的形式来概化，排涝泵站概化为泵（Discharge），以排涝规则来设定。

水工建筑物较多，包括拦河闸（如：武定门闸、秦淮新河闸、天生桥闸等），水库的溢洪道或泄洪闸，排涝泵站等。按照实际情况，在模型中设置闸门 15 座、排涝泵站 76 座、水库溢洪闸 24 座、堰 3 座。模型中主要的拦河闸位置如图 5.2-8 所示，相关参数见表 5.2-2，主要中型水库的溢洪闸的位置见图 5.2-9，相关参数信息见表 5.2-3。

图 5.2-8　主要拦河闸位置示意图

图 5.2-9　中型水库溢洪闸位置示意图

表 5.2-2 主要拦河闸相关参数表

编号	闸门名称	参数
1	天生桥闸	1孔,净宽12 m,底高程3.5 m,顶高程14 m
2	赤山闸	5孔,单孔净宽6 m,底高程4.5 m,顶高程12.5 m
3	秦淮新闸	12孔,单孔净宽6 m,底高程0 m
4	武定门闸	6孔,单孔净宽8 m,底高程0.3 m
5	三汊河口闸	2孔,单孔净宽40 m,底高程1 m
6	大庄闸	4孔,单孔净宽10 m,底高程2.5 m
7	九乡河闸	3孔,单孔净宽10 m,底高程2.5 m
8	七乡河口闸	5孔,单孔净宽12 m,底高程2.0 m

表 5.2-3 中型水库溢洪闸相关参数表

编号	水库溢洪闸	结构参数
1	北山水库	3孔,单孔净宽2.5 m,底高程49.7 m,顶高程52.7 m
2	句容水库	3孔,单孔净宽3 m,底高程25 m,顶高程27.8 m
3	二圣桥水库	3孔,单孔净宽2.5 m,底高程13.5 m,顶高程18 m
4	茅山水库	3孔,单孔净宽2 m,底高程26.5 m,顶高程29 m
5	虬山水库	3孔,单孔净宽2.5 m,底高程12.5 m
6	方便水库	3孔,单孔净宽2.5 m,底高程23 m,顶高程27.3 m
7	卧龙水库	3孔,单孔净宽2.5 m,底高程15.5 m,顶高程19 m
8	中山水库	3孔,单孔净宽2.5 m,底高程23 m,顶高程27 m
9	赵村水库	3孔,单孔净宽5 m,底高程31.15 m,顶高程33.65 m

5.2.3.4 圩区泵站概化

(1) 圩区概化

秦淮河流域有大量的圩区和建成区,这些区域的产流明显受人为调控影响。经统计,全流域有约 719.8 km² 的区域排水受泵站调度控制,占秦淮河流域总面积的 34%。直接使用水文模型对圩区和建成区的产汇流过程进行描述,采用虚拟河道和水工建筑物组合的方式来模拟圩区产流过程,即将每个圩区视为单独的子流域,圩内的产流由水文模型计算,但是排水过程采用河道和泵站组合模拟,河道概化圩内蓄水体或者泵站前池和河道,泵站直接模拟实际调度过程。对应每个圩区,建立一条虚拟河道,其上游与对应的圩区子流域耦合,承接圩区子流域的降雨产流。将所有圩内河道的水面面积以额外库容的方式概化,从而可大致反映圩内河道水位的变化,使之与实际情况基本吻合。

如图 5.2-10 所示,每个圩区概化成一条虚拟河道,虚拟河道的上游承接对应圩区的水文模型的计算产流,下游则通过泵站与圩区外的骨干河道相连。为使虚拟河道能够反映出圩区实际的蓄水能力及水位的变化情况,在河道的断面文件中加入了圩区的水面面积。

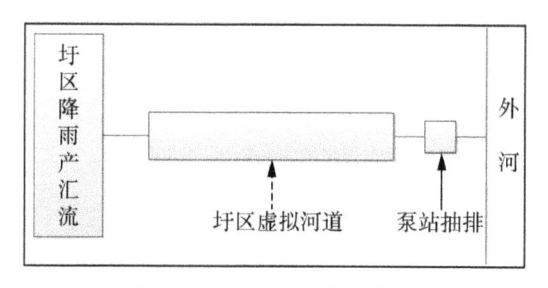

图 5.2-10 圩区概化示意图

(2) 圩区调度

圩区以降雨作为模型输入,通过坡面产汇流模型模拟圩区洪水过程,作为圩区概化河道的上游入流 Q_{in},以圩区泵站排涝动力 Q_{max} 作为约束条件,当圩区降雨产生的入流量小于圩区泵站排涝动力的时候,圩区按照入流量大小外排洪水,此时圩区内部水位基本不变;当圩区降雨产生的入流量大于等于圩区泵站排涝动力的时候,受圩区排涝动力约束,圩区按照泵站排涝能力外排,此时圩区内部水位会升高,临时调蓄未及时排出的洪水。

$$\begin{cases} Q_{out,t} = Q_{in,t} & Q_{in} < Q_{max} \\ Q_{out,t} = Q_{max} & Q_{in} \geq Q_{max} \end{cases} \quad (5.2\text{-}1)$$

5.2.4 水动力初始条件

初始条件是模型计算的必需条件,水动力学模型需要给定合理的初始条件值,以使模型能够稳定和准确地计算。一般情况下,需要提取实测水位、流量信息为水动力学模型提供初始计算条件,但是秦淮河流域水系复杂,空间上可以获得的实测水位、流量站点位置少,很难直接给所有的计算点直接赋值,因此采用实测数据和热启动的方式进行初始条件设置。尽可能获取空间上所有实测站点水位、流量信息作为初始条件输入,模型首先通过这些信息进行空间插值,并启动计算,待计算基本稳定之后,取稳定后的空间条件作为初始条件,再进行模型计算。表 5.2-4 为主要位置的水位初始值。

表 5.2-4 主要河道水位初始值

河道名称	河道代码	河道里程(m)	初始水位(m)
天生桥河闸上	TIANSHENGQIAOHE	10 400	10.28
天生桥河闸下	TIANSHENGQIAOHE	10 500	8.38
一干河	YIGANHEGANLIU	13 800	8.38
二干河	ERGANHE	7 700	8.48
句容河	JURONGHE	58 620	8.40
秦淮河	QINHUAIHE(DONGSHAN-XIBEICUN)	11 200	8.38
秦淮河	QINHUAIHE(SANCHAHEKOU-DONGSHAN)	23 550	8.08
秦淮新河	QINHUAIXINHE	15 200	8.46
赤山闸下	CHISHANHUANHE_N	5 972	8.48

5.2.5 水动力边界条件设置

模型计算的边界条件包括内部边界条件和外部边界条件。外部边界条件包括下游长江潮位过程、天生桥闸下水位过程和全流域的降雨过程，内部边界条件包括各个水工建筑物的调度规则。内部边界的设置在前文中已经叙述，本节主要介绍降雨过程的计算、水文模型与水动力学模型链接以及下游水位边界的设置。

5.2.5.1 面降雨计算

图 5.2-11 为 2015 年 6 月底洪水过程的雨量站和泰森多边形分配方案。通过对实测降雨数据的分析得出 2015 年流域内时段降雨数据比较齐全，并且站位分布比较均匀，子流域内的面平均降水量根据流域内 45 个雨量站分布采用泰森多边形法依面积加权计算。对于雨量数据比较少的洪水年份，根据实际情况，可能采用子流域临近雨量站的降雨量来代替面雨量。

5.2.5.2 水文模型与水动力学模型连接

水文模型的计算结果根据情况分别以源头入流和区间入流的方式分配进入附近的河道。水文模型的径流作为河道水动力模型的上游边界汇入河道，山区水文分区的汇流均按点源或者线源的方式汇入河道，圩区水文分区则统一以

图 5.2-11 雨量站泰森权重划分示意图

点源形式汇入虚拟河道,表 5.2-5 所示水文模型计算结果与水动力学模型计算结果的连接方式,起始里程与终止里程不同代表以线源的方式汇入河道,若一致则代表以点源的方式汇入河道。

表 5.2-5 秦淮新河沿程子流域水文模型汇入方式

子流域代码	流域面积(km^2)	汇入河段	起始里程(m)	终止里程(m)
QHXZ2	4.2	秦淮新河	4 198	5 161
QHXZ3	9.4	秦淮新河	5 161	7 219
QHXZ4	8.9	秦淮新河	7 219	12 105
QHXZ5	4.3	秦淮新河	12 105	12 105

5.3 流域洪水模拟模型参数研究

5.3.1 遥感和 GIS 在模型参数中的应用

本节在利用遥感影像进行下垫面特征的信息提取时,依据秦淮河流域的城市化历程,并考虑遥感资料的可获取状况,共选取 1995 年、2005 年、2015 年(受资料质量限制,1995年资料由1994年资料代替,2005年资料由2006年资料代替)三个时期空间分辨率均为30 m的遥感影像图进行分析(图5.3-1、图5.3-2、图5.3-3)。

图 5.3-1　1995 年秦淮河流域下垫面组成示意图

图 5.3-2　2005 年秦淮河流域下垫面组成示意图

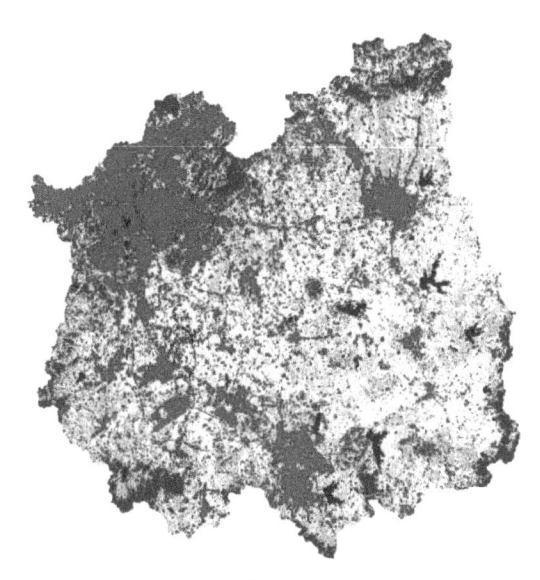

图 5.3-3 2015 年秦淮河流域下垫面组成示意图

基于遥感影像专业处理软件(ERDAS)对遥感影像进行解译分析。首先对遥感影像进行辐射校正、几何校正、直方图匹配、图像拼接和裁切及图像滤波和增强等一系列预处理工作。然后结合多种遥感图像分类算法、研究区的地物类型、影像光谱差异的特点和对研究区实地的考察分析,最后完成秦淮河流域不同地物类别的信息提取。参考中国土地资源分类系统,并结合研究需要,将秦淮河流域土地类型分为水面、水田、旱地、建成区和山林 5 个类别。

从遥感影像图分析结果看,秦淮河流域 20 世纪 90 年代以前城市密集区主要集中在流域下游南京主城范围,20 世纪 90 年代以后城市建设沿秦淮河干流逐渐向上游发展。进入 21 世纪,南京城市进入高速发展期,城市规模迅速膨胀,随着东山副城、禄口新城、空港新城、溧水城区的发展,流域中游两岸圩区也基本发展成城镇密集区。

5.3.2 MIKE 模型参数灵敏度分析

5.3.2.1 灵敏度分析方法

常用的模型灵敏度分析方法有 Morris 法和 Sobol 法。Morris 灵敏度分析法是基于参数空间的离散搜索方法,能在全局范围内研究模型参数,该方法简单,易于操作,计算量小,可以分析多个参数在较大范围内同时发生变化时对模型输出的影响。Sobol 灵敏度分析方法是一种基于方差的蒙特卡罗法，Sobol 方法可应用在非单调、非线性、非叠加等模型，但相比 Morris 法，计算量相对较大，操作较为复杂。本文选用 Morris 法来计算 Urban B 模型的灵敏度。

Morris 分析法选取模型参数中某一变量，其余参数值固定不变，在所选参数阈值范围内随机改变 x_i，运行模型得到目标函数 $y(x)=y(x_1,x_2,x_3,\cdots,x_n)$ 的值，用影响值 e_i 判断参数变化对输出值的影响程度，计算公式见式(5.3-1)：

$$e_i = \frac{(y^* - y)}{\Delta i} \tag{5.3-1}$$

式中：y^* 为参数变化后的输出值；y 为参数变化前的输出值；Δi 为参数 i 的变幅。

本文采用修正的 Morris 法进行参数敏感性分析，将所选变量以固定步长百分率变化，参数的灵敏度判别因子取多次扰动计算的摩尔斯系数的平均值，求得敏感性判别因子 S，计算公式见式(5.3-2)：

$$S = \frac{\sum_{i=0}^{n-1} \frac{(Y_{i+1}-Y_i)/Y_0}{P_{i+1}-P_i}}{n-1} \tag{5.3-2}$$

式中：S 为灵敏度判别因子；Y_i 为模型第 i 次运行输出值；Y_{i+1} 为模型第 $i+1$ 次运行输出值；Y_0 为参数率定后计算结果初始值；P_i 为第 i 次模型运算值相对于率定参数后参数值变化的百分率；P_{i+1} 为第 $i+1$ 次模型运算值相对于率定参数后参数值变化的百分率；n 为模型运行次数。

5.3.2.2 Urban B 模型参数灵敏度分析

Urban B 模型中参数较多，比较重要的参数有汇流长度、坡面汇流曼宁系数、坡度、稳定下渗率、初损等参数，本文研究通过 Morris 法对这些参数的灵敏度进行定性分析。

计算时，对于目标参数，以 10% 为固定步长对某一参数值进行扰动，分别是目标参数初始值的 80%、90%、110%、120%。在不同的尺度下，模型的参数灵敏度可能会有所不同，甚至参数的灵敏度在每个子流域上都各不相同。为了考虑区域不同尺度影响，本文选用二圣桥水库(汇水面积 108.42 km^2)和横山水库(汇水面积 3.77 km^2)，分别计算各个参数的灵敏度(表 5.3-1)。

表 5.3-1　各汇水分区模型参数初始值

参数	二圣桥水库	横山水库
汇流长度(m)	11 800	2 340
坡面汇流曼宁系数	30	30
坡度(‰)	8.9	41.9
稳定下渗率(mm/h)	0.3	0.7
初损(mm)	4.4	6

选用 2015 年 6 月 26 日洪水作为计算场次，根据修正的 Morris 筛选法，利用灵敏度公式计算 Urban B 模型中参数的敏感性 S，得到各个参数对研究区洪峰流量和径流总量的灵敏度，结果见表 5.3-2。

表 5.3-2　Urban B 模型参数灵敏度分析结果表

参数	洪峰流量灵敏度		径流总量灵敏度	
	二圣桥水库	横山水库	二圣桥水库	横山水库
汇流长度(m)	−0.640 6	−0.323 4	−0.142 0	−0.029 5
坡面汇流曼宁系数	0.664 9	0.309 7	0.152 9	0.029 9
坡度(‰)	0.328 7	0.166 9	0.075 4	0.015 3
稳定下渗率(mm/h)	−0.045 7	−0.087 7	−0.119 5	−0.323 9
初损(mm)	−0.021 3	−0.000 8	−0.007 0	−0.026 0

对洪峰流量而言，参数敏感度最大的是曼宁系数和汇流长度，其次是坡度，然后是稳定下渗率，最后是初损。对径流总量而言，参数敏感度最大的是曼宁系数、汇流长度和稳定下渗率，其次是坡度，最后是初损。不同尺度比较，随着汇水分区的面积变小，汇流长度、曼宁系数、坡度对洪峰流量、径流总量的敏感度逐渐变小，稳定下渗率对洪峰流量、径流总量的敏感度逐渐变大。

总体而言，初损对 Urban B 模型洪峰流量及径流总量的影响微乎其微，汇流长度、曼宁系数、坡度和稳定下渗率均影响较大，在模型参数设置时，应当非常谨慎。

5.3.3　模型参数率定和验证

模型率定和验证是模型开发工作的重要内容，模型率定是将模型模拟结果与实测水文数据进行比较，通过反复调整模型参数以获得更为理想的拟合结果。率定后的模型须经过多场洪水的实测资料验证，以确保模型参数不会因为单场洪水计算的偶然误差造成模型系统误差。

5.3.3.1 水文模型率定和验证

水文模型率定通常需要封闭流域出口处实测流量数据，但本流域内没有相对独立的子流域出口流量数据。从秦淮河流域数据收集情况分析，流域内各中型水库均有降雨、闸上闸下水位实测资料，数据相对完整，因此选用水库库上封闭子流域进行水文模型的率定和验证。

1. 率定和验证场次

通过对历史降雨、水库调度以及水库实测水位数据的分析，最终选择句容市境内四个水库（北山水库、句容水库、二圣桥水库、茅山水库）及南京市境内五个水库（卧龙水库、方便水库、中山水库、赵村水库、红星水库）进行率定，各水库集水区域分布见图5.3-4。

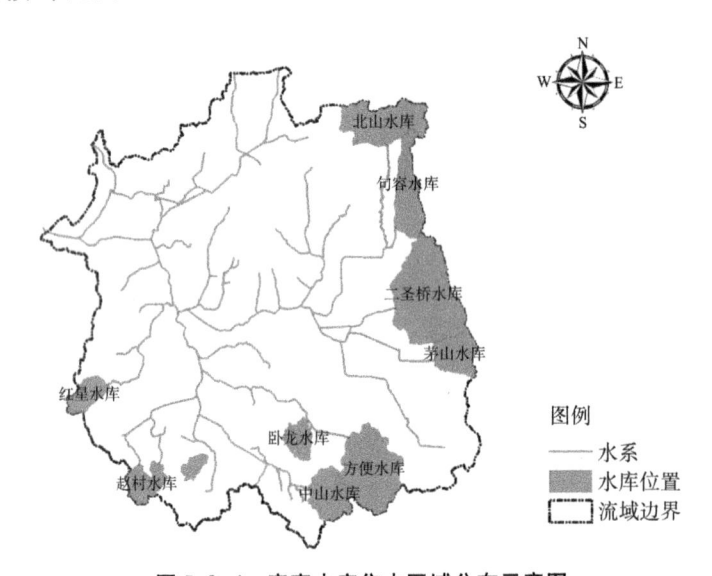

图5.3-4 率定水库集水区域分布示意图

综合分析各个水库的实时数据，选择2003年、2007年及2015年的洪水过程作为水文模型率定时段，因各个水库的降雨和调度情况不同，因此各水库的具体计算时段稍有不同。各个水库源头子流域水文模型的率定及验证场次见表5.3-3。

表 5.3-3　源头子流域水文模型率定及验证场次信息

场次	水库	时段	备注
1	北山	2015/6/25　18:00—2015/7/6　00:00	
2	句容	2015/6/25　18:00—2015/7/6　00:00	
3		2003/7/1　12:00—2003/7/15　00:00	
4	二圣桥	2015/6/25　18:00—2015/7/6　00:00	
5	茅山	2015/6/25　18:00—2015/7/6　00:00	率定
6	卧龙	2015/6/25　18:00—2015/7/6　00:00	
7	方便	2015/6/25　18:00—2015/7/6　00:00	
8	中山	2015/6/25　18:00—2015/7/6　00:00	
9	赵村	2015/6/25　18:00—2015/7/6　00:00	
10	红星	2015/6/25　18:00—2015/7/6　00:00	
11	北山	2015/6/16　8:00—2015/6/22　00:00	
12	句容	2015/6/16　8:00—2015/6/22　00:00	
13		2007/7/7　12:00—2007/7/14　8:00	
14	二圣桥	2015/6/16　8:00—2015/6/22　00:00	
15	茅山	2015/6/16　8:00—2015/6/22　00:00	验证
16	卧龙	2015/6/16　8:00—2015/6/22　00:00	
17	方便	2015/6/16　8:00—2015/6/22　00:00	
18	中山	2015/6/16　8:00—2015/6/22　00:00	
19	赵村	2015/6/16　8:00—2015/6/22　00:00	
20	红星	2015/6/16　8:00—2015/6/22　00:00	

2. 率定过程

率定方法分为：子流域出口接水库并且水库有实测水位数据的，结合水动力概化的虚拟河道及实际调度，通过对水位的率定来获得水文模型最佳参数。

率定过程中首先对水文模型的初损、填洼进行初步设置，本模型中这些取值参数的设置主要参照 SCS 模型进行估算，初渗取值主要通过基于土壤含水率及土壤类型的阿列克谢夫公式计算得到。稳渗及糙率参数需要通过不断的试错法来获取，其中稳渗主要决定水文模型计算的水量，糙率决定了径流过程线的形状。在一场暴雨洪水中，初损、填洼、初渗属于次重要参数，而稳渗、糙率属于重要参数，对水文模型计算结果影响明显。

3. 率定和验证结果

率定参数见表 5.3-4。

表 5.3-4 率定参数取值

水文参数	参照值	用地类型	北山	二圣桥	茅山	卧龙	方便	中山	赵村	红星
场次			1	4	5	6	7	8	9	10
初损 (mm)	1～50	水面	0	0	0	0	0	0	0	0
		建成区	0.6	0.6	0.6	0.6	0.6	0.6	0.6	0.6
		水田	2	2	2	2	2	2	2	2
		旱地	2.2	2.2	2.2	2.2	2.2	2.2	2.2	2.2
		山林	6	6	6	6	6	6	6	6
填洼 (mm)	10～50	水面	—	—	—	—	—	—	—	—
		建成区	1	1	1	1	1	1	1	1
		水田	3	3	3	3	3	3	3	3
		旱地	2.6	2.6	2.6	2.6	2.6	2.6	2.6	2.6
		山林	2.2	2.2	2.2	2.2	2.2	2.2	2.2	2.2
初渗 (mm/h)	100～1 000	水面	—	—	—	—	—	—	—	—
		建成区	—	—	—	—	—	—	—	—
		水田	100	100	100	100	100	100	100	100
		旱地	160	160	160	160	160	160	160	160
		山林	350	350	350	350	350	350	350	350
稳渗 (mm/h)	0～7.26	水面	—	—	—	—	—	—	—	—
		建成区	—	—	—	—	—	—	—	—
		水田	0.1	0.1	0.1	0.1	0.1	0.1	0.1	0.1
		旱地	0.3	0.3	0.3	0.3	0.1	0.1	0.1	0.3
		山林	0.45	0.7	0.7	0.7	0.1	0.1	0.1	0.7
霍顿指数 (Hz)	0.01～0.09	水面	—	—	—	—	—	—	—	—
		建成区	—	—	—	—	—	—	—	—
		水田	0.06	0.06	0.06	0.06	0.06	0.06	0.06	0.06
		旱地	0.05	0.05	0.05	0.05	0.05	0.05	0.05	0.05
		山林	0.04	0.04	0.04	0.04	0.04	0.04	0.04	0.04
反霍顿指数 (Hz)	0.01～0.09	水面	—	—	—	—	—	—	—	—
		建成区	—	—	—	—	—	—	—	—
		水田	0.06	0.06	0.06	0.06	0.06	0.06	0.06	0.06
		旱地	0.05	0.05	0.05	0.05	0.05	0.05	0.05	0.05
		山林	0.04	0.04	0.04	0.04	0.04	0.04	0.04	0.04

续表

水文参数	参照值	用地类型	北山	二圣桥	茅山	卧龙	方便	中山	赵村	红星
曼宁系数	1~40	水面	30	30	30	30	30	30	30	30
		建成区	10	10	10	10	10	10	10	10
		水田	1	3	1	1	8	6	1	1
		旱地	2	9	2	2	9	9	2	2
		山林	4	6	6	6	6	6	6	6

所有率定场次的率定精度统计见表5.3-5。

表5.3-5 率定结果精度统计表

场次	水库	降水总量(mm)	计算径流深(mm)	径流系数	实测水位峰值(m)	计算水位峰值(m)	峰值大小偏差(m)	确定性系数
1	北山	403.30	355.33	0.88	53.90	53.87	−0.03	0.96
2	句容	458.50	409.17	0.89	27.98	27.96	−0.02	0.99
3		307.00	271.38	0.88	28.72	28.68	−0.04	0.98
4	二圣桥	360.20	321.94	0.89	17.18	17.20	0.02	0.97
5	茅山	263.30	236.01	0.90	29.10	29.17	0.07	0.95
6	卧龙	227.20	187.53	0.83	18.57	18.52	−0.05	0.98
7	方便	163.90	127.21	0.78	26.51	26.45	−0.06	0.95
8	中山	159.70	130.22	0.82	25.82	25.85	0.03	0.98
9	赵村	138.50	88.85	0.64	31.89	31.85	−0.04	0.92
10	红星	252.00	220.31	0.87	22.61	22.62	0.01	0.99

注：确定性系数为衡量实测过程线与模拟过程线之间吻合程度的指标（下同）。

采用水库率定的参数对水库的其余场次洪水进行验证。各场次的验证精度统计结果见表5.3-6。

表5.3-6 验证结果精度统计表

场次	水库	降水总量(mm)	计算径流深(mm)	径流系数	实测水位峰值(m)	计算水位峰值(m)	峰值大小偏差(m)	确定性系数	备注
1	北山	149.00	108.69	0.73	52.47	52.46	−0.01	0.95	
2	句容	173.00	139.97	0.81	27.03	27.02	−0.01	0.98	
3		275.30	216.68	0.79	27.35	27.34	−0.01	0.98	

续表

场次	水库	降水总量(mm)	计算径流深(mm)	径流系数	实测水位峰值(m)	计算水位峰值(m)	峰值大小偏差(m)	确定性系数	备注
4	二圣桥	173.00	151.50	0.88	16.00	16.01	0.01	0.99	
5	茅山	186.00	164.20	0.88	28.68	28.68	0.00	0.74	
6	卧龙	117.50	105.91	0.90	18.64	18.59	−0.05	0.75	
7	方便	98.50	94.27	0.96	26.44	26.38	−0.06	0.42	
8	中山	115.50	104.33	0.90	52.47	52.46	−0.01	0.95	
9	赵村	132.50	115.93	0.87	31.95	31.86	−0.09	0.76	调度缺失
10	红星	186.50	136.90	0.73	22.39	22.41	0.02	0.92	

通过9个水库的10场洪水的率定，可以看出水文模型的两个重要参数（稳渗和糙率）具有一定共性。在短历时强暴雨情况下，率定结果显示水田、旱地及山林的稳渗取值为0.1~0.7 mm/h。糙率取值中，水面、建成区以及山林趋于一致，水田和旱地相对其余三种类型下垫面的曼宁系数($1/n$)取值较小，主要原因有：模拟时段处于6—7月，正是水稻生长期，暴雨期间可能存在田间蓄水、暴雨过后再排水的情况，这种情况可能在各个地区有所不同；水文模型将不同下垫面概化为一个坡度值，水田、旱地一般生长于平坦的洼地，相比于山林来说坡面糙率(n)较小。不同下垫面比例的统计显示句容河流域及溧水河流域的水田和旱地的比例较大，糙率的选取可能对干流的模拟有重要的影响，通过对源头水库的率定可以大致确定水田旱地的糙率取值范围在0~9之间。

5.3.3.2 水动力模型率定和验证

水动力模型的率定主要是对一维河网中河床糙率进行率定，是在区间水文模型率定完成以后，不断地调整糙率系数，使得模型内部水文测站点水位流量的模拟值与实测值尽量吻合。

1. 率定和验证场次

选择2015年6月25日至6月28日暴雨洪水作为率定，并以2015年6月16日至6月22日洪水以及2003年和2007年两场洪水作为验证。依据实测降雨和实际调度记录的时长、实测水位的涨退水过程，三场水的模拟信息见表5.3-7。

5 流域洪水模拟方法研究

表 5.3-7 率定及验证场次信息

洪水编号	模拟时段	备注
20150626	2015/6/25 18:00～2015/7/6 00:00	率定
20150616	2015/6/16 8:00～2015/6/22 00:00	验证
20030701	2003/7/1 12:00～2003/7/15 00:00	验证
20070702	2007/7/2 8:30～2003/7/15 00:00	验证

2. 率定过程

秦淮河流域的来水主要为流域内的降雨，洪水期间降雨主要从句容河及溧水河汇入到秦淮河干流，因此句容河及溧水河的水位流量模拟的准确与否将直接影响到东山至长江段的率定。从流量站的分布可以看出，前埠村句、前埠村秦的流量可以用于句容河、溧水河流域的区间水文率定，武定门闸及秦淮新闸流量可用于前埠村秦以下区间水文模型率定，在流量率定合格的基础上再进一步对水位进行率定。整个率定可依从上往下，逐段推进的方式进行。

3. 率定和验证结果

采用 2015 年 6 月 26 日洪水实测降雨、水位、流量资料对模型参数进行率定。各节点水位流量率定结果见图 5.3-5、图 5.3-6 和表 5.3-8、表 5.3-9。

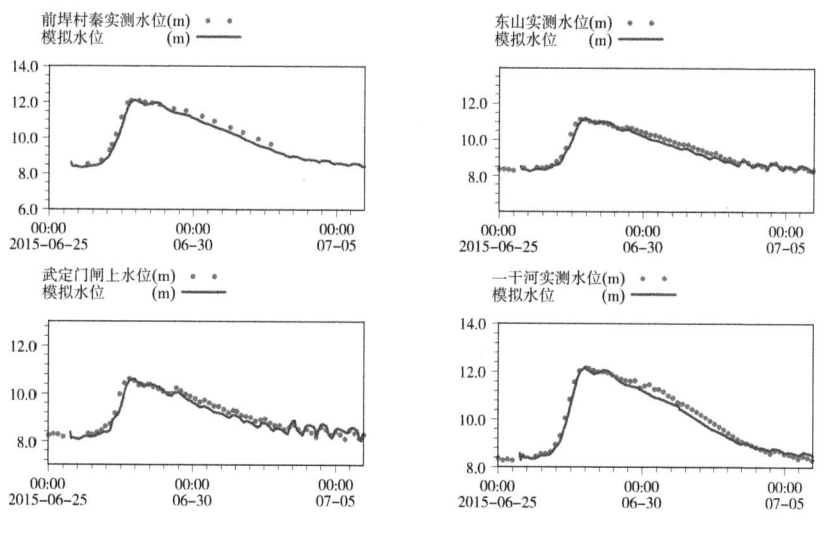

图 5.3-5 2015 年 6 月 26 日洪水水位率定结果示意图

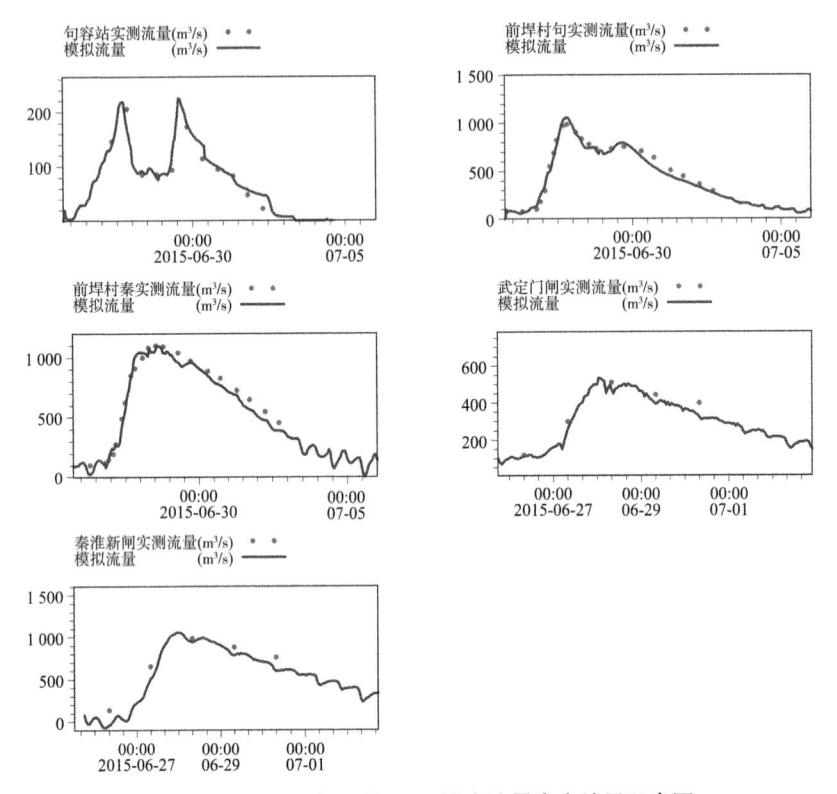

图 5.3-6　2015 年 6 月 26 日洪水流量率定结果示意图

表 5.3-8　2015 年 6 月 26 日洪水水位率定结果统计

站位	实测最高水位(m)	计算最高水位(m)	绝对误差(m)	确定性系数
前埠村秦	12.14	12.11	−0.03	0.91
东山	11.17	11.17	0.00	0.96
一干河	12.17	12.18	0.01	0.97
武定门闸上	10.61	10.60	−0.01	0.93

表 5.3-9　2015 年 6 月 26 日洪水流量率定结果统计

站位	实测最大流量(m^3/s)	计算最大流量(m^3/s)	绝对误差(m^3/s)	相对误差(%)	确定性系数
前埠村秦	1 100.00	1 096.71	−3.29	0.30	0.96
武定门闸	511.00	533.99	22.99	4.50	0.87
秦淮新闸	986.00	1 053.78	67.78	6.87	0.79

选用2016年7月初洪水、2015年6月16日洪水、2003年7月1日洪水及2007年7月2日洪水共4场作为验证。验证结果见表5.3-10至表5.3-13。

表5.3-10　20160701洪水水位验证结果统计

站位	实测最高水位(m)	计算最高水位(m)	绝对误差(m)	确定性系数
前埠村秦	12.17	12.22	0.05	0.90
东山	11.44	11.46	0.02	0.95
武定门闸上	11.05	11.08	0.03	0.92

表5.3-11　20150616洪水水位验证结果统计

站位	实测最高水位(m)	计算最高水位(m)	绝对误差(m)	确定性系数
前埠村秦	11.13	11.20	0.07	0.95
东山	10.13	10.13	0.00	0.96
武定门闸上	9.55	9.56	0.01	0.97

表5.3-12　20030701洪水水位验证结果统计

站位	实测最高水位(m)	计算最高水位(m)	绝对误差(m)	确定性系数
前埠村秦	11.44	11.35	−0.09	0.9
东山	10.34	10.24	−0.1	0.87

表5.3-13　20070702洪水水位验证结果统计

站位	实测最高水位(m)	计算最高水位(m)	绝对误差(m)	确定性系数
前埠村秦	11.25	11.17	−0.08	0.81
东山	10.13	10.09	−0.04	0.78

从模型的率定验证结果看,本模型对秦淮河流域洪水的模型效果较好,其计算结果是合理可信的。

通过模型的率定确定了秦淮河流域主要河道的河道糙率,结果见表5.3-14。

表5.3-14　糙率取值结果表

河道名	起始里程	终止里程	糙率取值
前埠村(秦)-东山	0	11 200	0.028
秦淮新河	0	16 878	0.026~0.027
三汊河口-东山	0	23 550	0.028~0.032

6 水系变迁影响下的流域水文特性变化研究

自然流域下垫面的组成及其河流水系的分布特点直接影响着该流域暴雨产汇流的特点,从前文可知秦淮河流域近些年来随着城市化的发展,下垫面的组成和河流水系的分布均发生了巨大变化,流域水文特性也随之改变,通过研究流域水文特性的变化规律及其与下垫面的组成、水系格局间的相关关系可为进一步研究流域洪涝风险变化提供数据支撑。本章节通过构建秦淮河流域一维水文水动力模型,以模型为抓手,通过多情景模拟方法定量分析了秦淮河流域水文特性的变化规律,探究了其与下垫面变化、水系变迁等因素之间的关系。

6.1 水系变迁对流域降雨特性的影响

以秦淮河流域的南京市为典型,选取城区和郊区代表性雨量站,采用集中度和集中期指标分析城市化对城郊降雨的影响。城区以南京站为典型,郊区站包括北山水库站、句容站、东山站、江宁站和武定门闸站。

1963—2015年,秦淮河流域的年雨量整体上呈现增加的趋势。城区和郊区年雨量的增速分别为 25.16 mm/10 a 和 20.28 mm/10 a(图 6.1-1)。在相同的气象背景下,随着城市化的快速发展,城区年雨量的增加趋势大于郊区。

6.2 水系变迁及下垫面变化对流域径流的影响

大量研究表明,随着城市化的加快,流域水域面积的减少,流域径流系数不断提高,相同场次降雨,地表洪水的径流量有明显增加。

6 水系变迁影响下的流域水文特性变化研究

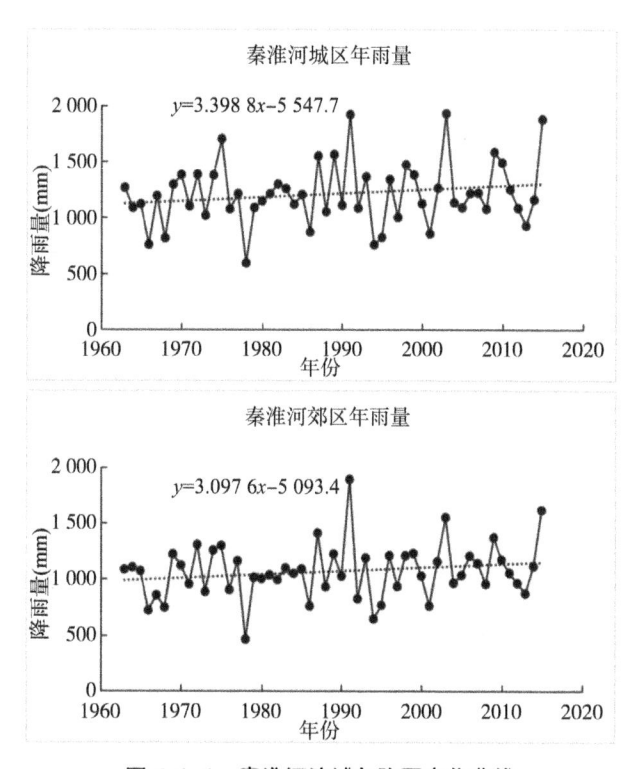

图 6.1-1　秦淮河流域年降雨变化曲线

本节依据遥感影像分析成果，调整流域一维水文水动力模型下垫面参数，进行 1995 年、2005 年、2015 年三个年份的洪水情景模拟，洪潮组合采用流域 50 年一遇暴雨遭遇长江 20 年一遇潮位。从径流总量、径流系数等方面分析下垫面变化对秦淮河流域洪水的影响。具体情况见表 6.2-1、表 6.2-2 和图 6.2-1、图 6.2-2。

从空间上看，江宁区及句容市径流量在总流域中占比最大，分别为：0.39、0.35。

表 6.2-1　不同下垫面情景下秦淮河流域 50 年一遇径流总量统计表 (m³/s)

行政分区	2015 年	2005 年	1995 年
主城	0.73	0.72	0.70
江宁	3.38	3.30	3.24
溧水	1.52	1.49	1.48
句容	2.95	2.93	2.90

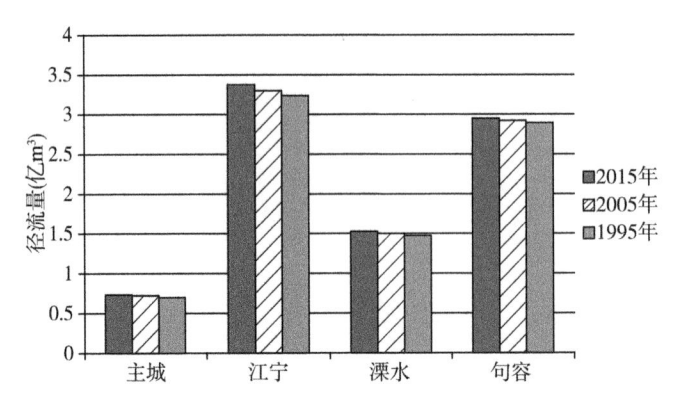

图 6.2-1　不同下垫面情景下秦淮河流域 50 年一遇径流总量柱状图

从时间变化上看,同样降雨的情况下,径流总量逐步增加。主城 1995—2005 增加较多,2005 年以后趋于平稳;江宁 1995—2015 年变化趋势明显,2005—2015 年最为明显;溧水 1995—2005 变化不明显,2005—2015 增幅较大;句容 1995—2015 总体增幅平稳。

表 6.2-2　不同下垫面情景下秦淮河流域 50 年一遇径流系数统计表

行政分区	2015 年	2005 年	1995 年
主城	0.96	0.95	0.91
江宁	0.90	0.88	0.86
溧水	0.89	0.88	0.87
句容	0.88	0.87	0.86

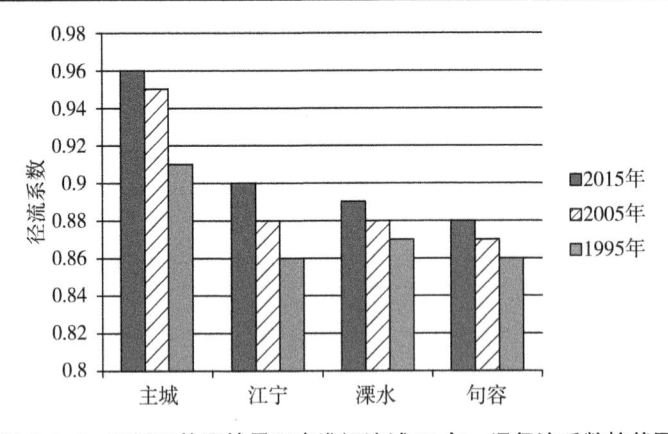

图 6.2-2　不同下垫面情景下秦淮河流域 50 年一遇径流系数柱状图

从空间上看,主城径流系数最大,超过 0.9,江宁次之,溧水、句容基本一致。

从时间变化上看,同样降雨的情况下,径流系数有增大趋势。主城 1995—2005 径流系数增大明显,江宁区径流系数总体平稳增大,但增幅较大。溧水、句容总体平稳增大。

总体看来,径流总量与径流系数的变化趋势与城市化发展的进程基本一致,主城区 2005 年以后随着建成区范围基本不变,径流总量没有增加趋势;江宁区从 1995—2015 期间,城市化发展一直保持高速,因此该地区也是径流总量增加最快的区域;溧水区 2005 年之前城市化发展较缓慢,径流总量变化不大,2005 年以后随着城市化发展的南移,溧水区的建成区范围不断扩大,径流总量也有增加趋势;句容整体城市化进程较慢,因此径流总量没有明显增长趋势。

6.3 水系变迁及下垫面变化对洪水过程的影响

6.3.1 下垫面变化对洪水过程的影响

城市化的发展带来的城市排水体系的建立,改变了原有集水区的自然汇流特点,排水渠、雨水管道有效加大了区域内汇流速度,使得流域地表的汇流历时和滞后时间大大缩短,造成流域洪水变得更尖更瘦,洪峰变得更大。

本节依据遥感影像分析成果,调整流域水文水动力模型下垫面参数,进行 1995 年、2005 年、2015 年三个年份的情景模拟,洪潮组合采用流域 50 年一遇暴雨遭遇长江 20 年一遇潮位。从洪峰流量、洪峰峰现时间等方面分析下垫面变化对秦淮河流域洪水的影响。具体情况见表 6.3-1、表 6.3-2 和图 6.3-1、图 6.3-2。

表 6.3-1　不同下垫面情景下秦淮河流域 50 年一遇主要节点洪峰流量统计表(m^3/s)

行政分区	代表节点	2015 年	2005 年	1995 年
主城	武定门闸	729	734	702
	秦淮新河闸	1 411	1 389	1 316
	合计	2 140	2 123	2 018
江宁	东山	1879	1 857	1 777
	西北村	1 561	1 542	1 505
溧水	一干河口	130	118	115
句容	陈家边	552	551	545

从计算结果看,同样降雨的情况下,流域主要节点洪峰流量有增大趋势。

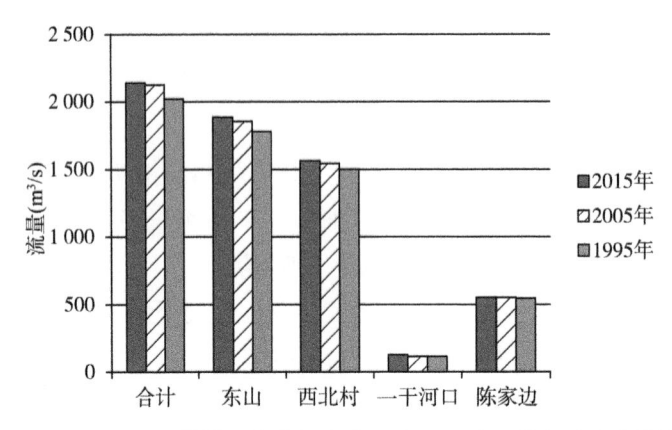

图 6.3-1 不同下垫面情景下秦淮河流域 50 年一遇主要节点洪峰流量柱状图

句容、陈家边总体变化不大,一干河口 2005 年前变化不明显,2005—2015 年洪峰流量增幅明显,西北村增幅明显,尤以 1995—2005 年期间增幅明显。

比较外秦淮河(武定门闸)、秦淮新河流量(新河闸),1995—2005 年两河洪峰流量平均增加 0.5%,2005—2015 年,秦淮新河增加 1.5%,外秦淮河流量下降 0.5%。

表 6.3-2 不同下垫面情景下秦淮河流域 50 年一遇主要节点洪峰峰现时间统计表

行政分区	代表节点	2015 年	2005 年	1995 年
主城	武定门闸	2015/7/2 11:00:00	2005/7/2 09:00:00	1995/7/2 14:00:00
	秦淮新河闸	2015/7/2 08:00:00	2005/7/2 08:00:00	1995/7/2 08:00:00
江宁	东山	2015/7/2 10:00:00	2005/7/2 11:00:00	1995/7/2 13:00:00
	西北村	2015/7/2 11:00:00	2005/7/2 13:00:00	1995/7/2 13:00:00
溧水	一干河口	2015/7/1 22:00:00	2005/7/1 23:00:00	1995/7/2 00:00:00
句容	陈家边	2015/7/2 19:04:00	2005/7/2 20:51:00	1995/7/2 20:51:00

总体看,流域中上游一干河口、东山、西北村、句容陈家边峰现时间均有提前趋势。武定门闸位于流域下游,峰现时间变化规律不明显。

6.3.2 圩区排涝能力变化对洪水过程的影响

对于圩区而言,圩内水系是重要的调蓄水体,当外河水位较高时,可有效地调蓄圩区涝水,减少内涝发生的频次、降低内涝受灾情况,随着城市化发展的加快,圩区小水系逐渐衰退、消亡,圩内水体的调蓄能力大大降低,为了应对圩区涝水,人类通过不断建设排涝泵站,来弥补圩内水系消亡带来的弊端。可见,圩

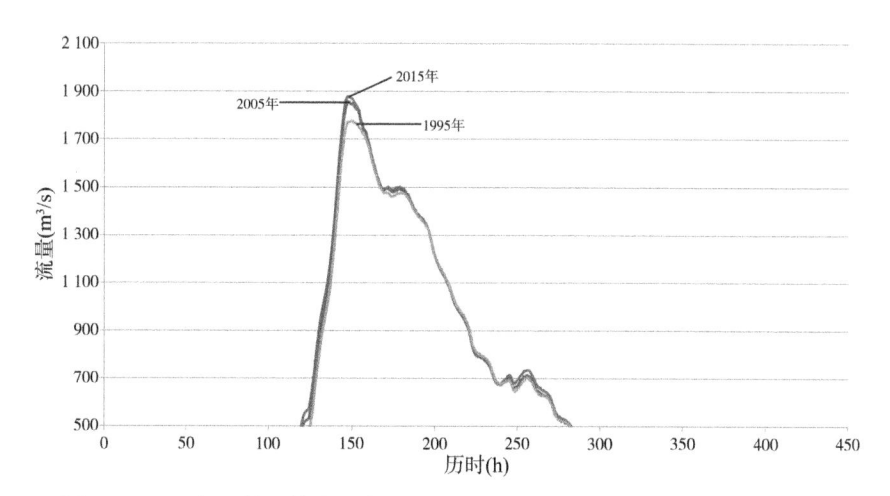

6 水系变迁影响下的流域水文特性变化研究

图 6.3-2 不同下垫面情景下秦淮河流域 50 年一遇东山洪峰峰现时间对照图

区水系的变迁,导致了泵站规模的增大,也间接地对流域洪水过程造成影响。

本书研究、收集、整理了秦淮河流域排涝泵站资料,按照 1995、2005、2015 三个典型年份统计流域排涝泵站分布情况及泵站规模,并借助水文水动力模型模拟分析排涝能力的变化对流域洪水的影响(图 6.3-3、图 6.3-4 和表 6.3-3)。

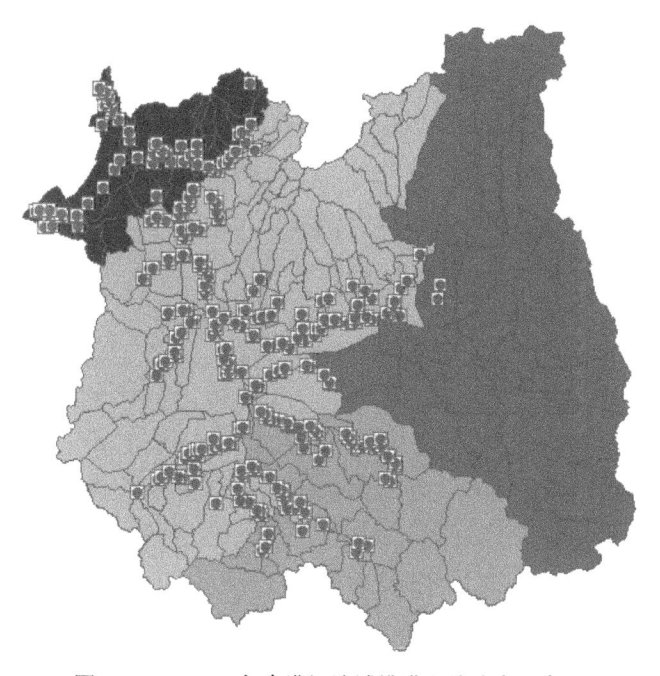

图 6.3-3 2015 年秦淮河流域排涝泵站分布示意图

141

表 6.3-3　秦淮河流域排涝泵站规模统计表(m³/s)

年份	1995	2005	2015
江宁区	208.1	373.5	645.0
句容市	40.5	42.5	129.6
溧水区	29.7	53.7	74.2
主城	120.3	179.2	292.9
合计	398.6	648.9	1 141.7

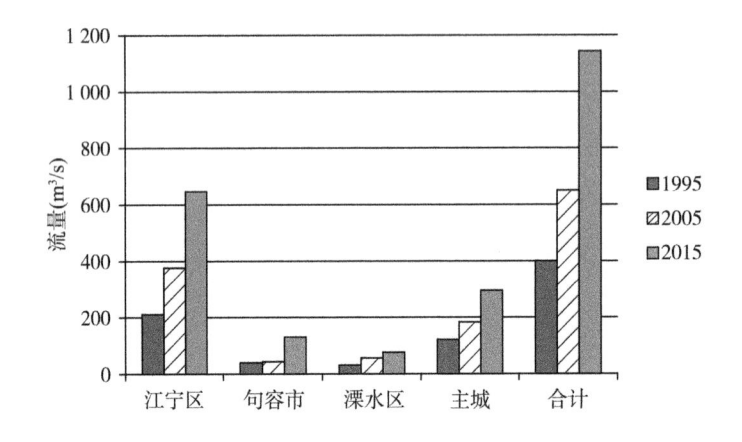

图 6.3-4　秦淮河流域排涝泵站变化图

对比 1995、2005、2015 三个典型年份流域排涝泵站流量,从总量上看,1995—2015 年这 20 年间秦淮河流域排涝流量增长迅速,1995 年以前秦淮河流域总排涝能力约 398.6 m³/s,2005 年流域总排涝能力约 648.9 m³/s,1995 到 2005 年期间总排涝能力增长了 250.3 m³/s,2015 年流域总排涝能力约 1 141.7 m³/s,2005 到 2015 年期间总排涝能力增长了 492.8 m³/s,可见近 10 年以来流域内的排涝能力增加明显。从地区组成上看,流域内江宁区排涝能力占比最大,且排涝能力增加明显,1995 年以前江宁区总排涝能力约 208.1 m³/s,2005 年江宁区总排涝能力约 373.5 m³/s,1995 到 2005 年期间江宁区总排涝能力增长了 165.4 m³/s,2015 年江宁区总排涝能力约 645 m³/s,2005 到 2015 年期间江宁区总排涝能力增长了 271.5 m³/s。

本研究采用水文水动力模型法分析圩区排涝能力变化对流域洪水的影响,洪潮组合采用流域 50 年一遇暴雨遭遇长江 20 年一遇潮位。情景模拟如下:

情景 1:秦淮河流域在现状工况下,圩区排涝泵站规模及分区按 1995 年典

6 水系变迁影响下的流域水文特性变化研究

型年设置；

情景 2：秦淮河流域在现状工况下，圩区排涝泵站规模及分区按 2005 年典型年设置；

情景 3：秦淮河流域在现状工况下，圩区排涝泵站规模及分区按 2015 年典型年设置。

通过流域水文水动力模型模拟计算各情景方案，并从流域主要节点洪峰流量、最高洪水位、流域外排水量等指标进行比较分析，见表 6.3-4。

表 6.3-4 流域不同情景下主要节点洪峰流量结果表（m³/s）

行政分区	代表节点	2015 年	2005 年	1995 年
主城	武定门闸	729	682	647
	秦淮新河闸	1 411	1 299	1 210
	合计	2 140	1 981	1 857
江宁	东山	1 879	1 762	1 673
	西北村	1 561	1 503	1 457

从洪峰流量指标看，随着秦淮河流域排涝动力的增加，流域干流主要节点的 50 年一遇洪峰流量也有明显增加。1995 年干流西北村 50 年一遇洪峰流量为 1 457 m³/s，2005 年干流西北村 50 年一遇洪峰流量为 1 503 m³/s，相对于 1995 年增加了 46 m³/s，2015 年干流西北村 50 年一遇洪峰流量为 1 561 m³/s，在 1995 年的基础上又增加了 58 m³/s；1995 年干流东山 50 年一遇洪峰流量为 1 673 m³/s，2005 年干流东山 50 年一遇洪峰流量为 1 762 m³/s，相对于 1995 年增加了 89 m³/s，2015 年干流东山 50 年一遇洪峰流量为 1 879 m³/s，在 1995 年的基础上又增加了 117 m³/s。

表 6.3-5 流域不同情景下主要节点最高洪水位结果表（m）

行政分区	代表节点	2015 年	2005 年	1995 年
主城	武定门闸上	11.60	11.38	11.23
	秦淮新河闸上	10.28	10.24	10.21
江宁	东山	12.18	11.96	11.76
	西北村	13.37	13.11	12.93
溧水区	一干河口	13.46	13.21	13.02
句容市	陈家边	14.29	14.07	13.93

从最高洪水位指标来看（表 6.3-5），随着秦淮河流域排涝动力的增加，干

流洪峰流量的增大,流域干流主要节点的 50 年一遇最高洪水位也随之提高。1995 年干流西北村 50 年一遇最高洪水位为 12.93 m,2005 年干流西北村 50 年一遇最高洪水位为 13.11 m,相对于 1995 年水位提高了 18 cm,2015 年干流西北村 50 年一遇最高洪水位为 13.37 m,在 1995 年的基础上又增加了 26 cm;1995 年干流东山 50 年一遇最高洪水位为 11.76 m,2005 年干流东山 50 年一遇最高洪水位为 11.96 m,相对于 1995 年水位提高了 20 cm,2015 年干流东山 50 年一遇最高洪水位为 12.18 m,在 1995 年的基础上又增加了 22 cm。

表 6.3-6 流域不同情景下外排总洪量结果表(亿 m³)

统计时段	统计断面	2015 年	2005 年	1995 年
最大 1 日	秦淮新河口	1.055	0.981	0.910
	三汊河口	0.656	0.624	0.565
	合计	1.711	1.605	1.475
最大 3 日	秦淮新河口	2.350	2.205	2.032
	三汊河口	1.497	1.452	1.333
	合计	3.847	3.657	3.365
最大 7 日	秦淮新河口	3.367	3.178	2.940
	三汊河口	2.494	2.446	2.306
	合计	5.861	5.624	5.246

从流域外排总洪量指标看(表 6.3-6),在流域产水流一样的情况下,随着秦淮河流域排涝动力的增加,圩内涝水的归槽能力提高,流域最大 1 日、3 日、7 日的外排总水量明显增多。1995 年秦淮河流域遭遇 50 年一遇暴雨,最大 1 日外排水量为 1.475 亿 m³,最大 3 日外排水量为 3.365 亿 m³,最大 7 日外排水量为 5.246 亿 m³;2005 年秦淮河流域遭遇 50 年一遇暴雨,最大 1 日外排水量为 1.605 亿 m³,比 1995 年多了 0.13 亿 m³,最大 3 日外排水量为 3.657 亿 m³,比 1995 年多了 0.292 亿 m³,最大 7 日外排水量为 5.624 亿 m³,比 1995 年多了 0.378 亿 m³;2015 年秦淮河流域遭遇 50 年一遇暴雨,最大 1 日外排水量为 1.711 亿 m³,比 2005 年多了 0.106 亿 m³,最大 3 日外排水量为 3.847 亿 m³,比 2005 年多了 0.190 亿 m³,最大 7 日外排水量为 5.861 亿 m³,比 2005 年多了 0.237 亿 m³。

6.4 水系变迁及下垫面变化对极端洪水的影响

前文已经介绍了秦淮河流域历史大洪水频发,尤其以 2015 年、2016 年大水为甚,本书借助流域一维水文水动力模型,通过情景模拟分析水系变迁及下垫面变化对历史已发生的典型极端洪水过程的影响。

从洪水危险程度看,"20150626"和"20160701"两个典型年洪水期间秦淮河主要节点水位均超历史;从洪水代表性来说,前文已经分析了秦淮河流域洪涝灾害主要受本地区暴雨及长江潮位顶托两个因素影响,"20150626"洪水属于本地区暴雨大,而长江潮位较低,"20160701"洪水属于本流域降雨大,而长江潮位也高,两场洪水代表了两种常见的洪水情势。

因此本书选用"20150626"和"20160701"两个典型年洪水进行模拟。

1. "20150626"洪水模拟

情景1:实际水雨工情下,模型采用1995年下垫面数据;

情景2:实际水雨工情下,模型采用1995年下垫面数据＋1995年排涝能力;

情景3:实际水雨工情下,模型采用2005年下垫面数据;

情景4:实际水雨工情下,模型采用2005年下垫面数据＋2005年排涝能力。

表6.4-1 "20150626"洪水模拟结果统计表

节点名称	实测 水位(m)	实测 流量(m³/s)	情景1 水位(m)	情景1 流量(m³/s)	情景2 水位(m)	情景2 流量(m³/s)	情景3 水位(m)	情景3 流量(m³/s)	情景4 水位(m)	情景4 流量(m³/s)
三汊河口	8.85	681	8.85	682	8.85	565	8.85	682	8.85	609
武定门闸上	10.61	561	10.61	561	10.22	474	10.61	561	10.33	497
秦淮新河闸下	9.27	1 137	9.27	1138	9.23	971	9.27	1 138	9.25	1 032
东山	11.17	1 466	11.17	1 467	10.69	1 287	11.17	1 467	10.85	1 331
西北村	12.14	1 174	12.14	1 174	11.70	1 083	12.14	1 174	11.82	1 086
陈家边	13.72	606	13.73	606	13.48	586	13.73	606	13.55	584
赤山闸上	13.83	429	13.83	429	13.56	380	13.83	429	13.63	379
一干河口	12.17	249	12.17	249	11.77	249	12.17	249	11.88	249

从洪水的模拟结果看(表6.4-1),情景1、情景3只将下垫面替换成1995年、2005年对应下垫面,而不改变现状工程(排涝能力),那么遭遇"20150626"洪水,主要节点水位及流量均没有明显变化,依然会出现2015年6月的典型洪水过程。情景2、情景4将下垫面替换成1995年、2005年对应下垫面的同时,两岸圩区的排涝动力也按照1995年、2005年规模设置,那么

1995 年若发生"20150626"暴雨,主要节点水位均较低,中上游西北村最高水位为 11.70 m,略高于 1991 年 7 月最高洪水位 11.55 m,最大流量 1083 m³/s,略大于 1991 年 7 月西北村最大流量 951 m³/s;中下游东山最高水位为 10.69 m,低于 1991 年 7 月最高洪水位 10.70 m,下游武定门闸最高水位 10.22 m,低于 1991 年 7 月最高洪水位 10.36 m,最大流量 474 m³/s,略大于 1991 年 7 月最大流量 410 m³/s;2005 年若发生"20150626"暴雨,西北村最高水位为 11.82 m,西北村最大流量 1 086 m³/s,东山最高水位为 10.85 m,武定门闸最高水位 10.33 m,武定门闸最大流量 497 m³/s。

2. "20160701"洪水模拟

情景 1:实际水雨工情下,模型采用 1995 年下垫面数据;

情景 2:实际水雨工情下,模型采用 1995 年下垫面数据+1995 年排涝能力;

情景 3:实际水雨工情下,模型采用 2005 年下垫面数据;

情景 4:实际水雨工情下,模型采用 2005 年下垫面数据+2005 年排涝能力;

表 6.4-2 "20160701"洪水模拟结果统计表

节点名称	实测 水位(m)	实测 流量(m³/s)	情景 1 水位(m)	情景 1 流量(m³/s)	情景 2 水位(m)	情景 2 流量(m³/s)	情景 3 水位(m)	情景 3 流量(m³/s)	情景 4 水位(m)	情景 4 流量(m³/s)
三汊河口	9.96	732	9.96	715	9.96	603	9.96	724	9.96	655
武定门闸上	11.06	549	10.99	527	10.62	438	11.03	538	10.78	489
秦淮新河闸上	10.37	965	10.35	923	10.32	813	10.36	942	10.33	870
东山	11.43	1 351	11.35	1 294	10.93	1 194	11.39	1 323	11.14	1 254
西北村	12.15	1 209	12.04	1 168	11.64	1 116	12.10	1 187	11.84	1 150
陈家边	12.89	504	12.83	530	12.57	490	12.85	500	12.68	509
赤山闸上	15.03	520	15.02	554	14.51	526	14.99	522	14.54	536
一干河口	12.30	263	12.18	244	11.90	279	12.24	261	12.00	260

从洪水的模拟结果看(表 6.4-2),情景 1、情景 3 只将下垫面替换成 1995 年、2005 年对应下垫面,而不改变现状工程(排涝能力),那么遭遇"20160701"洪水,主要节点水位略有下降,最大流量略有减小。情景 2、情景 4 将下垫面替换成 1995 年、2005 年对应下垫面的同时,两岸圩区的排涝动力也按照 1995 年、2005 年规模设置,那么 1995 年若发生"20160701"暴雨,中上游

西北村最高水位为 11.64 m,略高于 1991 年 7 月最高洪水位 11.55 m,最大流量 1 116 m³/s,大于 1991 年 7 月西北村最大流量 951 m³/s,中下游东山最高水位为 10.93 m,高于 1991 年 7 月最高洪水位 10.70 m,下游武定门闸最高水位 10.62 m,高于 1991 年 7 月最高洪水位 10.36 m,最大流量 438 m³/s,略大于 1991 年 7 月最大流量 410 m³/s;2005 年若发生"20160701"暴雨,西北村最高水位为 11.84 m,西北村最大流量 1 150 m³/s,东山最高水位为 11.14 m,武定门闸最高水位 10.78 m,武定门闸最大流量 489 m³/s。

分析主要原因,情景 1、情景 3 只改变下垫面参数对洪水过程影响较小,是因为下垫面变化剧烈的区域主要集中在建成区范围,而秦淮河流域建成区主要集中在中下游两岸地势平坦的圩区,因此下垫面变化对圩区内的产汇流影响较大,在不改变排涝动力的前提下,该影响无法得到直接反映,而上游山丘区受影响较小,产汇流过程基本无明显变化,因此造成洪水过程无明显变化。情景 2、情景 4 对两岸圩区排涝动力的调整明显可以看到,中下游水位有了明显降低,同时上游水位也随之降低。

7 流域洪涝风险特性研究

秦淮河流域历史上发生了多场洪涝灾害,对已发生的洪涝灾害资料进行整理,从降雨过程、灾情过程进行溯源分析,是分析流域洪涝灾害特点及变化规律的重要技术手段。本书收集整理了秦淮河流域近年来具有代表性的多场洪涝灾害,对其洪涝灾害特点与洪灾原因进行了分析,并研究了历史洪涝灾害的变化特点。

7.1 历史洪涝灾害

秦淮河地区既有沿江河圩区,也有丘陵岗地。主要骨干河道位于平原圩区,地势低洼平坦,支流河道大多是山丘区河道,源短流急,特殊的地形特点造成秦淮河流域汛期遇到暴雨时,洪水峰高势猛,极易对中下游两岸造成严重灾害。

根据《南京地方志》《句容县志》《江宁水利志》《溧水县志》等有关资料记载,自三国以来,秦淮河流域共发生水灾234次。按照水灾的危害程度将水灾划分为特大洪水、大洪水和一般洪水三个等级。文献上有详细描述受灾特别严重者,如"大雨弥月,漂室庐人畜无算",算作特大洪水;记载中反映覆盖全流域的水灾,或至少有两个县出现水灾并强调是大水的,算作大水灾;文献上仅记录一个县有水灾的算作一般洪水。按这一分类,将秦淮河流域1700多年来的水灾按时间序列和等级排序,可以得出秦淮河流域历史洪水发生频率的变化情况(表7.1-1)。

7 流域洪涝风险特性研究

表 7.1-1　秦淮河洪水统计表

年代	持续时间（年）	特大水灾 次数	特大水灾 周期	大水灾 次数	小水灾 次数	合计 次数	周期
250—588	339	9	37.7	36	16	61	5.6
589—1117	529	0	—	9	9	18	29.4
1118—1402	285	3	95.0	7	17	27	10.6
1403—2018	615	25	24.6	48	55	128	4.8
250—2018	1768	37	47.8	100	97	234	7.6

从统计结果看,自 1900 年以来秦淮河流域已发生洪水共计 28 次,周期为 4.21 年,其中特大洪灾 7 次(1911 年、1931 年、1954 年、1969 年、1991 年、2015 年和 2016 年),周期为 16.9 年,可见进入 20 世纪以来,秦淮河流域洪水出现的频次均较以前任何时期都高,秦淮河流域洪灾发生频率有逐步增加的趋势。1949 年以前,洪水水情缺少详细记录,仅在相关文献中有所描述,且多为只言片语,无法对洪水的量级及成灾情况进行定量分析。

1949 年以后由于水文站网的布设,基础水文资料开始成系统性记录,流域洪水的水情已可通过科学方法定量还原,该时期发生的较为严重的洪涝灾情年份主要有 1954 年、1969 年、1974 年、1991 年、1998 年、2003 年、2007 年、2015 年和 2016 年,其中尤以 2015 年和 2016 年洪水为甚。

(1) 1954 年

1954 年夏,长江发生全流域性特大洪水,下关水位站最高潮位达 10.22 m,为历史最高。秦淮河流域 5 月中旬开始连续降雨,3 个月降雨 58 天,共降雨 869 mm,由于雨势猛烈,山洪暴发,洪水向下游腹部圩区汇集,并且受长江高潮位影响,迅速逼高干流河道水位。秦淮河东山水位高达 10.15 m,南京市处于洪水包围之中,南京市委、市政府动员干部、工人、学生、居民和驻宁部队,奔赴沿江、沿河一线,全力以赴加高秦淮河堤防,并及时封闭了市区沿河涵洞,防止外洪倒灌;积极调动抽水站抽排市区涝水,但仍因市区降雨量过大、抽水动力不足,洼地积水严重且最深处达到 1.5 m,导致 2.6 万户居民家中进水,倒塌房屋 700 多间,城墙因大水浸泡倒塌 7 处。为了确保南京市的安全,牺牲局部,保全大局,秦淮河中上游圩区全部破圩滞洪,才缓解了险情,但仍淹没农田 26 万亩、淹没房屋 3.7 万间、倒塌房屋 2 万多间、受灾死亡 70 余人。

(2) 1969 年

1969 年,秦淮河流域汛期最大三日面平均降雨量达 234 mm,基本相当于

20 年一遇,同步遭遇的长江 7 日平均潮位为 8.95 m,属秦淮河流域较大洪水与长江较高潮位遭遇,东山水位高达 10.48 m,比 1954 年还高 0.33 m,秦淮河上游各控制断面水位均创历史新高。大圩纷纷漫决,受洪受灾面积 22 万亩,山洪冲淹房屋 1.17 万间,这一年秦淮河中上游灾情严重,下游在广大干部群众全力抗洪抢险下,灾情相对较轻,但水情险恶,险情不断。一些工厂、民房、仓库进水,飞机场关闭,飞机转场。

(3) 1974 年

1974 年,秦淮河流域北部句容附近地区出现局部暴雨,局部最大三日雨量达 236 mm、最大七日雨量达 269 mm,遭遇长江同期潮位仅 8.00 m,东山水位最高仍达 10.28 m,给流域内句容河区域及下游带来较大灾害,10.2 万亩农田重灾基本绝收,27.0 万亩农田轻灾减产,倒塌房屋 2 800 间。

(4) 1991 年

1991 年,秦淮河流域再次普降大雨,全年降雨量 2 015 mm,最大三日面雨量 270 mm,约相当于 50 年一遇,最大 7 日面雨量 342 mm,也相当于 50 年一遇。降雨历时长,水位表现出多峰叠加,上游水位较高。水库、赤山湖也超过汛控水位,实测赤山湖最高水位 13.68 m、东山最高水位 10.74 m。上游开太圩、土谷圩破(漫)圩,淹没面积 0.85 万亩,受淹村庄 4 个。是年长江流域也发生特大洪水,由于长江高潮位与秦淮河流域洪水并未遭遇,因此秦淮河下游南京城市未受多大灾害,但也发生几处险情,经抢救才得以脱险,未造成漫溃,地势低洼地区涝情相当严重。

(5) 1998 年

1998 年,长江发生全流域性大洪水,下关水位最高为 10.14 m,为中华人民共和国成立以来第二位,受长江高水位的持续顶托,虽然秦淮河流域遭遇一般年型降雨,但东山水位最高也达到 10.37 m,秦淮河下游普遍高水位,险情多发,经全力抢险方才脱险。

(6) 2003 年

2003 年 7 月 1—11 日秦淮河流域发生较强降雨,整个降雨分三次过程,7 月 1 日、7 月 5 日、7 月 9—10 日;暴雨中心均位于流域北侧宁镇山地一带,即句容河区域及下游南京城区,溧水河及赤山湖上游降雨强度较小。该场降雨呈现以下特点:①前期影响雨量大,7 月 1 日流域面雨量 37 mm,暴雨集中于句容河及下游南京城区,其中西谢站点雨量达到 120.7 mm;②暴雨中心集中、区域降雨强度大,7 月 5 日流域一日面雨量 155 mm,相当于 20 年一遇;7 月 5—7 日流域三日面雨量176 mm,相当于8年一遇;7月5—11日流域七日面雨量345 mm,相当于50年一遇。而暴雨中心句容河上游及南京市城区区域雨量大,其中句容河上游北山水库站最大一日降雨达245 mm,相当于50年一遇;三日雨量266 mm,相当于15年一遇;7日降雨456 mm,相当于200年一遇。下游南京城区武定门闸站最大一日降雨达221 mm,相当于50年一遇;三日雨量239 mm,相当于20年一遇;7日降雨381 mm,相当于40年一遇。由于暴雨集中,句容河赤山闸下最高水位达13.30 m,五座中型水库关闸控泄,造成渔业损失1 000多万元,6 000多亩农田受淹减产,下游南京城区局部集水,给人民生产、生活带来不便。

(7) 2007年

2007年7月7—9日,秦淮河流域遭受特大强降雨袭击,流域平均雨量超过100 mm,其中江宁区东山站、武定门闸和秦淮新河闸24小时降雨量超过200 mm,达特大暴雨标准。受强降雨影响,秦淮河水位迅速上涨,9日秦淮河东山站最高水位达10.13 m,超过警戒线1.63 m。突发性强降雨造成流域内城区积水、农田内涝严重,南京城区共发生积水现象178处,多处市政设施遭到破坏,其中,堤防、涵闸、水库等水利工程多处出现滑坡、散浸、漏洞、溢洪道冲刷等各类险情。

(8) 2015年

2015年6月秦淮河流域共出现三次明显降雨过程,其中6月26—28日暴雨洪水最大。从降雨空间分布上看,该场暴雨中心主要集中在前埠村-句容一线,主要为秦淮河支流句容河流域及下游干流区域,特别是句容上游茅山山脉一带暴雨强度明显大于其他区域,而支流溧水河流域降雨相对较小。其中暴雨中心前埠村站最大12小时降水量为199.0 mm,为有记录以来最大值;最大24小时降水量为295.0 mm,与历史最大值296.8 mm基本持平;最大3日降水量为380 mm,为有记录以来最大值。从降雨时程分布看,该场降雨主要集中在6月26日20点至6月27日20点之间,时段降雨量占整场降雨量的70%左右。

2015年,秦淮河流域共发生河水漫溢、塌方、滑坡、渗漏等险情36处,江宁机场高速牛首山河桥和云台山河桥桥下堤防漫溢、胜利河凤凰村堤防漫溢塌方、溧水一干河凌庄圩堤防漫溢塌方等灾情较重,受灾人口11.6万人,转移人口0.55万人,倒塌房屋150间,农作物受淹面积76.02万亩,农作物受灾面积42.24万亩,直接经济损失16.56亿元。

(9) 2016 年

2016 年 7 月,长江中下游地区普遍发生持续性强降雨,7 月 1—5 日,秦淮河地区出现持续性强降雨,强降水持续时间长、范围广、强度大。溧水区 1—3 日的累计降水量达 309.9 mm,为 1961 年来连续三天降水量的历史极值。7 日凌晨 1~6 时,南京主城区、江宁、溧水、雨花台区出现短时强降水,最大雨量点梅山二中降雨量 258.8 mm,最大雨强达 129.2 mm/h,为南京有气象记录以来的极值。

秦淮河流域遭遇长江洪水与天文大潮、本地洪水与长江洪水、区域强降雨与外河洪水三个叠加的最不利工况,长江下关站最高水位 9.96 m,历史上排名第四,秦淮河东山站最高水位 11.44 m,超过历史最高记录 0.27 m,秦淮河超警戒水位持续 37 天。

全流域发生险情上百处,主要发生的险情有鼓楼区南师附中树人学校段江堤渗水、江宁区溧水河禄口机场新泵站段塌方等。根据民政部门统计,南京市受灾区 11 个、受灾镇街 38 个,受灾人口 139 655 人,紧急转移安置人口 9 784 人,其中集中安置 2 534 人,分散安置 7 250 人,需紧急生活救助 2 137 人;农作物受灾面积 2.25 万公顷,成灾面积 1.21 万公顷,绝收面积 4 100.43 公顷;倒塌房屋 135 间,严重损坏房屋 195 间,一般损坏房屋 2 937 间;直接经济损失 8.72 亿元,其中农业损失 5.7 亿元。由于秦淮河、长江等外河高水位顶托,城区河道水位普遍较高,不少地段高于城市地面和道路,城市低洼地区、市政道路、设施等遭受河水倒灌,加之持续强降雨影响,南京理工大学、银城东苑、凤台南路等地方受淹,多座城区排涝泵站受淹无法运行。

7.2 流域暴雨洪水特性

秦淮河流域地处长江下游,属亚热带季风气候,空气湿润,四季分明,雨量充沛。多年平均降雨量为 1 059.8 mm,年最大降雨量 1 713.9 mm,雨量多集中于每年 5—9 月份汛期。全年有三个明显的多雨期,4—5 月是春雨期,平均降雨量为 189.7 mm;6—7 月为梅雨期,平均降雨量为 347.7 mm,8—9 月是受台风影响的秋雨期,平均降雨量为 205.4 mm,三期的雨量占全年雨量的 70.6%,暴雨大多出现在梅雨期和台风季节。南京站历史最大 1 日降雨量 266.6 mm,最大三日降雨量 321.1 mm。根据水文监测资料,中华人民共和国成立以来,秦淮河较大暴雨大部分发生在每年 6、7 月份梅雨期,梅雨期也是长江流域中下游发生洪水的主要时期,长江潮位往往较高,梅雨是造成秦淮河流域暴雨洪水的主要降雨类型。

从历次洪涝灾害情况分析,秦淮河洪水主要由两方面造成,一是本区域强降雨,二是长江潮位顶托。根据二者的遭遇不同,秦淮河洪水大致可分为三类:一是本区域降雨较大,但遭遇的长江潮位较低,则流域上游洪水位较高,易受灾,而下游则洪水位较低,如1991年洪水、2007年洪水和2015年洪水;二是区域降雨相对较小,但同时期长江潮位较高,则秦淮河下游骨干河道洪水位较高易发生险情,上游则洪水较低,如1954年洪水、1998年洪水;三是区域较大降雨与长江较高潮位遭遇,则全流域受灾都比较严重,如1969年洪水、1991年洪水、2016年洪水。

1. 1991年暴雨洪水分析(图7.2-1)

图7.2-1 1991年秦淮河最大3日雨量等值线示意图

梅雨期长、雨量大。1991年5月21日入梅,比常年提前一个月,持续时间长达56天。雨量大,东山站梅雨量达1 189 mm,超过常年平均年降雨量。梅雨期共出现9次暴雨,日降水量大于或等于100 mm的大暴雨出现4次。降水强度大,7月11日24小时降雨量156.6 mm,6月13—14日48小时降雨量273.1 mm,6月30日—7月6日7天降雨量403 mm。

涨水快、洪峰高。第一次洪水以6月13日雨量最大,14日支流便出现洪峰:秦淮河东山站水位12日9时为6.94 m,14日16时即上涨到最高水位9.86 m;句容河土桥站水位12日9时为8.59 m,14日16时即猛涨到最高水位14.12 m,超过历史最高水位达0.36 m。第二次洪水以7月3日雨量最大,当日干支河就出现洪峰水位。第三次洪水7月10日大雨,7月11日秦淮河东山站水位达10.74 m,超过历史最高水位0.26 m;句容河土桥站也出现最高水位14.18 m。

高水位持续时间长,与长江高潮相遇,退水慢。第一次洪峰时长江下关潮位只有7.68 m,秦淮河水位到6月24日基本落平,历时10天。第二、第三次洪峰由于连续12天降雨,干支河水位居高不下,形成高峰叠加,秦淮河东山站7月3日峰顶水位9.6 m,7月7日峰顶水位9.69 m,7月11日出现最高水位10.74 m;长江下关7月14日出现最高潮位9.69 m,与秦淮河水位同步上涨。直到8月3日,秦淮河水位才回落到警戒水位8.5 m,历时23天。

2. 2015年暴雨洪水分析(图7.2-2)

2015年6月秦淮河流域共出现三次明显降雨过程,其中6月26—28日暴雨洪水(以下简称"6·26"洪水)最大。

较大范围的强降雨导致秦淮河洪水快速上涨,并在高水位持续较长时间,各测站洪水全面超历史记录。秦淮河东山站水位一天之内快速上涨2.6 m,6月27日洪峰水位11.17 m,超过历史最高水位0.43 m,超过历史最高水位时间持续约34 h,超过警戒水位持续7天。前埠村水位27日达到最高水位12.22 m,超过历史最高水位(11.60 m)0.62 m,超过历史最高水位时间持续52 h。同期长江日均潮位8.45 m最高潮位8.66 m。前埠村秦淮河干流实测最大流量为1 100 m³/s,超过历史最大流量982 m³/s。前埠村句容河实测最大流量为985 m³/s,为历史第2位。秦淮新河闸28日最大泄洪流量为986 m³/s,超过历史最大泄洪流量971 m³/s;武定门闸28日最大泄洪流量为511 m³/s,超过历史最大泄洪流量509 m³/s;6月28日天生桥闸闸门全开泄洪,最大泄洪流量为131 m³/s。

根据暴雨洪水资料统计分析,秦淮河流域"6.26"暴雨最大3日面雨量244.6 mm,约25年一遇;其中句容河流域最大3日面雨量292.4 mm,接近100年一遇,溧水河流域最大3日面雨量172.9 mm,约5年一遇。秦淮河东山和前埠村水位约50年一遇。

7 流域洪涝风险特性研究

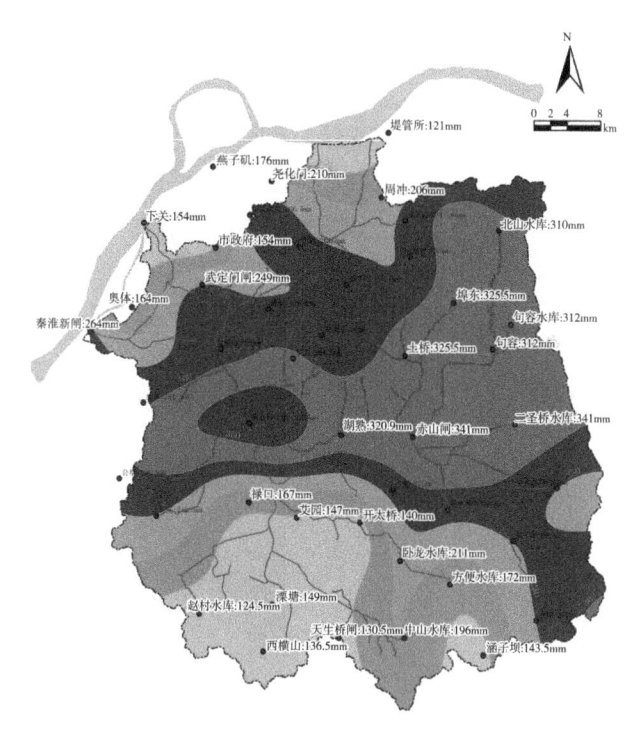

图 7.2-2　2015 年秦淮河"6·26"暴雨 6 月 26—28 日 3 日雨量等值线示意图

2. 2016 年暴雨洪水分析(图 7.2-3)

2016 年入汛后,南京市梅雨期累计降雨量 252～835.5 mm,其中秦淮河流域主城下关站 407 mm、江宁区东山站 560.5 mm、溧水区天生桥站 665 mm。据分析,溧水、主城、江宁降雨量超同期历史记录。

梅雨期第一次降雨过程 6 月 18—22 日,降雨量 35.5～99.6 mm,暴雨中心在溧水河流域附近;第二次降雨过程 6 月 23—28 日,降雨量 35～179.2 mm,暴雨中心仍在溧水河流域;第三次降雨过程 6 月 30 日—7 月 6 日,降雨量 180.8～391.4 mm,此次降雨覆盖面广、强度大,也是形成洪涝灾害的主要原因;第四次降雨过程 7 月 6 日晚 20 时至 7 日 7 时,南京主城区及江宁区等地突发雷暴雨,雨量 91～258.8 mm,最大雨量点梅山二中 258.8 mm,最大雨强 129.2 mm/h,超过江宁站 1976 年 6 月 29 日的历史最大雨强 80.8 mm/h。短历时强降雨致使秦淮河地区城镇和农村大面积受淹。

南京下关潮位在 6 月 30 日之后开始上涨,7 月 2 日突破警戒水位 8.5 m 后快速上涨,受天文大潮的影响,5 日上午达到最高潮位 9.96 m,并在 6 日和 7 日

图 7.2-3　2016 年秦淮河暴雨 7 月 2—4 日 3 日雨量等值线示意图

连续两次出现 9.96 m 高潮位，之后缓慢回落。长江下关站 7 月 5 日、6 日、7 日连续三天出现最高潮位 9.96 m，为 1954 年 10.22 m、1998 年 10.14 m、1983 年 9.99 m 之后第四。

7 月 1 日秦淮河东山水位快速上涨，于 2 日达到第一个峰值 10.79 m，4 日上午达到第二个峰值 11.28 m，突破历史记录，5 日上午达到第三个峰值 11.41 m，受 7 日凌晨强降雨及长江天文大潮影响，7 日上午达到第四个峰值 11.44 m，超 2015 年历史记录 0.27 m。前埠村 7 月 5 日最高水位 12.23 m，超历史记录 0.01 m；武定门闸上 7 月 6 日最高水位 11.05 m，超历史记录 0.45 m；二干河开太桥 7 月 7 日最高水位 12.65 m，超历史记录 0.13 m。

经对降雨资料的分析，秦淮河流域面雨量 1 日 130 mm、3 日 232 mm、7 日 399 mm，频率分别约为 10 年、20 年、100 年一遇。与 2008 年流域防洪规划标准相比，1 日和 3 日降雨分别比规划标准小 52 mm 和 47 mm，7 日降雨超过规划标准 38 mm；遭遇长江潮位比规划工况高 0.26 m。降雨过程呈前后双峰分布，洪水出现了前后期叠加，多站点洪水位超过历史记录，该场洪水是秦淮河中华人民共和国成立以来最大的洪水，接近规划设计标准。

从历史暴雨洪水实况分析秦淮河暴雨洪水主要有如下特征：

7 流域洪涝风险特性研究

(1) 暴雨特征。暴雨多发、连发,持续时间长,雨区覆盖范围大,局部短历时暴雨峰值高。秦淮河地区降雨量集中于 6—7 月,历史上比较大的暴雨也基本上都发生在这一时段。暴雨呈现多发和连发情况,6—7 月往往连续发生 2~3 场较大暴雨,降雨可以持续 1 个月以上,雨区也覆盖整个秦淮河地区。降雨量相对小的暴雨,往往造成局部淹水,降雨量最大的暴雨,导致全流域河道水位上涨,造成流域性的洪涝灾害。局部的短历时暴雨峰值较高,往往造成局部片区的洪涝灾害。

(2) 地形特征。秦淮河流域地形具有大致四面环山的特点,山丘区比重较高,因此暴雨发生后,很快就汇集到平原区的河网内形成河道洪水,降雨基本在 24 小时之内形成洪峰。降雨汇流迅速、河道洪水上涨快,河道上下游洪水位基本在同时达到峰值。

(3) 水系形态特征。秦淮河有溧水河和句容河两源,整个水系呈扇形,发生全流域暴雨,骨干河道流量、水位峰值往往较高。

(4) 承泄区特征。骨干河道洪水位受下游长江潮位影响显著,由于河网分布整体地势平缓,主要河道如秦淮河、句容河、溧水河河底高程均在 1~4 m 之间,低于长江潮位,长江潮位的回水影响显著。流域暴雨与长江潮位的遭遇比较随机,根据多年来秦淮河流域实际发生的暴雨洪水与长江潮位遭遇的情况,2015 年,秦淮河发生较大暴雨洪水时,遭遇的长江潮位相对较低;2016 年,秦淮河发生较大暴雨,而同期长江潮位较高。

(5) 土地开发利用特征。秦淮河流域土地城镇化率较高,且集中于骨干河道两岸的圩区地带,尤其是南京城区,聚集于秦淮河干流两岸沿线,且范围较大,排涝能力强。

7.3 洪潮遭遇规律研究

秦淮河流域三面环山一面临江的特殊地貌特点,造成了本区域的洪水主要由本区域暴雨与长江高潮位顶托引起。不同的暴雨潮位的遭遇组合往往造成流域洪涝灾害的严重程度不同。前文已就秦淮河流域暴雨特性进行了分析,考虑到单独分析暴雨和潮位的重现期,往往不能真实的反映本流域洪水的出现频率,笔者引入 Copula 函数构建秦淮河流域暴雨与潮位之间的联合分布函数,探讨二者的概率组合,以确定流域不同重现期合理的雨潮组合。

7.3.1 Copula 函数理论

1. 定义

Copula 这个单词来自拉丁语，意思是"连接"。最早是由 Sklar 在 1959 年提出的，即 Sklar 定理。Sklar 认为，对于 N 个随机变量的联合分布，可以将其分解为 N 个变量各自的边缘分布和一个 Copula 函数，从而将变量的随机性和耦合性分离开来。其中，随机变量各自的随机性由边缘分布进行描述，随机变量之间的耦合特性由 Copula 函数进行描述。换句话说，一个联合分布关于相关性的性质，完全由其 Copula 函数决定。

假设有一个 n 元函数 $C(u_1,u_2,\cdots,u_n)$，如果能够满足下面三个条件，即称之为 Copula 函数。

(1) 定义域：$I^n=[0,1]^n$；

(2) C 为基本的 n 维递增函数，

$$C(u_1,\cdots,u_{i-1},0,u_{i+1},\cdots,u_n)=0 \tag{7.3-1}$$

且

$$\sum_{i_1=1}^{2}\cdots\sum_{i_1=1}^{2}(-1)^{i_1+\cdots+i_n}C(u_{1,i_1},\cdots,u_{n,i_n}) \geqslant 0 \tag{7.3-2}$$

(3) C 的所有边际函数 Cn 满足

$$Cn(u)=C(1,\cdots,1,u,1,\cdots,1)=u \tag{7.3-3}$$

2. Copula 函数类型

Copula 函数采用不同的构造方法，有多种类型，其中在水文计算中常用的有 Archimedean(阿基米德)Copula 函数，该函数结构相对简单，可以构建多种形式，实用性强的有多变量联合分布函数，常用的二元阿基米德 Copula 函数族见表 7.3-1。

表 7.3-1 二元阿基米德 **Copula** 函数族

Copula 函数名	$C(u,v,\theta)$	生成元	参数 θ 取值范围
Gumbel-Copula	$\exp\left\{-[(-\ln u)^\theta+(-\ln v)^\theta]^{1/\theta}\right\}$	$(-\ln t)^\theta$	$\theta \geqslant 1$
Frank-Copula	$-\dfrac{1}{\theta}\ln\left(1+\dfrac{(\mathrm{e}^{-u\theta}-1)(\mathrm{e}^{-v\theta}-1)}{\mathrm{e}^{-\theta}-1}\right)$	$-\ln\dfrac{\mathrm{e}^{-t\theta}-1}{\mathrm{e}^{-\theta}-1}$	$(-\infty,\infty)\backslash\{0\}$
Clayton-Copula	$(u^{-\theta}+v^{-\theta}-1)^{-1/\theta}$	$t^{-\theta}-1$	$(0,\infty)$

7.3.2 参数估计

Copula 函数的参数一般可采用以下几种计算方法：①相关性指标法：通过 Kendall 秩相关系数 τ 与 θ 的关系间接求解，可参见表 7.3-2。②适线法求解：在一定的适线准则下，求解与经验点据拟合最优的频率曲线的统计参数。③极大似然法求解：常用于三维及以上的 Copula 函数参数估计。

表 7.3-2 Kendall 秩相关系数 τ 与 Copula 函数参数 θ 关系

Copula 函数名	$C(u,v,\theta)$	τ 与 θ 关系表达式
Gumbel-Copula	$\exp\left\{-[(-\ln u)^\theta+(-\ln v)^\theta]^{1/\theta}\right\}$	$\tau=1-\dfrac{1}{\theta}$
Clayton-Copula	$(u^{-\theta}+v^{-\theta}-1)^{-1/\theta}$	$\tau=\dfrac{\theta}{2+\theta}$
Frank-Copula	$-\dfrac{1}{\theta}\ln\left[1+\dfrac{(\mathrm{e}^{-u\theta}-1)(\mathrm{e}^{-v\theta}-1)}{\mathrm{e}^{-\theta}-1}\right]$	$\tau=1+\dfrac{4}{\theta}\left(\dfrac{1}{\theta}\int_0^\theta\dfrac{t}{\mathrm{e}^t-1}\mathrm{d}t-1\right)$

Kendall 系数的定义：n 个同类的统计对象按特定属性排序，其他属性通常是乱序的。同序对（concordant pairs）和异序对（discordant pairs）之差与总对数 $[n\times(n-1)/2]$ 的比值定义为 Kendall（肯德尔）系数。

Kendall 相关系数可用于描述变量之间非线性的相关关系，其定义如下：

$$\tau=\frac{2}{C_n^2}\sum_{i=1}^{n-1}\sum_{j=i+1}^{n}\mathrm{sign}[(x_i-x_j)(y_i-y_j)] \tag{7.3-4}$$

(x_i,y_i) 是观测点据；$\mathrm{sign}(\cdot)$ 是符号函数：

$$\mathrm{sign}(\cdot)=\begin{cases}1 & (x_i-x_j)(y_i-y_j)>0\\ 0 & (x_i-x_j)(y_i-y_j)=0\\ -1 & (x_i-x_j)(y_i-y_j)<0\end{cases} \tag{7.3-5}$$

7.3.3 暴雨水位联合分布

1. 两变量重现期

假定暴雨 P 和水位 Z 分别表示洪水事件中具有相依关系的特征变量系列，边际分布函数为 $u=F_P(p)$，$v=F_Z(z)$。

洪水特征值的单一变量重现期是指某一个洪水特征变量（暴雨或水位）超过某一特定值时事件发生的平均时间。可以表示为：

$$T_P(p)=\frac{1}{1-F_P(p)}, T_Z(z)=\frac{1}{1-F_Z(z)} \qquad (7.3\text{-}6)$$

联合重现期是指变量中至少有一个超过某一特定值时事件发生的重现期,记 $F(p,z)$ 为 P 和 Z 的联合分布概率,则其联合重现期为

$$T_{P,Z}(p,z)=\frac{1}{P(P>p,Z>z)}=\frac{1}{1-F(p,z)}=\frac{1}{1-C(u,v)} \qquad (7.3\text{-}7)$$

$$C(u,v)=F(p,z)=P(P\leqslant p,Z\leqslant z)=\int_{-\infty}^{p}\int_{-\infty}^{z}f(u,v)\mathrm{d}u\mathrm{d}v \qquad (7.3\text{-}8)$$

同现重现期是指两个变量同时超过特定值时事件的发生的重现期,由联合分布函数、边际分布函数、计算公式可表示如下:

$$T_0(p,z)=\frac{1}{P(P>p,Z>z)}=\frac{1}{1-u-v+C(u,v)} \qquad (7.3\text{-}9)$$

式中:$1-u-v+C(u,v)$ 即为同现期概率。

2. 边际分布确定

水文频率曲线有多种形式:中国《水利水电工程设计洪水计算规范》(SL 44—2006)规定使用皮尔逊Ⅲ型曲线;美国《确定洪水流量频率指南》建议采用对数皮尔逊Ⅲ型曲线,即对数 r 分布曲线;苏联《设计河川水工建筑物时最大流量的计算规范》用以皮尔逊Ⅲ型为基础的幂变换曲线。有的国家也用对数正态曲线或极值Ⅰ型曲线。本书研究暴雨、水位边际分布函数都用 P-Ⅲ型曲线。

3. 函数选择

(1) 拟合优度评价

拟合优度评价指标是选择分布线型的一个重要标准,常用的拟合优度评价方法有:图形分析法、AIC 信息准则法和离差平方和最小准则法(OLS)。

①图形分析法

该方法是将理论联合概率值和经验联合概率值点绘成散点图,并绘制 45°线,利用图形直观地描述拟合的优劣程度。如果点距较均匀地分布在 45°线附近,则说明建立的联合概率分布模型是合理的。

其中,两变量经验联合分布概率用下式计算

$$F_{ei}(x_{i1},x_{i2})=P(X_1\leqslant x_{i1},X_2\leqslant x_{i2})=\frac{\sum_{i=1}^{n}\sum_{j=1}^{n}n_{ij}}{n+1} \qquad (7.3\text{-}10)$$

式中：F_{ei} 为经验联合分布概率；n_{ij} 为同时满足 $X_1\leqslant x_{i1}$，$X_2\leqslant x_{i2}$ 时的联合观测值个数；n 为实测系列长度。

②AIC 信息准则法

Copula 函数的 AIC 可以表达为：

$$\text{MSE}=\frac{1}{n}\sum_{i=1}^{n}[F_{ei}(x_{i1},x_{i2})-C_i(u_i,v_i)]^2 \qquad (7.3\text{-}11)$$

$$\text{AIC}=n\ln(\text{MSE})+2k \qquad (7.3\text{-}12)$$

式中：F_{ei} 和 C_i 分别为经验频率值和理论频率值；k 为模型参数的个数。AIC 值越小，说明 Copula 函数拟合得越好。

③离差平方和最小准则法

$$\text{OLS}=\sqrt{\text{MSE}}=\sqrt{\frac{1}{n}\sum_{i=1}^{n}[F_{ei}(x_{i1},x_{i2})-C_i(u_i,v_i)]^2} \qquad (7.3\text{-}13)$$

（2）拟合检验

对于已经选定的 Copula 函数是否合适，能否描述变量之间的相关性结构，需要对 Copula 函数进行拟合检验。从理论上来讲，Copula 函数的拟合检验也可用传统的单变量分布假设检验，比如 χ^2 检验、F 检验等。在此使用 Kolmogorov-Smirnov(K-S) 检验来对其联合分布计算频率与联合观测值的拟合程度进行检验，其优点在于它是非参数或者任意分布检验，特别是对于小样本来说，它揭示了经验分布与理论分布之间的差别，检验的统计量表示为：

$$D_n=\max_{1\leqslant i\leqslant n}|F_{ei}(x_{i1},x_{i2})-C_i(u_i,v_i)| \qquad (7.3\text{-}14)$$

统计量 D_n 的分布只与 n 有关，根据 n 和指定显著性 α 查 K-S 检验表中的临界值 D_α，如果 $D_n<D_\alpha$，则通过检验。

4. 联合分布条件概率

根据选定联合概率分布函数 $F(x,y)$、边际分布函数 $u=F(x)$ 和 $v=F(y)$，就可以推导出各种条件分布函数。

给定 $Y\geqslant y$ 时条件，$X\geqslant x$ 的概率为

$$P(X \geqslant x \mid Y \geqslant y) = \frac{P(X \geqslant x, Y \geqslant y)}{P(Y \geqslant y)} = \frac{1 - F(x) - F(y) + F(x,y)}{1 - F(y)}$$
$$= \frac{1 - u - v + C(u,v)}{1 - v} \qquad (7.3\text{-}15)$$

7.3.4 秦淮河暴雨潮位联合分布

采用 59 年(1951—2009)南京站年最大 1 日降雨和长江年最高潮位资料进行暴雨潮位联合分布研究。根据矩法估计得到边缘分布 $F_P(p)$ 和 $F_Z(z)$ 参数分别为 $E^p = 99$ mm, $C_v^p = 0.54$, $C_s^p = 1.5$, $E^z = 8.46$ m, $C_v^z = 0.1$, $C_s^z = 0.35$。拟采用的 Gumbel-Copula、Clayton-Copula、Frank-Copula 等三种 Coupla 函数,分别计算出参数 θ 及 AIC 值,见表 7.3-3。

表 7.3-3 Copula 函数参数及 AIC 值

函数类型	θ	AIC
Gumbel	1.21	−439
Clayton	0.43	−419
Frank	1.67	−438

从表 7.3-3 可以看出,Gumbel-Copula 函数的 AIC 值最小,根据 AIC 准则,AIC 值越小拟合越好,因此选用 Gumbel-Copula 函数作为联合分布函数。将经验联合分布值与理论分布值点绘制成图,见图 7.3-1,从图中可以看出,点据均分布在 45°直线附近,拟合度达到 0.991 8,说明经验分布与理论分布拟合较好,选择 Gumbel-Copula 函数作为联合分布函数是合理的。

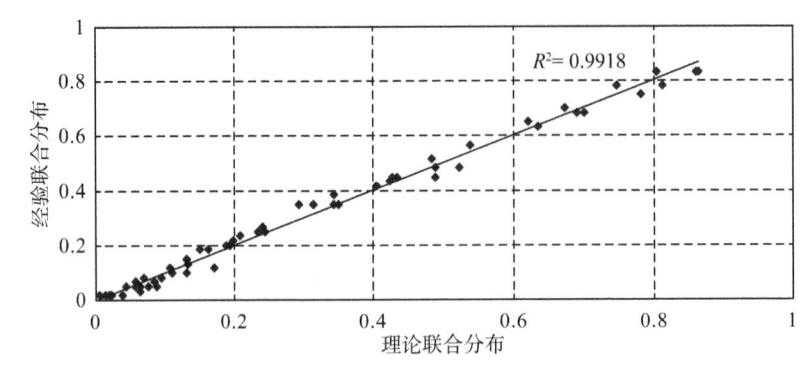

图 7.3-1 经验联合分布与理论联合分布比较

7 流域洪涝风险特性研究

选用 K-S 检验方法,由式(7.3-14)可计算得 D_n 的值为 0.058,给定信度 $\alpha=0.05$,查表得 D_n 的临界值为 $D_\alpha=0.177$,由于 D_n 小于 D_α,所以接受假设,通过检验。

图 7.3-2 给出了暴雨 P 和水位 Z 不同联合重现期 $T_{P,Z}$ 等值线图,同一重现期下,降雨和潮位有着无数种组合,降雨和潮位的同频率线(图 7.3-2 中斜实线所示)与各等值线的交点即为 $T_{P,Z}$ 对应的设计值点的坐标值。

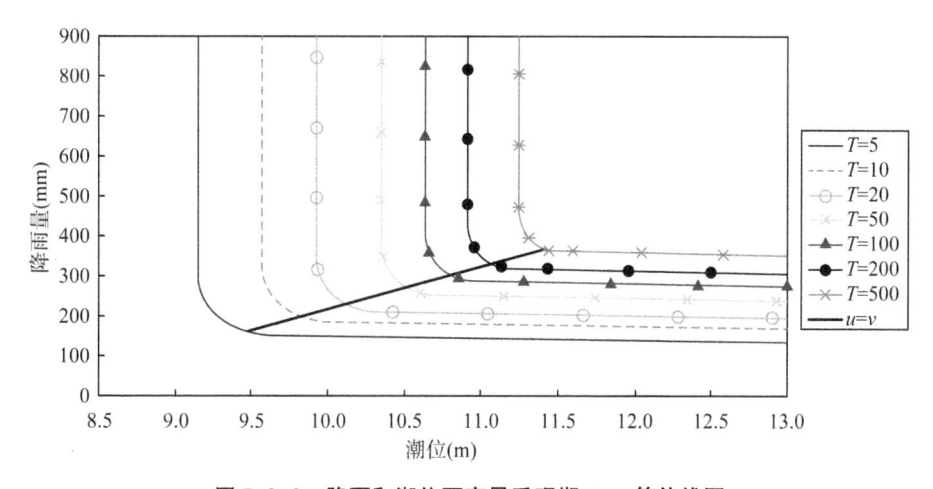

图 7.3-2 降雨和潮位两变量重现期 $T_{P,Z}$ 等值线图

由式(7.3-15)可以得到潮位超过某一设计频率(如 5%)时降雨的条件概率曲线,如图 7.3-3 所示。根据降雨的边际分布计算各种频率下的设计值,见表 7.3-4。

由表 7.3-4 可以看出,当给定潮位超过 $P=5\%$ 的设计值时,各种频率下的 1 日降雨均有可能发生,并随设计频率的增加而降低,其中发生千年一遇以上洪量的概率为 1.3%;发生百年一遇以上的降雨的概率则有 9%;同频率下发生 20 年一遇以上降雨的概率为 26.4%;当给定潮位超过 $P=5\%$ 的设计值时,发生 50 年一遇降雨的概率为 14.9%。由此可知,长江潮位与秦淮河流域降雨相关性较差,当给某一标准潮位时,低标准降雨发生的可能性较大,二者同频率发生的可能性较低。

表 7.3-4 给定潮位 Z 超过 5%时降雨 P 各频率设计值及条件概率

设计频率	0.5	0.2	0.1	0.05	0.02	0.01	0.005	0.002	0.001
条件概率	0.761	0.520	0.379	0.264	0.149	0.090	0.053	0.024	0.013
设计值	86	136	170	203	246	277	308	349	379

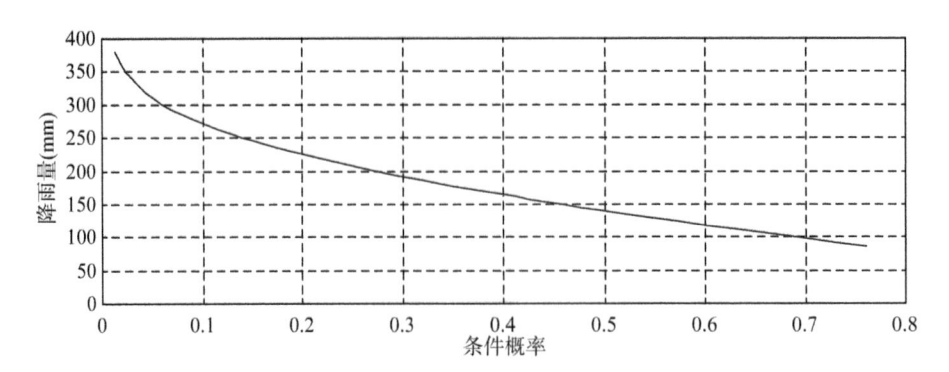

图 7.3-3 给定潮位 Z 超过 5% 时降雨 P 条件概率曲线

7.3.5 洪潮组合分析

从前文暴雨潮位联合分布研究结果可知，长江潮位与秦淮河流域降雨相关性较差，本书根据秦淮河历史实际洪潮遭遇情况确定模型边界组合。秦淮河流域洪水与长江潮位遭遇情况比较复杂，为分析两者的遭遇规律，选择流域最大 3 日雨量与同期长江最高潮位作为分析对象。根据有水文观测记录以来的资料统计：最大 3 日面雨量在 100～140 mm 时，南京站相应最高潮位为 6.18～9.89 m；最大 3 日面雨量在 140～175 mm 时，南京站相应最高潮位为 6.16～9.70 m；最大 3 日面雨量在 175～245 mm 时，南京站相应最高潮位为 7.26～9.20 m。通过分析发现秦淮河暴雨与长江潮位之间的相关性较弱，根据多年实际洪水情况看，秦淮河发生较大暴雨时，遭遇长江高潮位的概率较低；长江发生较高潮位时，支流同时发生大暴雨的概率也较低。

根据秦淮河历次洪灾洪潮遭遇情况看，有三场洪水的遭遇比较恶劣，一是 1969 年 7 月洪水流域暴雨较大遭遇潮位中等（8.95 m，约 10 年一遇），1991 年 7 月洪水流域暴雨中等遭遇潮位高等（9.69 m，约 20 年一遇），2015 年 6 月洪水暴雨较大遭遇潮位中低等（8.66 m，约 5～10 年一遇）。从河道洪水位看，2015 年最高、1991 年次之、1969 年第三。

从安全角度出发，可以较高的潮位作为遭遇潮位。流域 50 年一遇设计暴雨遭遇长江 20 年一遇潮位（"91·7"潮位，典型潮位过程见图 7.3-4）可作为流域 50 年一遇设计洪水；流域 100 年一遇设计暴雨遭遇长江 20 年一遇潮位（"91·7"潮位），流域 20 年一遇暴雨遭遇"长流规"潮位，两者取外包可作为流域 100 年一遇设计洪水。

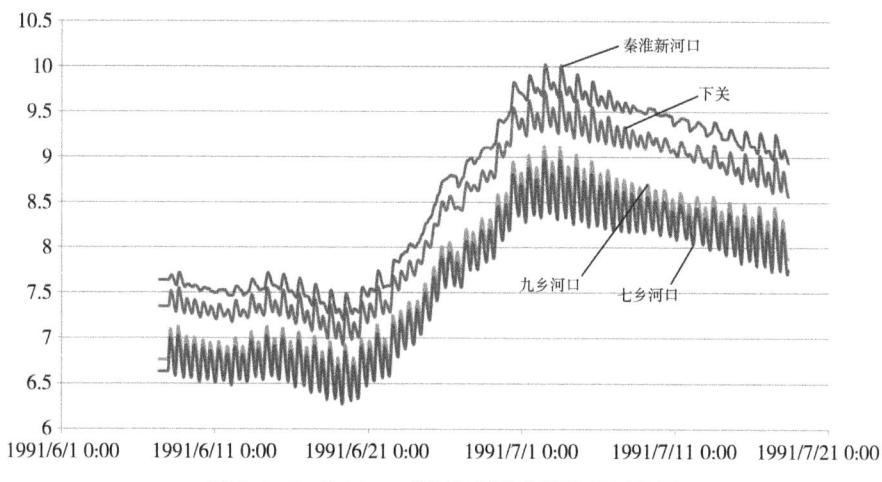

图 7.3-4 "1991·7"长江干流典型潮位过程图

7.4 流域洪涝成因分析

秦淮河流域总面积 2 684 km²，地形三面环山，一面临江，中间低平，成一完整的山间盆地，四周山地海拔 250～450 m，北为宁镇山地，南为横山和东庐山，西面为牛首山、云台山，东到句容市茅山。山地内侧分布大片黄土岗地，海拔 20～60 m；沿秦淮河两侧是低平的河谷平原，海拔 5～10 m。流域内丘陵山区的面积占总面积的 74%，其余为低洼圩区和湖河水面。特殊的地形特点造成了，当流域普降暴雨时，山丘区快速产流，且汇流时间快，从降雨到洪峰形成一般不超过 24 小时，得不到调蓄的地表径流汇到仅占流域面积 26% 的平原圩区，极易形成洪涝。

从流域水系特点来看，秦淮河流域中上游有 10 多条支流呈扇形向干流汇集，而流域下游仅有外秦淮河和秦淮新河两条出路，且南京主城区及东山副城均集中在干流两岸，致使中下游河道行洪能力受限，无增大可能。流域中上游支流的河床纵比降都较大，洪峰来得快，去得也快，秦淮河下游比降极小，一般在万分之一，当流域遭遇暴雨时，74% 面积的丘陵汇水很快通过句容河和溧水河集中到秦淮河干流，常常造成秦淮河泄流能力不足、水位短时间内迅速抬升的情况，流域中游西北村与下游东山水位常出现洪峰时段水位同涨同落的情况，无明显的传播时间差。

汛期长江潮位的涨落也直接影响秦淮河的洪涝灾害情况，秦淮河较大暴雨大部分发生在每年 6、7 月份梅雨期，这段时期也是长江高潮位频繁出现的时期。当秦淮河流域遭遇长江高潮位时,干流河道行洪能力进一步降低,导致流域汇水无法及时外排,常造成干流高水位持续多日不降。

7.5 洪涝风险变化规律研究

秦淮河地区下游受长江及秦淮河洪水共同威胁,中上游则受流域自身洪水威胁。中华人民共和国成立以来发生的较为严重的洪涝灾情年份主要有1954年、1969年、1974年、1991年、1998年、2003年、2007年、2015年和2016年。本书主要针对20世纪90年代以后流域内的大洪水特点进行样本统计分析,揭示流域防洪情势的变化特点。

7.5.1 雨洪峰现时差分析

本研究采用秦淮河流域历史典型大洪水资料分析秦淮河流域暴雨与干流主要节点(前埠村、东山)的最高洪水位出现时间间的关系,所用洪水场次有19910630、20030704、20070705、20150616、20150626、20160701共六场。部分场次降雨与节点水位实测数据对比见图7.5-1。

考虑到洪水期间降雨常出现多峰过程(如1991、2003、2016),若以洪水期最高洪水位出现时间统计,无法准确判断导致该水位出现的前期降雨的持续时间,因此本书以各场次洪水第一次雨峰和第一次洪峰水位为统计样本,由于统计时段前期无降雨,可以消除多峰雨型对统计准确性的影响。各场次洪水第一次雨峰与相应干流节点最高水位关系见表7.5-1。

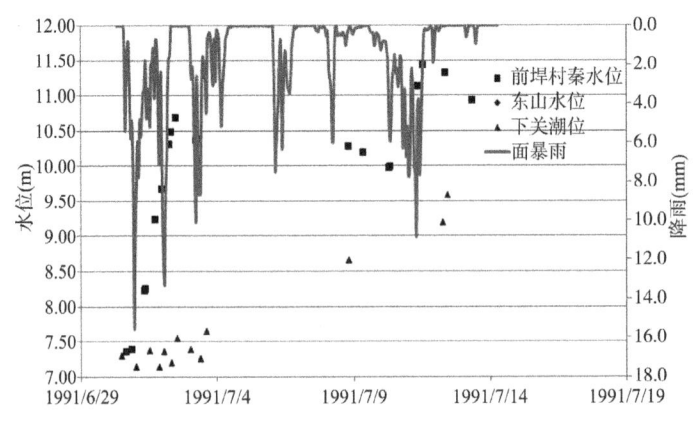

19910630 场次洪水

7 流域洪涝风险特性研究

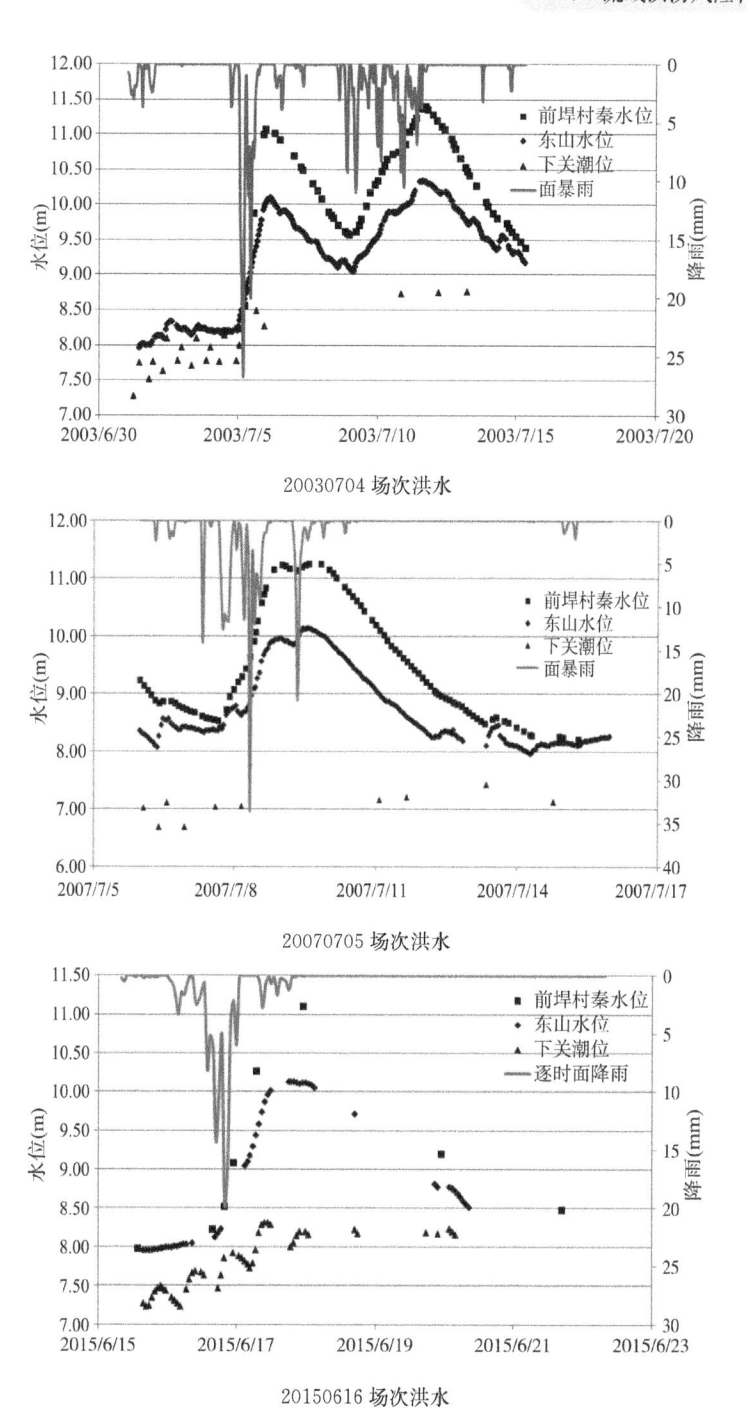

20030704 场次洪水

20070705 场次洪水

20150616 场次洪水

20160701 场次洪水

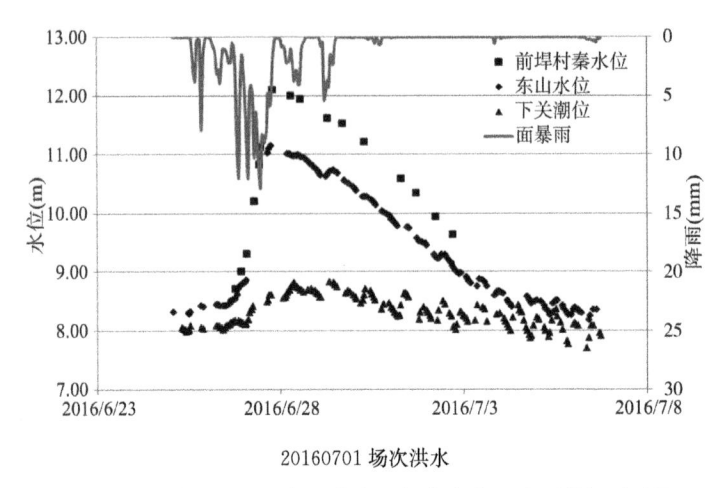

图 7.5-1　秦淮河流域各场次降雨与节点水位实测数据对比图

从统计结果看（表 7.5-1），干流主要节点前埠村秦和东山站的洪峰出现时间基本一致，当前埠村秦出现最高水位的时候，基本上东山也处于最高水位期间；流域面暴雨峰现时间与干流前埠村秦和东山站最高水位出现时间之间平均相差 24.8 小时。

表 7.5-1　各场次洪水雨峰与节点最高水位关系统计表

洪水场次	19910630		20030704		20070705	
	峰现时间	时差	峰现时间	时差	峰现时间	时差
面暴雨	1991/6/30 23:00:00	0.0	2003/7/5 5:00	0.0	2007/7/8 8:00	0.0
前埠村秦水位	1991/7/1 23:20:00	24.3	2003/7/6 3:25	22.4	2007/7/9 10:00	26.0
东山水位			2003/7/6 4:00	23.0	2007/7/9 10:45	26.8
洪水场次	20150616		20150626		20160701	
	峰现时间	时差	峰现时间	时差	峰现时间	时差
面暴雨	2015/6/16 20:00	0.0	2015/6/26 21:00	0.0	2016/7/1 10:00	0.0
前埠村秦水位	2015/6/17 19:35	23.6	2015/6/27 21:30	24.5	2016/7/2 14:00	28.0
东山水位	2015/6/17 18:10	22.2	2015/6/27 18:30	21.5	2016/7/2 14:00	28.0

7.5.2 洪水位变化趋势分析

在前文分析的基础上,统计流域节点洪水位与前期累计降雨之间的关系,结果见表 7.5-2。

表 7.5-2 各场次洪水水位、累计降雨统计结果表

洪水场次	19910630	20030704	20070705	20150616	20150626	20160701
前埠村秦水位(m)	9.67	11.12	11.25	11.13	12.14	11.93
东山水位(m)		10.09	10.12	10.13	11.15	10.78
下关水位(m)	7.35	8.46	7.13	8.0	8.63	8.64
峰现累计降雨(mm)	147.9	171.2	206.4	124.0	201.7	167.2

从统计结果看,19910630 与 20150616 前期降雨量较为接近,20150616 下关水位比 19910630 高 0.65 m,但从前埠村秦水位看,20150616 比 19910630 高 1.46 m。20030704 与 20160701 前期降雨量较为接近,20160701 下关水位比 20030704 高 0.18 m,但东山水位 20160701 比 20030704 高 0.69 m,前埠村水位 20160701 比 20030704 高 0.81 m。

可见,在同样暴雨与下边界水位情况下,近几年秦淮河干流节点洪水位有抬升的趋势。

7.5.3 河道过流能力分析

本书从历史实测资料中找出前埠村和下关水位相同情况下,同时刻的前埠村流量进行对比分析,结果见表 7.5-3 和表 7.5-4。

表 7.5-3 干流行洪能力对比表 1

洪水场次	19910630	20030704	20070705	20150626
出现时间	1991/7/8 19:00	2003/7/5 15:50	2007/7/8 12:00	2015/6/27 7:00
前埠村(秦)水位(m)	10.28	10.26	10.25	10.2
东山水位(m)		9.39	9.25	9.54
下关水位(m)	8.66	8.48	6.86	8.45
前埠村(秦)流量(m^3/s)	695	563	513	408

表 7.5-4 干流行洪能力对比表 2

洪水场次	20030704	20070705	20150626
出现时间	2003/7/6 3:25	2007/7/8 20:00	2015/6/27 11:00
前埠村(秦)水位(m)	11.12	11.14	11.13
东山水位(m)	10.07	9.91	10.34
下关水位(m)	8.46	7.05	8.44
前埠村(秦)流量(m^3/s)	854	830	623

从表 7.5-3 可以看出,19910630、20030704、20150626 三场洪水前埠村(秦)、下关水位接近的情况下,1991 年前埠村流量为 695 m^3/s,2003 年流量为 563 m^3/s,2015 年流量仅为 408 m^3/s。表 7.5-4 中,20030704 与 20150626 两场洪水前埠村(秦)、下关水位接近的情况下,2003 年流量为 854 m^3/s,2015 年流量仅为 623 m^3/s。

可见,在同样水位和河道比降情况下,近几年秦淮河干流行洪能力有下降趋势。

8 流域洪涝风险变化定量分析

中华人民共和国成立以来,秦淮河流域河流水系及下垫面均发生了巨大变化,导致了流域水文效应的改变,从前文分析可知,同样暴雨下,次洪的径流总量、洪峰流量均有增大趋势,这给秦淮河流域洪涝灾害防御体系带来了巨大挑战。为了降低洪涝灾害的成灾风险,人类在秦淮河流域施加了诸多工程措施,但各点、线工程是否能有效控制流域面上的洪涝灾害问题,现有防洪治涝体系是否能适应社会经济发展的需要,有效减少受灾损失,这些问题直接反映了秦淮河流域洪涝风险的大小。本章拟通过秦淮河流域洪涝灾害风险评价指标体系的构建,定量地分析近几十年来秦淮河流域洪涝风险的变化规律,揭示流域下垫面变化、水系变迁、水利工程建设、社会经济发展等诸多因素的变化规律及其对流域整体洪涝风险变化的影响。

8.1 洪灾风险识别

风险识别是指在风险事故发生之前,人们运用各种方法系统地、连续地认识所面临的各种风险以及分析风险事故发生的潜在原因,同时对其可能造成的后果进行评估。风险识别是风险分析中的一个重要阶段,能否正确地识别风险,对风险分析效果具有重要的影响。洪灾风险的识别包括对致灾因子与孕灾环境的自然特征的描述,也包括对承灾体的社会特征的描述。前者主要是指洪水发生的时间、地点、空间范围、严重程度及动态变化等,后者则主要包括人口、农作物、房屋、基础设施、工商企业等。

8.1.1 致灾因子

致灾因子是自然或人为环境中,能够对人类生命、财产或各种活动产生不利影响,并达到造成灾害程序的罕见或极端的事件。洪水灾害的大小一般跟洪水发生地点、洪水淹没范围、洪水频率、淹没历时、淹没水深及洪水流速等因素有关。

洪水的发生地点是指其发生的具体地理位置或区域,通常用地理坐标、所属的行政单元或水系进行表示。由于洪水发生位置的社会经济发展水平不同,因此相同级别的洪水发生在不同的位置,也会产生截然不同的灾害影响。若洪水发生在人烟稀少的地区,其造成的危害一般较小,若洪水发生在人口密集的城区,造成的损失较大,危害也就较大。

洪水的淹没范围是指在洪水从发生到消退的整个过程中被淹没的地表范围。自然影响范围用淹没范围图表达,社会影响范围一般以洪灾所影响的省、市、县、乡等行政管辖范围表达。洪水的淹没范围跟洪水的强度、洪水的发生地点以及受灾地区防洪安保能力有关。

洪水频率一般指某洪水特征值(如洪峰流量等)出现的累计频率,即在多年时期内,该特征值等于或超过某定量的可能出现次数,也可折合成每一年内可能出现的概率,以百分数表示,其倒数即为"重现期"。通常,各个频率(重现期)的洪水,其淹没范围是不相同的,重现期时间越短(频率越高),淹没的范围越小;重现期越长(频率越低),其淹没的范围越大。

淹没历时是指受淹地区的积水时间,即洪水自发生至结束所历经的时间。一般以超过临界水深的时间作为淹没历时。淹没历时越长,受淹区的农作物越容易减产,建筑设施越容易受到破坏,造成的损失越大。

淹没水深是指某一地点在洪水发生时的积水深度,也就是水面到陆地表面的高度。淹没水深一般随洪水水位的上涨而增加,淹没水深越大,洪灾损失也越大。

洪水流速是指洪水的流动速率。流速越大,其冲击力越大,洪水对承灾体所造成的损害也越大。

8.1.2 孕灾环境

洪涝灾害的孕灾环境主要包括天气过程(台风、暴雨、海啸等)和下垫面因素(地形、地貌、水系、径流、土壤、植被等)。从秦淮河流域的洪水特性分析可知,该地区的洪水主要是暴雨洪水(以梅雨型洪水为主)。因此,下面主要分析暴雨洪水孕灾环境的影响因素。

毫无疑问,降水是形成暴雨洪水的前提条件。降水强度、降水历时及其分布范围直接影响着洪灾的严重程度。一般来说,强度越大、历时越长、范围越广的降水,越容易形成大洪水。

一个地区遭受洪水的强度和频度,除了受气象因素影响外,还与其地理条件密切相关。事实上,对于小范围的局部地区而言,其洪水危险性的空间分布特征更多受制于地理因素,其中以地形对洪水危险性的影响为最大,其次是水系与径流,再者则是土壤与植被等。地形地貌与洪水危险程度是密切相关的,其对洪水的影响表现为两个方面:其一是"水往低处流",地势(绝对高程)低的地方比地势高的地方更容易受到洪水的侵袭,洪水的危险性相对越大;其二是地势越平坦的地方(相对高程越低)的积水越难以排泄而越容易致灾,洪水危险性也越大。前者用海拔高度表示,后者则多用坡度来描述。

湖泊、河流等水系是洪灾孕灾环境的另一个较为重要的影响因子。不同的水系对洪灾的影响由于其级别及其所处地形高程的不同而不同,而同一水系对洪灾的影响也因其评价点距河湖远近程度的差异而改变。因此对水系综合影响因子的评价需要综合考虑河湖的差异、河与河之间的差异、评价点与河湖的距离的差异、河湖所处的地形高程的差异。很显然,越靠近水系的地方受洪水侵袭的可能性越大,受到的洪水冲击力越强,因此其洪水的危险性程度越高。大小不同的水系,影响范围也不相同。从高一级的水系到低一级的水系,其影响力和影响范围逐渐变小。随着城市化的发展,水系呈不断萎缩的趋势,主要表现为对水系的围垦以及众多小水系被填埋,使得原本用于调蓄洪水的区域变为建设用地,加剧了其排水难度,使得洪涝风险显著加大。

在城市化地区,不透水面是洪灾孕灾环境的重要方面之一。伴随着城市的发展,建设用地面积不断扩大,导致区域的不透水面面积越来越大,区域的下渗和蒸发显著减少,使得同强度暴雨形成的地表径流和径流总量增大,地表径流系数增大,洪峰时间提前,洪水流量增大,洪水危险性加大。因此,不透水面面积越大的地方,洪水的危险性也越大;不透水面面积扩大的地方,洪灾危险性也随之加大。

8.1.3 承灾体

承灾体是指直接受到灾害影响和损害的人类社会主体,主要包括人类本身和社会发展的各个方面，如工业、农业、能源、建筑业、交通、通信、教育、文化、娱乐、各种减灾工程设施及生产、生活服务设施，以及人们所积累起来的各类财富等。

作为承灾体中最核心的部分，人口受洪灾的影响不仅表现为其生命安全受到的威胁，还有财产以及生产、生活等受到的影响。社会经济系统的多种经济活动及其各项指标既彼此独立又相互联系。作为核心的人口指标，与房屋、财产、耕地等其他指标存在多样化的联系方式。

农作物作为最容易受洪灾影响的承灾体，其受洪灾影响的程度随受淹没的深度及受淹没的历时的增加而加剧，直至完全遭受破坏，即达到最大损失。

建筑物中最易受洪灾影响的部分是居民住宅，其次是商用建筑，其受影响的程度主要表现为建筑物受淹、受损甚至房屋倒塌导致的损失大小以及其内部物资受影响的大小。农村的建筑物以居民住宅为主，其防洪能力相对较弱，而包括商用建筑物在内的城市建筑物的防洪能力则相对较强。

基础设施包括保障人类生产、生活的供水、供暖、供电、燃气、市政工程、车站、港口码头、交通道路、通信设施等。其受洪灾的影响主要表现为这些设施受损后对人类的生产、生活造成的影响以及重修设施所花费的费用。

企事业单位主要包括工商企业、事业单位以及其他机关等，其受洪灾的影响程度一方面表现为企业的建筑、设施等受到的损害大小，另一方面表现为企业因陷于停产、半停产状态而造成的经济损失的多少。

8.2 洪灾风险指标体系

灾害风险评价是对灾害系统进行风险评价，包括致灾因子风险评价、承灾体脆弱性与恢复力评价、孕灾环境稳定性评价。常用的洪灾风险评价方法有基于水文水力学模型的洪水仿真模拟法和指标体系评价法。水文水力学模型的洪水仿真模拟法是根据不同频率的降雨过程，通过流域产流模型和汇流模型以及一维或二维洪水演进模型的数值模拟计算，推求相应洪水过程的可能淹没范围、淹没历时等洪水强度指标及概率分析曲线；指标体系评价法是通过选择风险评价的指标因子并对其进行量化以实现洪涝灾害风险的定量分析。

本小节通过构建秦淮河流域洪涝风险指标体系定量评价流域洪水灾害风险度。

8.2.1 指标因子的选择

洪涝风险评价研究,主要从致灾因子危险性、承灾体易损性以及防洪减灾能力薄弱性几个方面来综合评价城市化背景下秦淮河流域内涝及外洪灾害风险状况。

秦淮河地区内涝灾害的危险性主要取决于天气因素和下垫面因素。天气因素主要为暴雨因素,秦淮河流域属于亚热带季风气候区,四季分明,雨水充沛。常年平均降雨117天,平均降雨量1 106.5 mm,典型洪涝年份的汛期雨量及其占年降雨量的比重远远多于正常年份,对于秦淮河流域圩区而言,短历时强降雨的天气极易造成城市及农村排水系统排水不及时,集水成涝。因此,本书选用年最大1 d降雨这一指标参数反映暴雨的危险性。内涝灾害的下垫面因素主要包括水域面积、城镇面积、地形坡度等因素,对于圩区来说水域是该区域重要的调蓄空间,当短历时强降雨发生,而排水系统排水能力不足时,若水域面积足够大,可以临时将多余涝水蓄滞在河湖等水体内,减少受灾面积,反之若水域面积太小,圩区没有临时调蓄空间,遇暴雨时极易成灾。城镇面积的大小主要会影响圩区的产汇流特性,若圩区内城镇面积较大,不透水面比例就比较大,同样的降雨下,产流量就大,同时硬质化的地面水流汇流速度加快,使得圩区洪水过程的形状更加尖瘦,使内涝成灾风险加大。地形坡度因素主要是体现圩区的地形起伏,一般地势比较低、起伏平缓的地区,水流不畅,排水较困难,容易加剧洪涝风险。

内涝灾害对承灾体的不利影响是多方面的,主要体现在对人类生活和社会经济的影响。内涝灾害对人类社会的损害首先是造成人员伤亡、影响人们正常生活。区域人口结构、分布等情况决定了该区域内涝灾害发生时的人口易损性。本书选择人口密度这一指标去表示人口易损性,人口密度大的城镇地区发生内涝灾害,损失明显大于人口密度小的农村地区。社会经济的损失要包括第一产业、第二产业、第三产业、固定资产的损失,本书选用人均固定资产、人均非第一产业产值、地均第一产业产值等指标予以表示,三个指标越大的地方,表示该区域的社会经济发展水平越高,其涝灾易损性也相对较大。

防洪减灾能力薄弱性是指一个区域洪涝灾害的应对能力,区域社会经济发展的同时,相应的灾害应对能力也随之增强。防洪标准较高、防洪设施建设和防洪减灾决策支持系统较完善、排洪能力强的地区,不仅遭受洪灾的机会少,而且受淹后,恢复也较快,内涝灾害损失也相对较小;相反,防洪标准低、防洪设施差的地区,则遭受洪灾的机会多,遭灾后恢复也较慢,涝灾损失必然就大。针对内涝灾害而言,评价该区域的内涝防灾减灾能力的主要指标有泵站排涝能力及灾后的重建能力,本书选用排涝模数和灾后重建能力两个指标予以表达。

综合前文分析,本书构建的内涝指标体系如表8.2-1所示。

表8.2-1 内涝风险评价指标体系

暴雨危险性	危险性			易损性				薄弱性		
	下垫面危险性			承灾体易损性				防洪减灾能力薄弱性		
年最大1d雨量	水域面积比	城镇面积比	地形坡度	人均固定资产	人口密度	人均非第一产业产值	地均第一产业产值	排涝模数	灾后重建能力

外洪风险评价研究类似于内涝风险评价,也从下垫面危险性、承灾体易损性以及防洪减灾能力薄弱性三个方面来综合评价。

与内涝风险评价体系不同的是,危险性指标里外洪风险分别从最大3d降雨、产流量(径流系数)、圩区排涝能力三个指标来进行评价。从秦淮河流域历史暴雨洪水关系来看,一般流域场次洪水洪峰的形成受三日降雨影响,因此选用最大3d降雨来反映暴雨危险性。下垫面的危险性主要体现在对流域暴雨的产汇流的影响上,本书选用产流量或产流系数这一指标代表下垫面的危险性,城市化高度发展的地区,下垫面硬质化面积大,流域产流量大,行洪河道的行洪压力也就随之增大,防洪风险提高。城市化发展较慢的地区,产流量相对较小,入河水量较小,行洪河道的行洪压力也就随之减小,防洪风险降低。与内涝风险评价指标体系不同的是,外洪风险评价指标体系里增加了圩区排涝能力这一危险性指标,对于内涝而言,圩区的排涝能力是防洪减灾能力的体现,泵站排涝能力越强,圩区涝水抽排越快,内涝成灾的风险越低,但对于圩区外的行洪河道而言,河道作为圩区涝水的承载体,承接涝水的过程也是内涝风险转换成外洪风险的过程,圩区排涝能力越强,意味着短时间内抽排入外河的水量越大,河道的行洪压力越大,行洪风险也就同时增加,因此该指标对于外洪来说就是危险性的体现。

外洪影响下承载体易损性也同样涉及对人类生活和社会经济的影响,同样采用人口密度、人均固定资产、人均非第一产业产值、地均第一产业产值四个指标予以表示。

对于外洪而言,防洪减灾能力主要体现在行洪河道两岸堤防的防洪能力、河道行洪能力以及灾后的封堵能力上。堤防的防洪能力一般可从堤防的设计标准以及堤防的质量两个指标进行表述。河道行洪而言,堤防标准越高,堤顶高程越高,河道强迫行洪的能力越强,风险越小,而堤防标准较低,堤顶超高不足,洪水期间漫溢的可能性就越大,外洪风险越大。同样的,堤防的质量也是考量防洪能力的重要指标,秦淮河流域洪水一般持续时间3~5天,堤防在高水位下长期浸泡容易出现散浸、管涌、崩岸等不利险情,堤防质量需根据堤防的设计参数进行综合评价,秦淮河流域以土堤为主,对于土堤而言堤防宽度是堤防质量的重要参数,因此本书选用堤防平均宽度作为堤防质量的评价指标。河道行洪能力主要体现在河道的过流断面大小上,当河道较宽,过流能力较大,河道内可承接的洪水就越多,洪水下泄越顺畅,成灾的风险就越低,反之河道较窄的话,过流能力不足,流域洪水宣泄不畅,易抬高河道内行洪水位,增大两岸成灾风险。灾后封堵能力主要是指各地区应对外洪出险的应对能力,这跟各地区社会经济发展情况、应急抢险组织体系建设情况、防洪设施建设情况有关,社会经济发展较好,应急抢险队伍及组织体系建设完备、防洪设施健全的区域在外河出险时可以及时组织人力、物力进行抢险,将灾害损失值降低,而社会经济发展较差,应急抢险队伍及组织体系建设不完备,防洪设施不健全的区域应对险情时,不能有效地组织人力、物力进行抢险,险情的持续时间会延长,洪灾损失会增加。

综合前文分析,本书构建的外洪指标体系如表8.2-2所示。

表8.2-2 外洪风险评价指标体系

暴雨危险性	危险性			易损性			薄弱性			
	下垫面危险性			承灾体易损性			防洪减灾能力薄弱性			
最大3 d降雨	产流量（径流系数）	圩区排涝能力	人均固定资产	人口密度	人均非第一产业产值	地均第一产业产值	防洪标准（堤防平均高度）	堤防质量（堤防平均宽度）	灾后封堵能力（救灾能力）	河道行洪能力

8.2.2 指标因子的量化

内涝风险及外洪风险的评价指标确定后,需要对这些指标因子进行赋值以定量化表达其对风险的影响程度。在多指标综合评价中由于各指标所代表的物理含义不同,因此存在着量纲上的差异。这种异量纲性是影响对洪涝风险整体评价的主要因素,指标的实际值之间无法直接对比,因此需进行指标的无量纲化处理,将指标的实际值转换成指标的评价值。无量纲化,也称作数据的标准化、规格化，是一种通过数学变换来消除原始变量量纲影响的方法。

由于各个指标因子的性质不同，其作用方式、影响程度也不相同，必须针对指标因子的性质采用不同的标准来实现参评指标因子属性指标值——影响度作用分值的换算，从而科学地刻画不同指标因子对洪灾风险级别的影响。

洪灾风险各影响因子影响度作用分值的换算遵循下列原则：①采用十分制相对值方法计算；②影响因子影响度作用分值与洪灾风险大小成正比；③各影响因子影响度作用分值采用1~10分的封闭区间，影响度最大的取10分，相对最小的取1分；④指标因子影响度作用值只与各指标因子的显著影响作用区间相对应。

本书中除了防洪减灾能力薄弱性中的灾后重建能力和灾后封堵能力是根据地区经济社会发展情况及防洪减灾系统建设情况进行赋分以外，其他自然指标数据均从水文年鉴、水利普查资料和遥感影像数据分析等途径得到，社会经济指标数据由各地区的统计年鉴整理得到。各区具体情况见表 8.2-3 至 8.2-10。

表 8.2-3　主城内涝风险评价指标实际值

主城	2015	2005	1995
年最大日雨量(mm)	87	87	87
水域面积比	1.77	2.23	3.18
城镇面积比	61.92	51.59	20.66
地形坡度	0.04	0.04	0.04
人均固定资产(元)	30 375	32 359	6 911
人口密度(人/km^2)	9 754	6 525	5 094
人均非第一产业产值(元)	82 547	39 125	28 421
地均第一产业产值(万元/km^2)	23	54	56
排涝模数	2.68	2.40	1.17
灾后重建能力	5.00	4.00	2.00

表 8.2-4　江宁内涝风险评价指标实际值

江宁	2015	2005	1995
年最大日雨量(mm)	87	87	87
水域面积比	3.54	3.78	3.60
城镇面积比	27.98	19.12	6.04

续表

江宁	2015	2005	1995
地形坡度	0.04	0.04	0.04
人均固定资产(元)	76 674	27 784	4 326
人口密度(人/km²)	755	514	469
人均非第一产业产值(元)	157 717	35 103	5 494
地均第一产业产值(万元/km²)	355	105	156
排涝模数	1.59	0.97	0.52
灾后重建能力	4.00	3.00	1.50

表 8.2-5　溧水内涝风险评价指标实际值

溧水	2015	2005	1995
年最大日雨量(mm)	86	86	86
水域面积比	4.47	4.34	5.08
城镇面积比	20.35	8.77	3.50
地形坡度	0.03	0.03	0.03
人均固定资产(元)	117 784	11 972	2 307
人口密度(人/km²)	403	379	382
人均非第一产业产值(元)	219 151	32 722	6 106
地均第一产业产值(万元/km²)	340	93	89
排涝模数	1.14	0.92	0.57
灾后重建能力	3.00	2.50	1.00

表 8.2-6　句容内涝风险评价指标实际值

句容	2015	2005	1995
年最大日雨量(mm)	88	88	88
水域面积比	3.45	3.94	3.94
城镇面积比	11.46	6.30	3.34
地形坡度	0.04	0.04	0.04
人均固定资产(元)	49 024	8 852	1 476
人口密度(人/km²)	451	419	434
人均非第一产业产值(元)	85 291	21 189	7 579
地均第一产业产值(万元/km²)	298	81	47

续表

句容	2015	2005	1995
排涝模数	0.97	0.61	0.43
灾后重建能力	2.50	1.50	1.00

表 8.2-7　主城外洪风险评价指标实际值

主城	2015	2005	1995
最大 3 d 降雨(mm)	130.4	130.4	130.4
产流量(径流系数)	0.96	0.95	0.91
排涝模数	2.68	2.40	1.17
人均固定资产(元)	30 375	32 359	6911
人口密度(人/km^2)	9 754	6 525	5 094
人均非第一产业产值(元)	82 547	39 125	28 421
地均第一产业产值(万元/km^2)	23	54	56
防洪标准(堤防平均高度)(m)	12.64	12.44	12.20
堤防质量(堤防平均厚度)(m)	8.00	7.07	6.78
灾后封堵能力(救灾能力)	5	4	3
河道行洪能力(河道宽度)(m)	148.84	147.35	145.88

表 8.2-8　江宁外洪风险评价指标实际值

江宁区	2015	2005	1995
最大 3 d 降雨(mm)	131.30	131.30	131.30
产流量(径流系数)	0.90	0.88	0.86
排涝模数	1.59	0.97	0.52
人均固定资产(元)	76 674	27 784	4 326
人口密度(人/km^2)	755	514	469
人均非第一产业产值(元)	157 717	35 103	5 494
地均第一产业产值(万元/km^2)	355	105	156
防洪标准(堤防平均高度)(m)	13.94	13.80	13.70
堤防质量(堤防平均厚度)(m)	6.24	6.17	3.96
灾后封堵能力(救灾能力)	3.22	2.72	1.72
河道行洪能力(河道宽度)(m)	180.03	178.23	176.44

表 8.2-9　溧水外洪风险评价指标实际值

溧水区	2015	2005	1995
最大 3 d 降雨(mm)	129.50	129.50	129.50
产流量(径流系数)	0.89	0.88	0.87
排涝模数	1.14	0.92	0.57
人均固定资产(元)	117 784	11 972	2 307
人口密度(人/km²)	403	379	382
人均非第一产业产值(元)	219 151	32 722	6 106
地均第一产业产值(万元/km²)	340	93	89
防洪标准(堤防平均高度)(m)	13.75	13.16	13.03
堤防质量(堤防平均厚度)(m)	5.61	4.35	4.30
灾后封堵能力(救灾能力)	2.80	1.80	0.92
河道行洪能力(河道宽度)(m)	72.89	72.16	71.44

表 8.2-10　句容外洪风险评价指标实际值

句容市	2015	2005	1995
最大 3 d 降雨(mm)	133.10	133.10	133.10
产流量(径流系数)	0.88	0.87	0.86
排涝模数	0.97	0.61	0.43
人均固定资产(元)	49 024	8 852	1 476
人口密度(人/km²)	451	419	434
人均非第一产业产值(元)	85 291	21 189	7 579
地均第一产业产值(万元/km²)	298	81	47
防洪标准(堤防平均高度)(m)	18.00	17.82	15.75
堤防质量(堤防平均厚度)(m)	5.61	5.56	5.50
灾后封堵能力(救灾能力)	3.00	2.00	1.50
河道行洪能力(河道宽度)(m)	100.00	99.00	98.01

在多指标综合评价中,有些是指标值越大风险评估越大,称为正向指标,比如对外洪风险而言,年最大 3d 雨量、径流系数、排涝能力等指标项数值越大,对应的外洪风险就越大,这三项指标即为正向指标,而防洪标准越高、堤防质量越好,对应的外洪风险就越小,防洪标准及堤防质量就称为反向指标。为了消除

各评价指标量纲效应,需要对指标值进行标准化处理。为了使所有的指标与洪涝灾害的风险呈正相关关系,需做方向一致性转换,转换公式如下:

正向指标:$u_{ij}=x_{ij}/[\max(x_{ij})+\min(x_{ij})]$

反向指标:$u_{ij}=[\max(x_{ij})+\min(x_{ij})-x_{ij}]/[\max(x_{ij})+\min(x_{ij})]$

式中:u_{ij} 为第 j 区第 i 个指标的标准化值;x_{ij} 为第 j 区第 i 个指标的原始值;$\max(x_{ij})$ 为第 j 区第 i 个指标的最大值;$\min(x_{ij})$ 为第 j 区第 i 个指标的最小值。不同年份各区洪涝风险指标标准化结果见表 8.2-11 至表 8.2-16。

表 8.2-11　1995 年秦淮河流域各区各内涝风险指标标准化结果

	分类	指标	主城	江宁区	溧水区	句容市
危险性	暴雨危险性	年最大 1d 雨量	0.50	0.50	0.49	0.51
	下垫面危险性	水域面积比	0.54	0.47	0.26	0.43
		城镇面积比	0.32	0.09	0.05	0.05
		地形坡度	0.46	0.52	0.45	0.55
易损性	承载体易损性	人均固定资产	0.06	0.04	0.02	0.01
		人口密度	0.50	0.05	0.04	0.04
		人均非第一产业产值	0.13	0.02	0.03	0.03
		地均第一产业产值	0.15	0.41	0.24	0.13
薄弱性	防洪减灾能力薄弱性	排涝模数	0.63	0.83	0.82	0.86
		灾后重建能力	0.67	0.75	0.83	0.83

表 8.2-12　2005 年秦淮河流域各区各内涝风险指标标准化结果

	分类	指标	主城	江宁区	溧水区	句容市
危险性	暴雨危险性	年最大 1d 雨量	0.50	0.50	0.49	0.51
	下垫面危险性	水域面积比	0.68	0.45	0.37	0.42
		城镇面积比	0.79	0.29	0.13	0.10
		地形坡度	0.46	0.52	0.45	0.55
易损性	承载体易损性	人均固定资产	0.27	0.23	0.10	0.07
		人口密度	0.64	0.05	0.04	0.04
		人均非第一产业产值	0.17	0.16	0.15	0.09
		地均第一产业产值	0.14	0.28	0.25	0.22
薄弱性	防洪减灾能力薄弱性	排涝模数	0.23	0.69	0.71	0.81
		灾后重建能力	0.33	0.50	0.58	0.75

8 流域洪涝风险变化定量分析

表 8.2-13　2015 年秦淮河流域各区各内涝风险指标标准化结果

分类		指标	主城	江宁区	溧水区	句容市
危险性	暴雨危险性	年最大 1 d 雨量	0.50	0.50	0.49	0.51
	下垫面危险性	水域面积比	0.74	0.48	0.35	0.50
		城镇面积比	0.95	0.43	0.31	0.18
		地形坡度	0.46	0.52	0.45	0.55
易损性	承载体易损性	人均固定资产	0.25	0.64	0.99	0.41
		人口密度	0.96	0.07	0.04	0.04
		人均非第一产业产值	0.37	0.70	0.98	0.38
		地均第一产业产值	0.06	0.94	0.90	0.79
薄弱性	防洪减灾能力薄弱性	排涝模数	0.14	0.49	0.64	0.69
		灾后重建能力	0.17	0.33	0.50	0.58

表 8.2-14　1995 年秦淮河流域各区各外洪风险指标标准化结果

分类		指标	主城	江宁区	溧水区	句容市
危险性	暴雨危险性	最大 3 d 降雨	0.50	0.50	0.50	0.50
	下垫面危险性	产流量（径流系数）	0.49	0.49	0.49	0.50
		排涝模数	0.30	0.24	0.33	0.31
易损性	承载体易损性	人均固定资产	0.18	0.05	0.02	0.03
		人口密度	0.34	0.38	0.49	0.50
		人均非第一产业产值	0.26	0.03	0.08	0.08
		地均第一产业产值	0.71	0.34	0.21	0.14
薄弱性	防洪减灾能力薄弱性	防洪标准 （堤防平均高度）(m)	0.51	0.50	0.51	0.53
		堤防质量 （堤防平均厚度）(m)	0.54	0.61	0.57	0.50
		灾后封堵能力 （救灾能力）	0.63	0.65	0.75	0.67
		河道行洪能力 （河道宽度）(m)	0.51	0.51	0.51	0.51

表 8.2-15　2005 年秦淮河流域各区各外洪风险指标标准化结果

分类		指标	主城	江宁区	溧水区	句容市
危险性	暴雨危险性	最大 3 d 降雨	0.50	0.50	0.50	0.50
	下垫面危险性	产流量（径流系数）	0.51	0.50	0.50	0.50
		排涝模数	0.62	0.46	0.54	0.43

183

续表

分类		指标	主城	江宁区	溧水区	句容市
易损性	承载体易损性	人均固定资产	0.82	0.34	0.10	0.18
		人口密度	0.44	0.42	0.48	0.48
		人均非第一产业产值	0.35	0.22	0.15	0.23
		地均第一产业产值	0.68	0.23	0.22	0.24
薄弱性	防洪减灾能力薄弱性	防洪标准（堤防平均高度）(m)	0.50	0.50	0.51	0.47
		堤防质量（堤防平均厚度）(m)	0.52	0.40	0.56	0.50
		灾后封堵能力（救灾能力）	0.50	0.45	0.52	0.56
		河道行洪能力（河道宽度）(m)	0.50	0.50	0.50	0.50

表 8.2-16　2015 年秦淮河流域各区各外洪风险指标标准化结果

分类		指标	主城	江宁区	溧水区	句容市
危险性	暴雨危险性	最大 3d 降雨	0.50	0.50	0.50	0.50
	下垫面危险性	产流量（径流系数）	0.51	0.51	0.51	0.50
		排涝模数	0.70	0.76	0.67	0.69
易损性	承载体易损性	人均固定资产	0.77	0.95	0.98	0.97
		人口密度	0.66	0.62	0.52	0.52
		人均非第一产业产值	0.74	0.97	0.97	0.92
		地均第一产业产值	0.29	0.77	0.79	0.86
薄弱性	防洪减灾能力薄弱性	防洪标准（堤防平均高度）(m)	0.49	0.50	0.49	0.47
		堤防质量（堤防平均厚度）(m)	0.46	0.39	0.43	0.50
		灾后封堵能力（救灾能力）	0.38	0.35	0.25	0.33
		河道行洪能力（河道宽度）(m)	0.49	0.49	0.49	0.49

8.2.3　指标权重的确定

洪涝灾害风险的影响因素很多，但不同的流域其洪涝灾害特点不同，成因不同，影响因素在其中发挥的影响也各有不同，例如对于秦淮河流域内涝风险而言，短历时暴雨对内涝风险的影响大于下垫面的影响，那么在风险分析中应更多地考虑暴雨因素。因此，在洪涝灾害指标体系确定以后需进一步确定各指标因子的影响权重，从而更好地反映各影响因子在洪涝风险中的影响程度。

目前关于属性权重的确定方法很多，常用的主观赋权法有专家调查法

(Delphi 法)、层次分析法(AHP)、二项系数法、环比评分法、最小平方法等。本书选用层次分析法进行洪涝风险权重分析。

层次分析法(The analytic hierarchy process)简称 AHP,在 20 世纪 70 年代中期由美国运筹学家托马斯·塞蒂(T. L. Saaty)正式提出。它是一种定性和定量相结合的、系统化、层次化的分析方法。由于它在处理复杂的决策问题上的实用性和有效性,很快在世界范围得到重视。它的应用已遍及经济计划和管理、能源政策和分配、行为科学、军事指挥、运输、农业、教育、人才、医疗和环境等领域。

层次分析法的基本原理是根据问题的性质和要达到的总目标,将问题分解为不同的组成因素,并按照因素间的相互关联影响以及隶属关系将因素按不同层次聚集组合,形成一个多层次的分析结构模型,从而最终使问题归结为最低层(供决策的方案、措施等)相对于最高层(总目标)的相对重要权值的确定或相对优劣次序的排定。

层次分析法作为决策工具有着明显的优点:①适用性。用 AHP 法进行决策,主要输入的信息是决策者的选择与判断,决策过程明确地反映了决策者对问题的认识,并且容易掌握;②简洁性。AHP 法的原理、基本步骤等简单易学,不用计算机也可以完成全部运算,所得结果简单明确、一目了然;③实用性。AHP 法不仅能进行定量分析,也可以进行定性分析,在决策过程中,决策者可将定性与定量因素有机地结合起来,统一进行处理,另外由于决策者根据经验判断对影响因素进行量化,使得它在目标结构复杂且缺乏必要数据的情况下特别实用;④系统性。利用系统的方法研究问题已经广泛流行,它主要是把问题看成一个系统,在研究系统各组成部分相互关系以及系统所处环境的基础上进行决策,AHP 法恰恰反映了这个特点。

AHP 法的数学推理过程简单。假如有 n 个物体 $A_1, A_2, \cdots, A_n$,它们的重量分别为 $W_1, W_2, \cdots, W_n$,将其两两进行比较,其比值构成 $n \times n$ 矩阵 $\boldsymbol{A}$。

$$\boldsymbol{A} = \begin{bmatrix} \dfrac{\omega_1}{\omega_1} & \dfrac{\omega_1}{\omega_2} & \cdots & \dfrac{\omega_1}{\omega_n} \\ \dfrac{\omega_2}{\omega_1} & \dfrac{\omega_2}{\omega_2} & \cdots & \dfrac{\omega_2}{\omega_n} \\ \cdots & \cdots & \cdots & \cdots \\ \dfrac{\omega_n}{\omega_1} & \dfrac{\omega_n}{\omega_2} & \cdots & \dfrac{\omega_n}{\omega_n} \end{bmatrix} \qquad (8.2\text{-}1)$$

若用重量向量 $\boldsymbol{W} = (\omega_1, \omega_2, \cdots, \omega_n)^\mathrm{T}$ 右乘 $\boldsymbol{A}$ 矩阵,得到:

$$AW = \begin{pmatrix} \frac{\omega_1}{\omega_1} & \frac{\omega_1}{\omega_2} & \cdots & \frac{\omega_1}{\omega_n} \\ \frac{\omega_2}{\omega_1} & \frac{\omega_2}{\omega_2} & \cdots & \frac{\omega_2}{\omega_n} \\ \cdots & \cdots & \cdots & \cdots \\ \frac{\omega_n}{\omega_1} & \frac{\omega_n}{\omega_2} & \cdots & \frac{\omega_n}{\omega_n} \end{pmatrix} \cdot \begin{pmatrix} \omega_1 \\ \omega_2 \\ \vdots \\ \omega_n \end{pmatrix} = n \begin{pmatrix} \omega_1 \\ \omega_2 \\ \vdots \\ \omega_n \end{pmatrix} = n\boldsymbol{W} \quad (8.2\text{-}2)$$

即 $(\boldsymbol{A} - n\boldsymbol{I})\boldsymbol{W} = 0$

式中：$\boldsymbol{W}$ 为特征向量；n 为特征值；$\boldsymbol{A}$ 矩阵为决策者通过对物体两两相比主观作出判断而得到的比值，又叫判断矩阵，但是由于将人的判断与数量相结合，肯定会存在误差，它反映了估计结果与标度的不一致性，因此判断矩阵多用 $\overline{\boldsymbol{A}}$ 表示。由于给出的判断矩阵存在误差，使得 $\overline{\boldsymbol{A}}$ 不可能具有完全的一致性，因此取 (8.2-3)式作为判断矩阵的一致性指标。

$$CI = \frac{\lambda_{\max} - n}{n - 1} \quad (8.2\text{-}3)$$

当 $\lambda_{\max} = n$ 时，$CI = 0$，为完全一致；CI 值越大，判断矩阵的完全一致性越差。研究表明，判断矩阵的维数 n 越大，判断的一致性越差。为此引入修正值 RI，并取 CR 为衡量矩阵一致性的指标。

$$CR = \frac{CI}{RI} \quad (8.2\text{-}4)$$

一般情况下，当 $CR \leqslant 0.1$ 时，则认为判断矩阵的一致性可以接受。

洪涝灾害风险对各影响因素的敏感度不同，本书采用层次分析法确定内涝、外洪风险因子权重（表 8.2-17、表 8.2-18）。构建指标因子判断矩阵，在各因素之间两两比较时，为进行量化，引入标度 1～9，分表表示两因素之间的相对重要性，1 表示两者一样重要，9 表示前者绝对重要于后者。

表 8.2-17 内涝指标因子权重

暴雨危险性	危险性				易损性			薄弱性		
	下垫面危险性				承载体易损性			防洪减灾能力薄弱性		
年最大1d雨量	水域面积比	城镇面积比	地形坡度	人均固定资产	人口密度	人均非第一产业产值	地均第一产业产值	排涝模数	灾后重建能力
0.86	0.02	0.10	0.032	0.05	0.65	0.11	0.19	0.86	0.14

表 8.2-18　外洪指标因子权重

危险性	易损性						薄弱性			
	承载体易损性						防洪减灾能力薄弱性			
最大3d降雨	产流量	排涝模数	人均固定资产	人口密度	人均非第一产业产值	地均第一产业产值	防洪标准	堤防质量	救灾能力	河道行洪能力
0.25	0.25	0.50	0.05	0.650	0.11	0.19	0.56	0.19	0.05	0.20

8.3　流域内涝风险变化定量分析

风险评价是一个重要而复杂的科学问题,为了进行风险大小的比较,人们常常用期望值替代概率分布,或选用某种或某些算子对有关的量进行数学组合。"加"和"乘"是使用频率最高的两个算子。本研究采用内涝灾害风险表达式即内涝灾害风险度=危险性×易损性×防灾减灾能力,由此得到综合评价模型见式(8.3-1)。

按照式(8.3-1)将各区标准化指标值进行加权平均,得到秦淮河地区2015年、2005年、1991年各区危险性、易损性和防洪减灾能力薄弱性的分类指标值(表8.3-1至表8.3-3)。

$$I_j = P_{1,j} \times P_{2,j} \times P_{3,j} \tag{8.3-1}$$

表 8.3-1　2015 年秦淮河流域内涝风险度分析结果

2015 年	主城	江宁区	溧水区	句容市
危险性	0.54	0.49	0.47	0.48
易损性	0.69	0.34	0.35	0.24
防洪减灾能力薄弱性	0.14	0.47	0.62	0.67
洪灾风险度	0.05	0.08	0.10	0.08

表 8.3-2　2005 年秦淮河流域内涝风险度分析结果

2005 年	主城	江宁区	溧水区	句容市
危险性	0.53	0.48	0.46	0.47
易损性	0.48	0.11	0.09	0.08
防洪减灾能力薄弱性	0.24	0.66	0.69	0.80

续表

2005年	主城	江宁区	溧水区	句容市
洪灾风险度	0.06	0.04	0.03	0.03

表 8.3-3　1995 年秦淮河流域内涝风险度分析结果

1995年	主城	江宁区	溧水区	句容市
危险性	0.48	0.46	0.45	0.46
易损性	0.37	0.11	0.07	0.06
防洪减灾能力薄弱性	0.63	0.82	0.82	0.86
洪灾风险度	0.11	0.04	0.03	0.02

各区内涝风险度柱状图如图 8.3-1 至 8.3-4 所示。

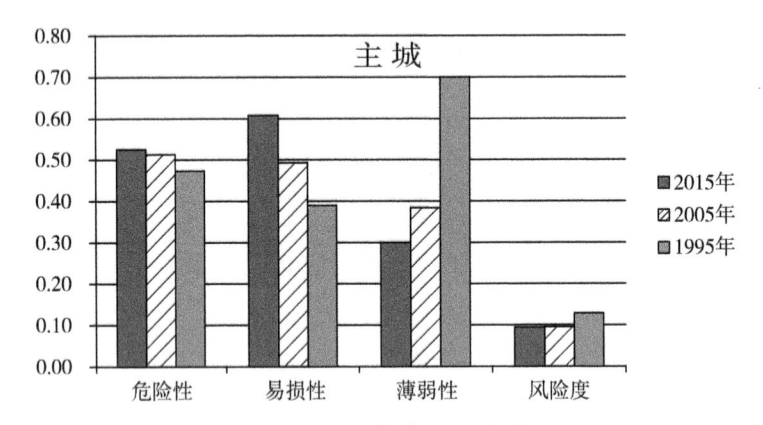

图 8.3-1　主城内涝风险度柱状图

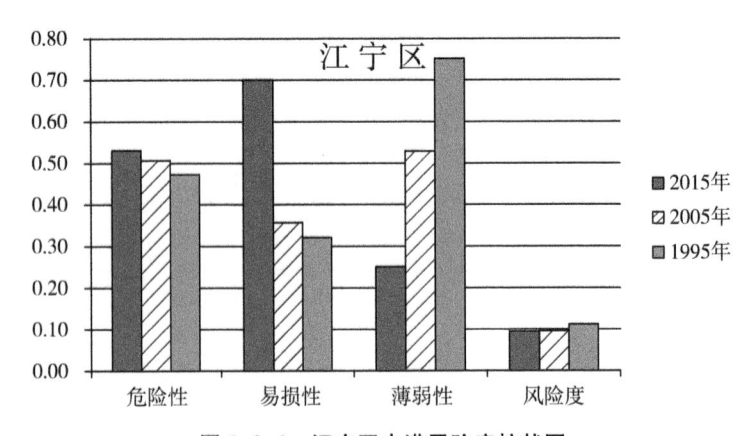

图 8.3-2　江宁区内涝风险度柱状图

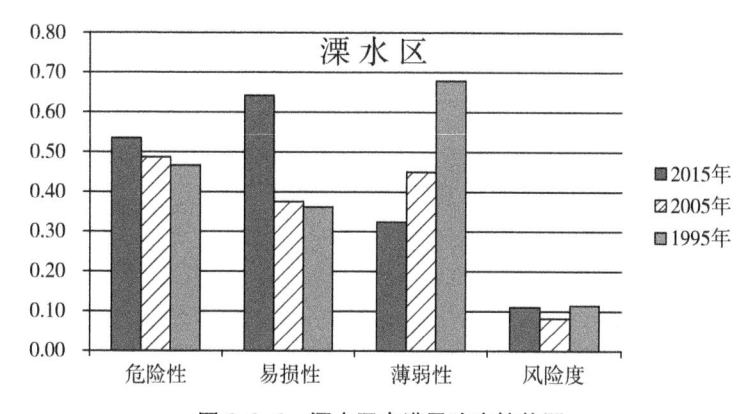

图 8.3-3 溧水区内涝风险度柱状图

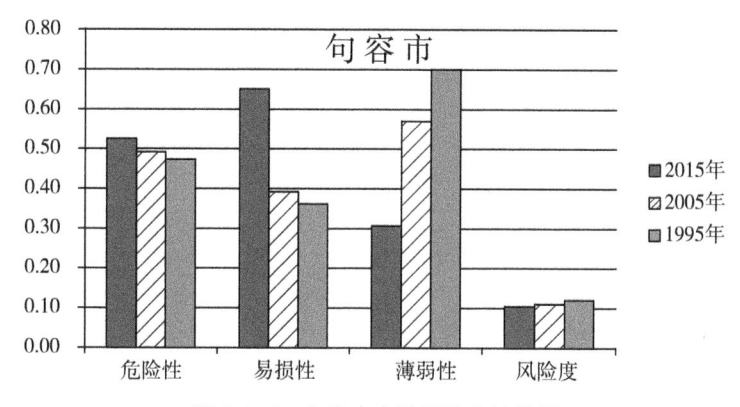

图 8.3-4 句容市内涝风险度柱状图

对比四个分区内涝风险度计算结果，结论如下：

(1) 1995—2005 期间主城风险度总体平稳，2005—2015 期间呈下降趋势；1995—2005 期间江宁区、溧水区、句容市风险度总体平稳，2005—2015 期间有明显提高。

(2) 四个分区危险性指标都在逐年增长，考虑到暴雨危险性指标相对稳定，其危险性指标的上涨主要受下垫面变化影响，随着城市化发展，水面率在降低，硬质化地面面积在增大。

(3) 四个分区易损性指标都在逐年增长，不同阶段主城易损性指标值最高，但增幅较平稳；1995—2005 期间江宁区、溧水区、句容市易损性增幅较小，2005—2015 期间三区易损性有明显提高，幅度较大。

(4) 四个分区薄弱性指标都在逐年降低，不同阶段薄弱性指标降幅不同，

1995—2005 期间主城薄弱性降幅明显,2005—2015 期间趋于平缓;江宁区、溧水区、句容市各阶段降幅均较大,江宁区、句容市 2005—2015 期间降幅最大,溧水区 1995—2005 期间降幅最大。

8.4 流域外洪风险变化定量分析

参照前文构建外洪风险度综合评价模型,见式(8.4-1)。

按照式(8.4-1)将各区标准化指标值进行加权平均,得到秦淮河地区 2015 年、2005 年、1991 年各区危险性、易损性和防洪减灾能力薄弱性的分类指标值(表 8.4-1 至表 8.4-3)。

$$I_j = P_{1,j} \times P_{2,j} \times P_{3,j} \tag{8.4-1}$$

表 8.4-1　2015 年秦淮河流域外洪风险度分析结果

2015 年	主城	江宁区	溧水区	句容市
危险性	0.60	0.63	0.59	0.60
易损性	0.60	0.70	0.64	0.65
防洪减灾能力薄弱性	0.48	0.47	0.47	0.47
洪灾风险度	0.17	0.21	0.18	0.18

表 8.4-2　2005 年秦淮河流域外洪风险度分析结果

2005 年	主城	江宁区	溧水区	句容市
危险性	0.56	0.48	0.52	0.47
易损性	0.50	0.36	0.38	0.39
防洪减灾能力薄弱性	0.50	0.48	0.52	0.49
洪灾风险度	0.14	0.08	0.10	0.09

表 8.4-3　1995 年秦淮河流域外洪风险度分析结果

1995 年	主城	江宁区	溧水区	句容市
危险性	0.40	0.37	0.41	0.40
易损性	0.40	0.32	0.36	0.36
防洪减灾能力薄弱性	0.52	0.53	0.53	0.53
洪灾风险度	0.08	0.06	0.08	0.08

8 流域洪涝风险变化定量分析

各区外洪风险度柱状图如图8.4-1至8.4-4所示。

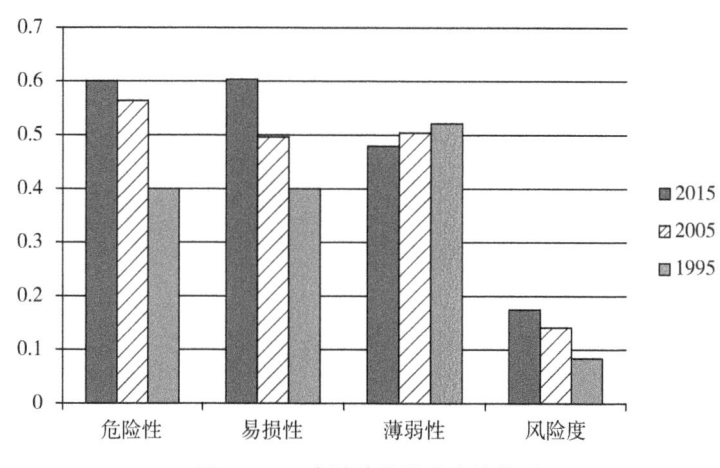

图8.4-1 主城外洪风险度柱状图

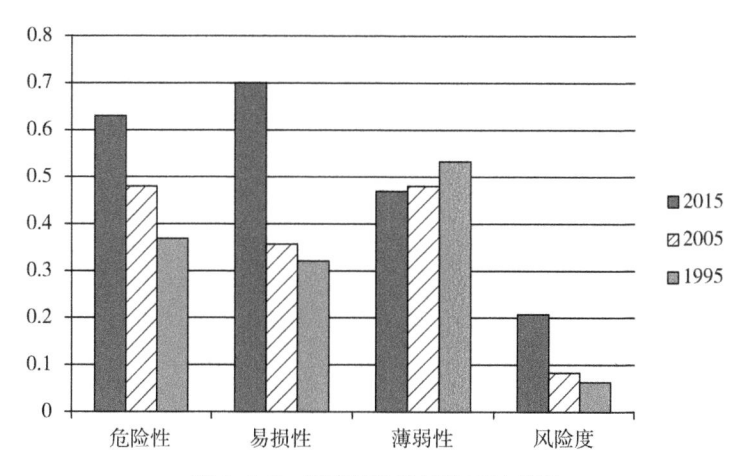

图8.4-2 江宁区外洪风险度柱状图

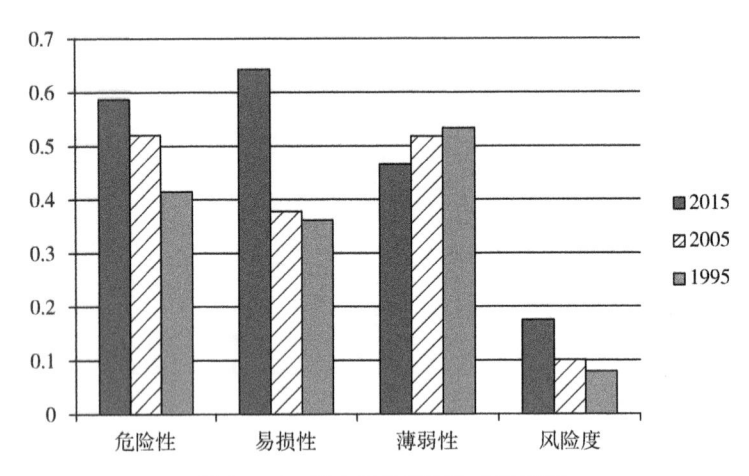

图 8.4-3 溧水区外洪风险度柱状图

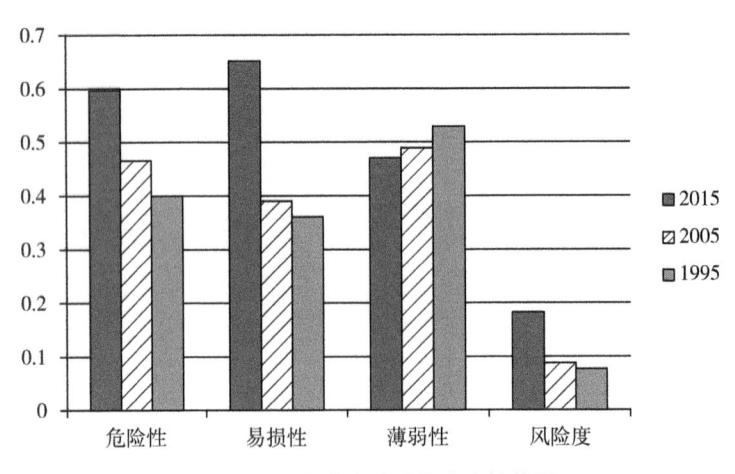

图 8.4-4 句容市外洪风险度柱状图

对比四个分区外洪风险度计算结果,结论如下:

(1) 各分区外洪风险度总体呈增长趋势,1995—2005、2005—2015 两阶段主城风险度增幅基本相当;2005—2015 期间呈下降趋势;1995—2005 期间江宁区、溧水区、句容市风险度总体平稳,增幅较小,2005—2015 期间有明显提高。

(2) 四个分区危险性指标都在逐年增长,考虑到暴雨危险性指标相对稳定,其危险性指标的上涨主要受圩区排涝动力增大、城市化发展下垫面产流量增大影响。

(3) 四个分区易损性指标都在逐年增长,不同阶段主城易损性指标值最高,但增幅较平稳;1995—2005 期间江宁区、溧水区、句容市易损性增幅较小,2005—2015 期间三区易损性有明显提高,幅度较大。

(4) 四个分区薄弱性指标都在逐年降低,不同阶段薄弱性指标降幅不同,各时期主城薄弱性指标降低都比较明显,尤其以 1995—2005 期间为甚;江宁区、溧水区、句容市各阶段降幅均较大,江宁区、句容市 2005—2015 期间降幅最大,溧水区 1995—2005 期间降幅最大。

9 基于二维数学模型的洪涝风险研究

上一章通过洪涝灾害风险评价指标体系从致灾因子的危险性、承载体的易损性、防洪减灾能力的薄弱性等方面综合评价了秦淮河流域近几十年的洪涝风险度，分析总结了全流域洪涝风险的变化规律。鉴于指标评价法中指标项存在一定的主观因素影响，且评价值不能具体反映下垫面变化、水系变迁、水利工程建设等影响因子对流域洪涝风险的影响，因此本章节以秦淮河二源之一的溧水河流域作为典型区域研究，采用二维水文水动力模型法还原溧水河流域各年代不同下垫面及水利工程状态，通过多情景模拟手段定量分析典型区域洪涝风险的变化规律，揭示流域下垫面变化、水系变迁、水利工程建设、社会经济发展等诸多因素对流域洪涝风险变化的影响。

9.1 溧水河流域二维水文水动力模型搭建

9.1.1 典型区域的选择

秦淮河流域主城地区城市化发展较早，水系格局及下垫面组成相对稳定，变化不明显；秦淮河上游两源溧水河流域和句容河流域对比而言，句容河流域大部分在句容市境内，南京市境内主要属于江宁区湖熟街道，城市化进程相对缓慢；溧水河流域主要包括江宁区的秣陵街道、禄口街道和湖熟街道以及溧水区的石湫街道、柘塘街道等，该区域有城市化发展较快的江宁开发区、禄口开发区等，也有发展相对缓慢的东阳圩、周岗圩等圩区。

笔者收集整理了溧水河流域比较完整的基础地理资料(河流、行政界、道路和地形资料等）、水文资料、构筑物［河道断面、测站分布、工程位置（堤防、闸、泵站等）］及工程调度规则资料、历史洪涝灾情资料（淹没范围、水深、损失情况）、社会经济资料等。

从研究区的典型性以及资料的完整性来看，溧水河流域不仅有社会经济发展较快的开发区，也有发展较慢的传统农业圩区，具有很强的代表性。该区域资料详细，具备建模条件，因此本书选择溧水河流域作为典型研究区，研究区面积约 893 km²。

9.1.2 溧水河流域基本情况

溧水河地处秦淮河上游，南起一、三干河交汇口，北至西北村，承接一、二、三干河等支流汇水，流域面积约 893 km²。溧水河上段有一、三干河两支流，分别承接中山水库、西横山水库来水；而后在左岸江宁区有横溪河汇入，承赵村水库来水，右岸有二干河汇入，承接方便水库和卧龙水库来水。在下段右岸江宁区有高阳河（又称句容南河）汇入，至西北村和句容河交汇后注入秦淮河干流。天生桥河沟通秦淮河与石臼湖水系，在秦淮河与石臼湖水系分水岭位置有天生桥套闸控制，天生桥河北片汇水在沙河口汇入一干河（图 9.1-1）。

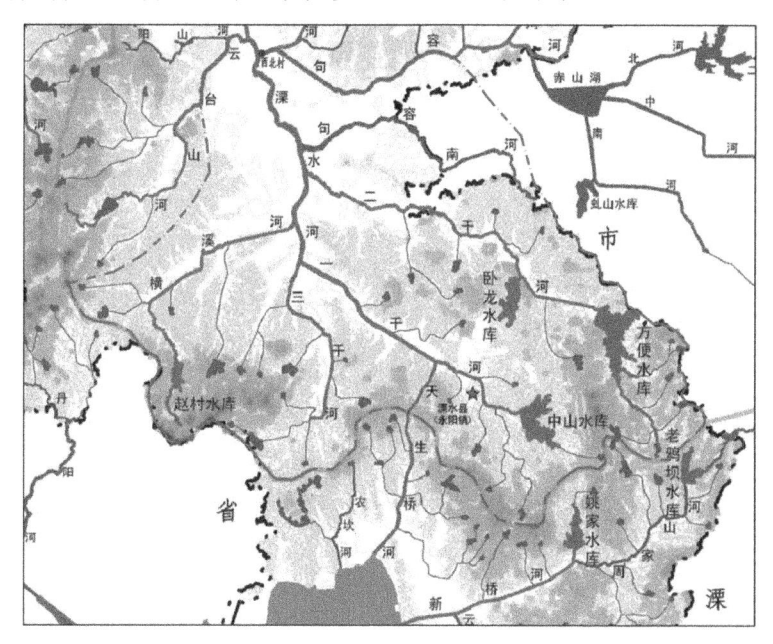

图 9.1-1　溧水河流域洪水风险分析范围示意图

溧水河规划防洪标准为50年一遇,河道堤防两岸重要保护对象包括:江宁区禄口街道、秣陵街道、湖熟街道和溧水区柘塘镇、永阳镇等行政区,禄口新城、永阳新城、空港新城、溧水经济开发区等新城和园区,禄口国际机场、宁宣高速、沿江高速、宁高城际等重要基础设施。

流域内主要的圩区有秣陵联圩、禄口联圩、东阳圩、周岗圩、柘塘圩、团结圩、五圩等。其中秣陵联圩、禄口联圩属江宁区范围,近年来城市建设速度较快(图9.1-2)。

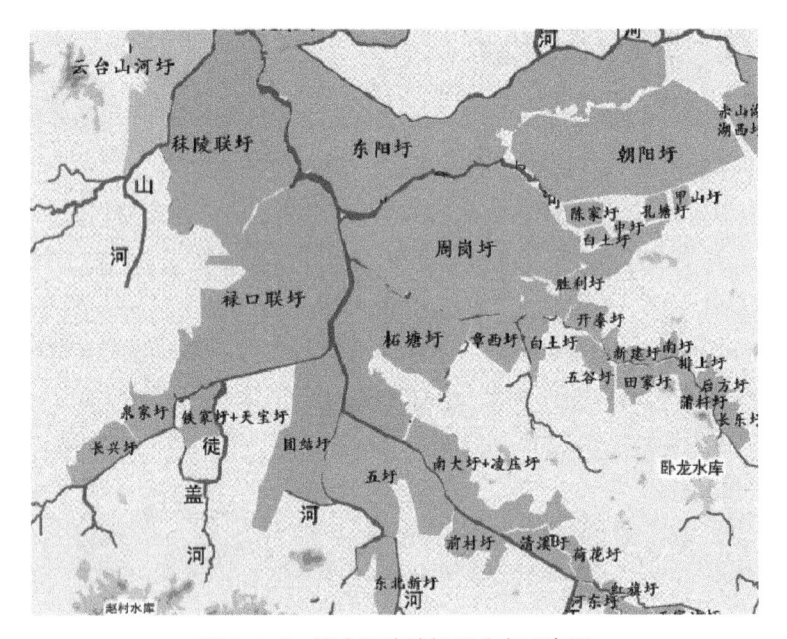

图 9.1-2　溧水河流域圩区分布示意图

9.1.3　水动力模型搭建

9.1.3.1　模型总体框架

本书采用MIKE系列软件中的MIKE FLOOD模块进行一维、二维模型耦合计算。其中溧水河流域主要干流及水库溢洪道在一维模型中搭建,可能淹没区使用二维模型描述,然后将一维、二维模型在MIKE FLOOD中进行耦合。MIKE FLOOD耦合模型见图9.1-3。

一维模型主要针对溧水河干流河道建模,包括溧水河干流、横溪河、三干

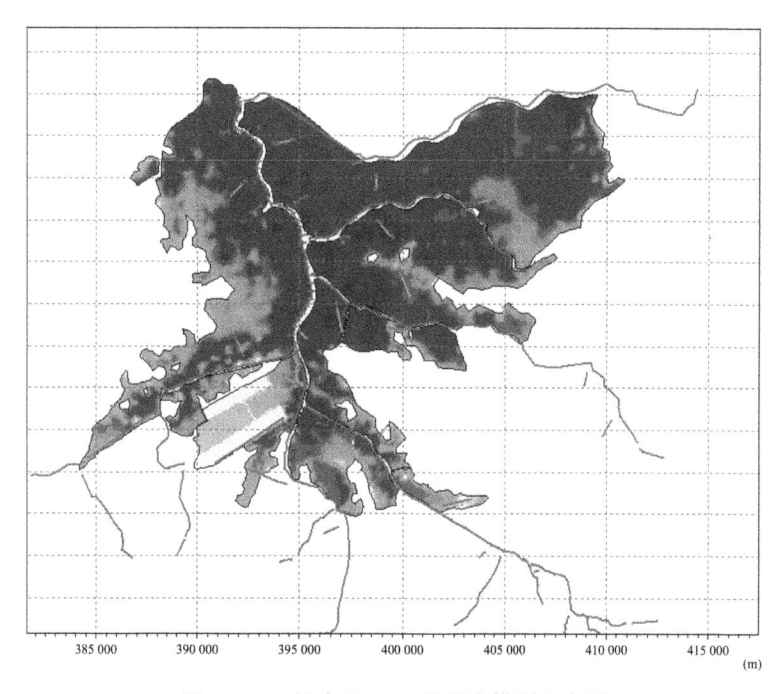

图 9.1-3　溧水河一、二维耦合模型示意图

河、一干河、二干河、句容南河等，模型参数的取用参照前文秦淮河流域水文水动力模型中的成果。

二维水动力学模型采用 MIKE 系列软件中的 MIKE 21 建模，用于计算溧水河流域内可能淹没区域（按照吴淞高程 16 m 以下区域计算）的洪水演进过程。

MIKE 21 是一个专业的与水有关的工程软件包，可用于模拟河流、湖泊、河口、海湾、海岸及海洋的水流、波浪、泥沙及环境场。MIKE 21 模拟计算所基于的二维水动力学的基本方程为浅水方程，方程组如下所示：

$$\frac{\partial \zeta}{\partial t} + \frac{\partial p}{\partial x} + \frac{\partial q}{\partial y} = \frac{\partial d}{\partial t}$$

$$\frac{\partial p}{\partial t} + \frac{\partial}{\partial x}\left(\frac{p^2}{h}\right) + \frac{\partial}{\partial y}\left(\frac{pq}{h}\right) + gh\frac{\partial \zeta}{\partial x} + \frac{gp\sqrt{p^2+q^2}}{C^2 h^2} - \frac{1}{\rho_w}$$

$$\left[\frac{\partial}{\partial x}(h\tau_{xx}) + \frac{\partial}{\partial y}(h\tau_{xy})\right] - \Omega_q - fVV_x + \frac{h}{\rho_w}\frac{\partial}{\partial x}(P_a) = 0$$

$$\frac{\partial q}{\partial t} + \frac{\partial}{\partial y}\left(\frac{q^2}{h}\right) + \frac{\partial}{\partial x}\left(\frac{pq}{h}\right) + gh\frac{\partial \zeta}{\partial y} + \frac{gp\sqrt{p^2+q^2}}{C^2 h^2} - \frac{1}{\rho_w}$$

$$\left[\frac{\partial}{\partial y}(h\tau_{yy})+\frac{\partial}{\partial x}(h\tau_{xy})\right]-\Omega_p-fVV_y+\frac{h}{\rho_w}\frac{\partial}{\partial y}(P_a)=0$$

9.1.3.2 二维网格选取与地形制作

在 MIKE 21 中,采用三角形网格进行流域地形建模,通过收集溧水河流域基础地形资料,阻水建筑物主要是道路,在 MIKE 21 内划分计算网格。按照吴淞高程 16 m 以下区域建模,二维网格总面积约 421 km²,最大网格面积控制不超过 0.1 km²,对计算区内的堤防、离地较高线状物、河流的沿线两侧网格适当加密,同时考虑模型计算的效率,计算范围内剖分网格 21 620 个(图 9.1-4)。

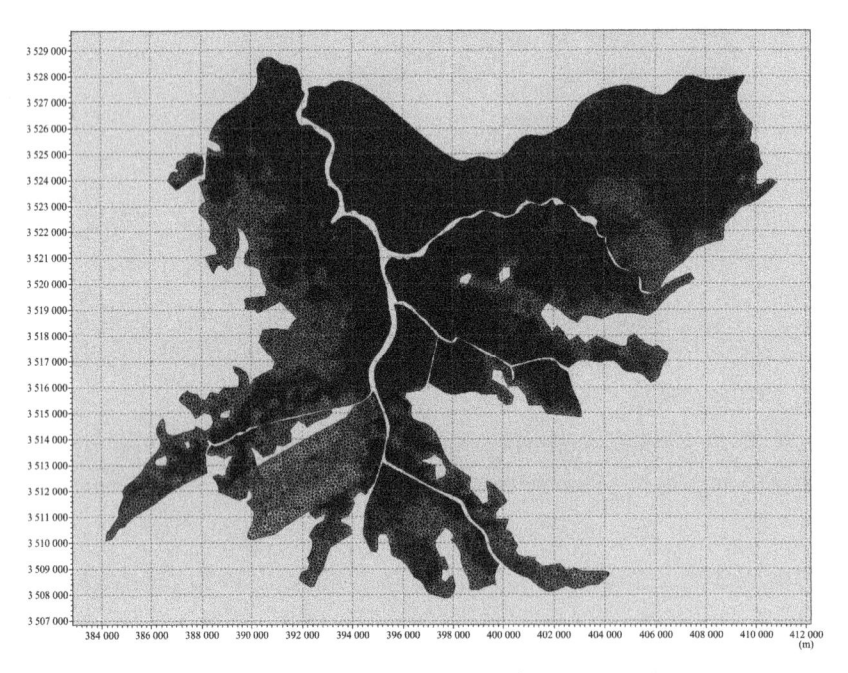

图 9.1-4 溧水河流域二维模型计算网格地形示意图

9.1.3.3 二维模型参数确定

二维水动力模型主要参数为下垫面的糙率,本书根据区域内实际土地利用情况,参照水力学设计手册和本流域其他类似区域情况进行空间糙率设置,该地区综合糙率见表 9.1-1,该地区二维模型糙率分布图见图 9.1-5。

模型的其他计算参数主要包括计算时间步长、干湿动边界以及涡黏系数等。二维模型时间步长依据各个方案而设定。涡黏主要描述的是小于网格尺度的能力耗散,它本身并不会对计算结果产生很大影响,本书模型搭建选取涡黏系数为 $10\ \mathrm{m^2/s}$。

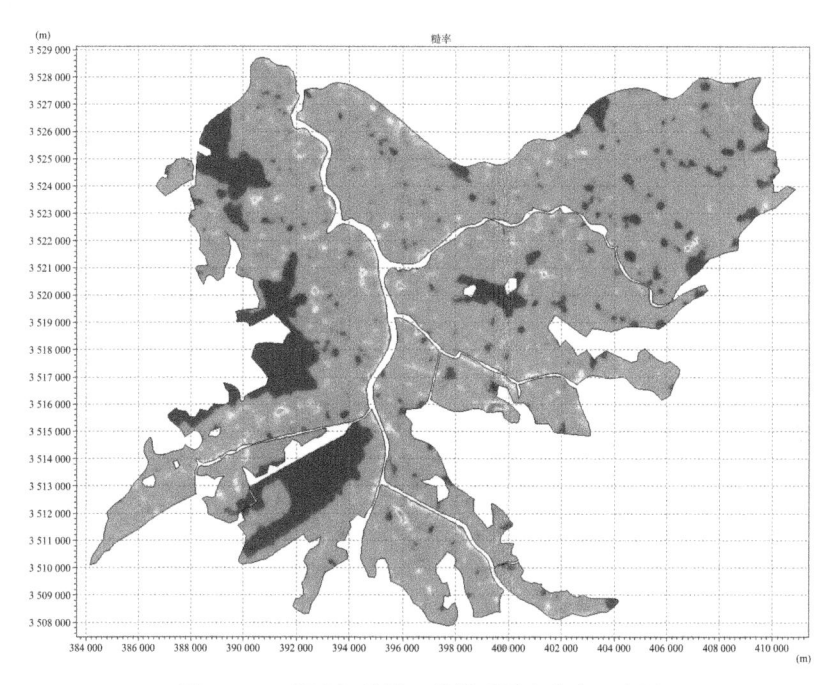

图 9.1-5 溧水河流域二维模型糙率分布示意图

表 9.1-1 不同地形糙率

类型	曼宁系数($\mathrm{s/m^{-3}}$)
居民地	0.1
旱地	0.04
林地	0.063
水田	0.035
水体	0.023

9.1.3.4 历史洪水还原分析

为了验证一二维水动力耦合模型的合理性,采用溧水河历史典型洪涝灾害年份进行洪水还原计算,共选取三场洪水,分别为 2003 年 7 月、2007 年 7 月、2015 年 6 月 14 日至 6 月 18 日。洪水淹没模拟结果见图 9.1-6 至图 9.1-8。

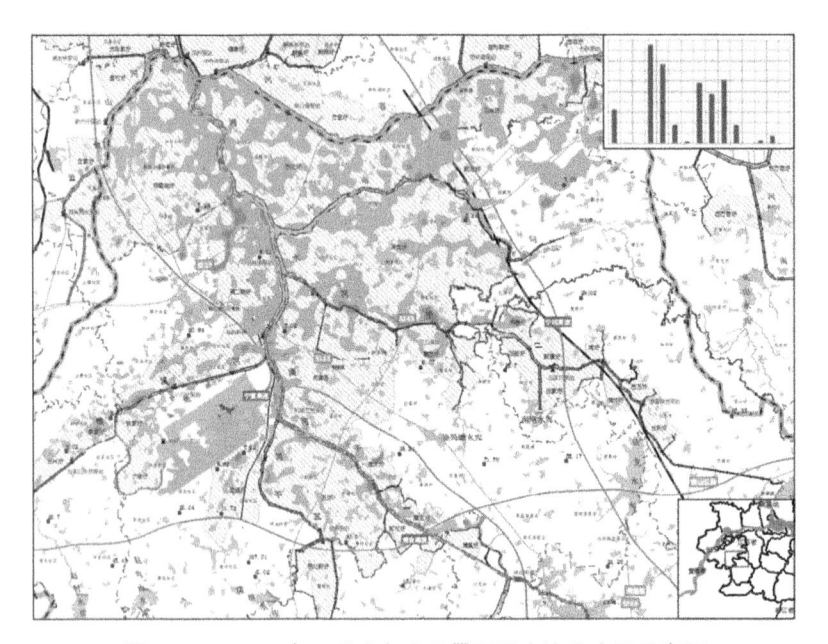

图 9.1-6 2003 年 7 月上旬实况暴雨洪水淹没水深示意图

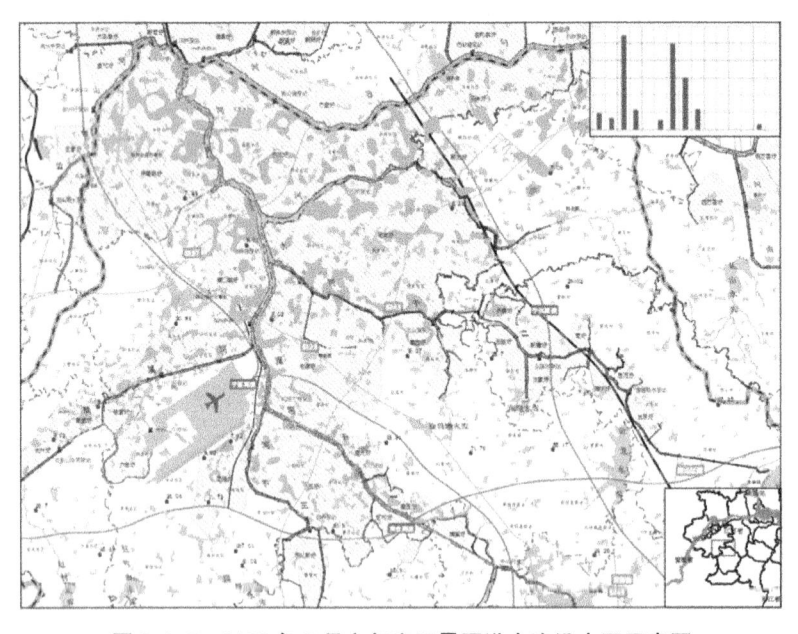

图 9.1-7 2007 年 7 月上旬实况暴雨洪水淹没水深示意图

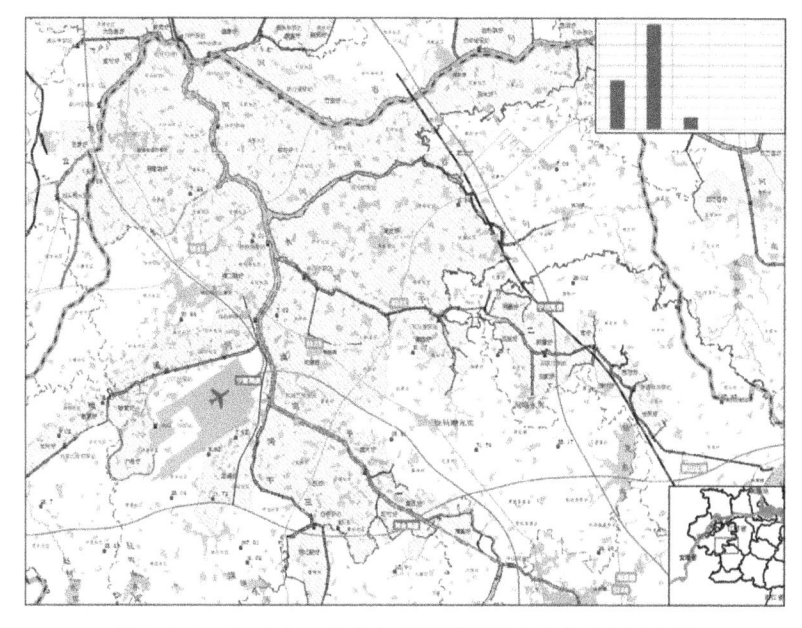

图 9.1-8　2015 年 6 月中旬实况暴雨洪水淹没水深示意图

通过计算结果，2003 年淹没情况最为严重，淹没面积 95 km²，2007 年次之，为 56 km²，2015 年 6 月中旬最小，为 25 km²。分析其原因，2015 年 6 月中旬的降雨过程，基本仅有 1 日较大降雨，由于水面率的调蓄影响，因此降雨产生的内涝最小。对比 2007 年以及 2003 年暴雨，2007 年暴雨虽然单日降雨最大，由于雨峰靠前，且雨峰一段时间内降雨较小，峰值降雨已经由泵站排去圩区，且后期降雨相对不大，因此，其内涝程度较之于 2003 年暴雨较小。观察 2003 年暴雨过程，其雨峰靠后且降雨历时长且连续，因此在降雨初期，排涝泵站均处于满负荷运行状态，由于雨峰靠后且降雨强度较大，因此内涝最为严重。以上三场历史洪水计算结果基本与历史调查情况相符，模型模拟成果基本合理。

9.2　水系变迁及下垫面变化对溧水河流域内涝风险影响分析

溧水河洪涝灾害风险主要为外洪风险以及暴雨内涝风险，前文已经借助秦淮河流域一维水文水动力学模型对水系变迁及下垫面变化影响下的秦淮河外洪变化规律进行了分析，本章重点研究水系变迁及下垫面变化对内涝风险的影响。首先以 1995 年下垫面及水利工程为背景工况，通过改变水面率这一单因子来分析水系变迁及下垫面变化对圩区成灾面积的影响。计算情景如下：

情景1：溧水河流域遭遇50年一遇设计暴雨＋溧水河流域1995年下垫面组成＋1995年排涝动力；

情景2：溧水河流域遭遇50年一遇设计暴雨＋溧水河流域2005年下垫面组成＋1995年排涝动力；

情景3：溧水河流域遭遇50年一遇设计暴雨＋溧水河流域2015年下垫面组成＋1995年排涝动力。

通过二维模型模拟溧水河流域内圩区淹没范围，如图9.2-1至9.2-3所示。

考虑到溧水河流域内各圩区社会经济发展不协调，像禄口联圩、秣陵联圩属于江宁开发区、空港新城范围，近些年城市化发展较快，下垫面及水面率变化较剧烈，而东阳圩、周岗圩发展缓慢，基本保持了原有的农业圩状态，下垫面及水面率变化相对较小，统计禄口联圩、秣陵联圩、东阳圩和周岗圩四个典型圩区的淹没范围，对比研究不同城市化进程下的区域风险变化规律，各圩区遭遇50年一遇设计暴雨时的淹没面积统计结果见表9.2-1，各圩区不同情景下淹没面积统计见表9.2-2，不同年代水面率统计结果见表9.2-3。

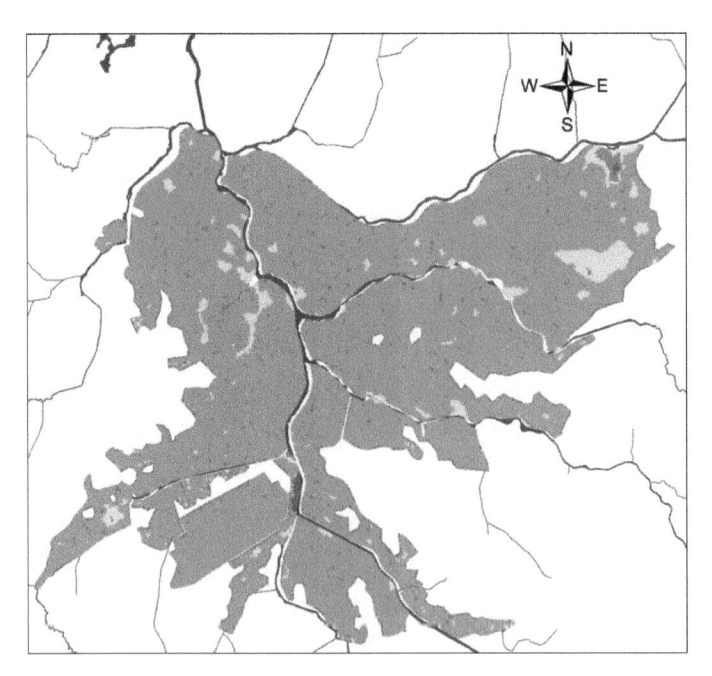

图 9.2-1　情景1(1995)溧水河流域淹没范围示意图

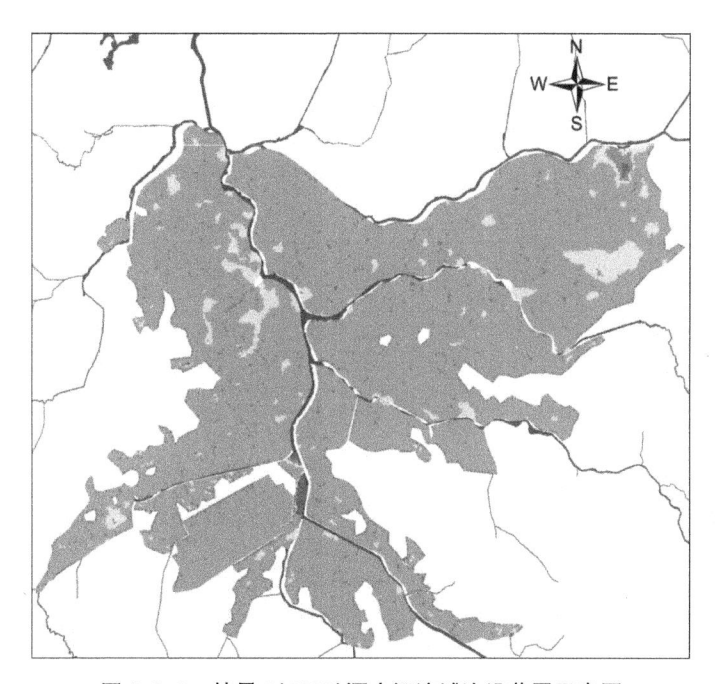

图 9.2-2 情景 2(2005)溧水河流域淹没范围示意图

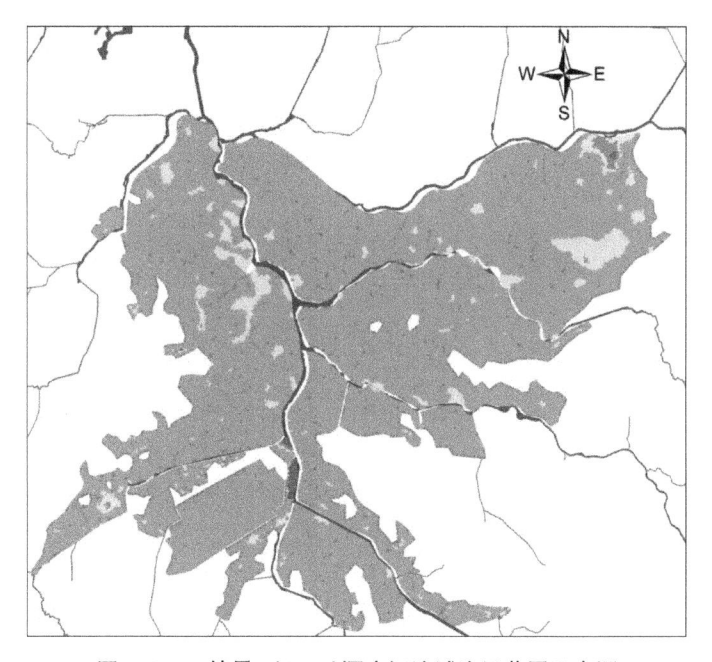

图 9.2-3 情景 3(2015)溧水河流域淹没范围示意图

从总体结果看,按照1995年的排涝能力,近20年来随着下垫面及水面率的变化,溧水河流域遭遇50年一遇设计暴雨时,对应的总淹没面积在增加,1995—2005增长率为1.65%,2005—2015增长率为2.08%。

表9.2-1　溧水河流域各情景下遭遇50年一遇暴雨淹没面积统计表

淹没水深(m)	淹没面积(km^2)			淹没面积增长率(%)		
	情景1：1995年	情景2：2005年	情景3：2015年	情景1：1995年	情景2：2005年	情景3：2015年
0.5	87.58	87.43	87.08	0.00	−0.17	−0.57
1	11.58	13.3	14.07	0.00	14.85	21.50
1.5	1.07	1.04	1.13	0.00	−2.80	5.61
2	0.45	0.26	0.22	0.00	−42.22	−51.11
2.5	0.08	0.38	0.34	0.00	375.00	325.00
合计	100.76	102.41	102.84	0.00	1.66	2.07

表9.2-2　各圩区不同情景下淹没面积统计表

圩区	淹没水深(m)	淹没面积(km^2)			淹没面积增长率(%)		
		1995年	2005年	2015年	1995年	2005年	2015年
禄口联圩	0.5	10.96	11.19	11.1	0.00	2.10	1.28
	1	1.55	2.3	2.66	0.00	48.39	71.61
	1.5	0.08	0.09	0.1	0.00	12.50	25.00
	2	0.01	0.01	0.01	0.00	0.00	0.00
	2.5	0	0	0	—	—	—
	合计	12.60	13.59	13.87	0.00	7.77	9.99
秣陵联圩	0.5	11.85	11.53	11.33	0.00	−2.70	−4.39
	1	1.59	2.53	2.89	0.00	59.12	81.76
	1.5	0.01	0.01	0.01	0.00	0.00	0.00
	2	0	0	0	—	—	—
	2.5	0	0	0	—	—	—
	合计	13.45	14.07	14.23	0.00	4.61	5.80

续表

圩区	淹没水深(m)	淹没面积(km²) 1995年	2005年	2015年	淹没面积增长率(%) 1995年	2005年	2015年
东阳圩	0.5	22.83	22.8	22.81	0.00	−0.13	−0.09
	1	1.91	1.92	1.95	0.00	0.52	2.09
	1.5	0.72	0.72	0.74	0.00	0.00	2.78
	2	0.07	0.11	0.07	0.00	57.14	0.00
	2.5	0	0	0	—	—	—
	合计	25.53	25.55	25.57	0.00	0.08	0.12
周岗圩	0.5	14.44	14.46	14.46	0.00	0.14	0.14
	1	0.87	0.87	0.86	0.00	0.00	−1.15
	1.5	0	0	0	—	—	—
	2	0	0	0	—	—	—
	2.5	0	0	0	—	—	—
	合计	15.31	15.33	15.32	0.00	0.13	0.07

表 9.2-3　各圩区不同年代水面率统计结果表

圩区	水面率(%) 1995年	2005年	2015年	水面率衰减率(%) 1995年	2005年	2015年
东阳圩	8.51	8.51	8.5	0.00	0.00	0.12
禄口联圩	8.86	6.84	6.02	0.00	22.80	32.05
秣陵联圩	8.13	6.71	6.34	0.00	17.47	22.02
周岗圩	7.28	7.28	6.85	0.00	0.00	5.91

对比各圩区不同情景下淹没面积统计表和各圩区不同年代水面率统计结果表，可以看出随着城市化进程的加快，近20年来禄口联圩和秣陵联圩水面率减少明显，相对于1995年，禄口联圩水面率减少了约32%，秣陵联圩水面率减少了22.02%，在这种情况下，当圩区遭遇50年一遇设计暴雨时，2015年水面率下禄口联圩淹没范围对比1995年增加约10%，秣陵联圩淹没范围增加5.80%；东阳圩近20年来水面率变化较小，相应的，当圩区遭遇50年一遇设计暴雨时，2015年水面率下东阳圩淹没范围对比1995年减少了0.12%；周岗圩2005至2015年期间水面率变化较大，相对于1995年，周岗圩水面率减少了5.91%，在这种情况下，当圩区遭遇50年一遇设计暴雨时，2015年水面率下周

岗圩淹没范围对比 1995 年增加 0.07%。

综上所述,近年来随着秦淮河流域水面率的减少,在遭遇相同量级洪水的情况下,圩区若维持 1995 年时的排涝能力,洪涝成灾风险在增大,受灾后受淹面积在变大,淹没水深在增大;相较于城市化进程较慢的圩区,城市化发展快的圩区水面率衰减速度更快,洪涝成灾风险增速更大。

根据前面章节分析可知,由于秦淮河流域内圩区水面率的减少,下垫面危险性在增加,但是同时由于流域内社会经济的发展,圩区防灾减灾的能力在提高,这主要体现在圩区排涝泵站的建设,排涝能力的提高,因此对本区域内涝风险的评价需要综合考虑下垫面改变及排涝能力的变化等因素的影响。这里进一步增加二维模型的模拟情景,具体如下:

情景 4:溧水河流域遭遇 50 年一遇设计暴雨+溧水河流域 1995 年下垫面组成+1995 年排涝动力;

情景 5:溧水河流域遭遇 50 年一遇设计暴雨+溧水河流域 2005 年下垫面组成+2005 年排涝动力;

情景 6:溧水河流域遭遇 50 年一遇设计暴雨+溧水河流域 2015 年下垫面组成+2015 年排涝动力。

各情景下溧水河流域淹没范围图如图 9.2-4 至 9.2-6 所示。

通过模型模拟,得出不同情景下的各圩区遭遇 50 年一遇设计暴雨时的淹没情况,结果见表 9.2-4。

表 9.2-4 溧水河各情景下遭遇 50 年一遇暴雨淹没面积统计表

淹没水深 (m)	淹没面积(km^2) 情景1: 1995年	情景2: 2005年	情景3: 2015年	淹没面积增长率(%) 情景1: 1995年	情景2: 2005年	情景3: 2015年
0.5	87.58	85.81	86.9	0.00	−2.02	−0.78
1	11.58	9.27	5.15	0.00	−19.95	−55.53
1.5	1.07	0.87	0.19	0.00	−18.69	−82.24
2	0.45	0.09	0.01	0.00	−80.00	−97.78
2.5	0.08	0.12	0	0.00	50.00	−100.00
合计	100.76	96.16	92.25	0.00	−4.57	−8.45

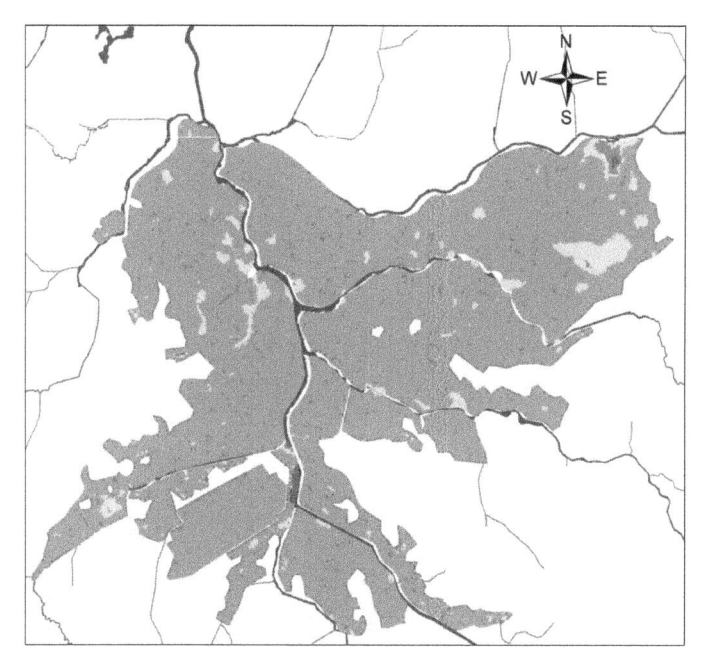

图 9.2-4　情景 4(1995)溧水河流域淹没范围示意图

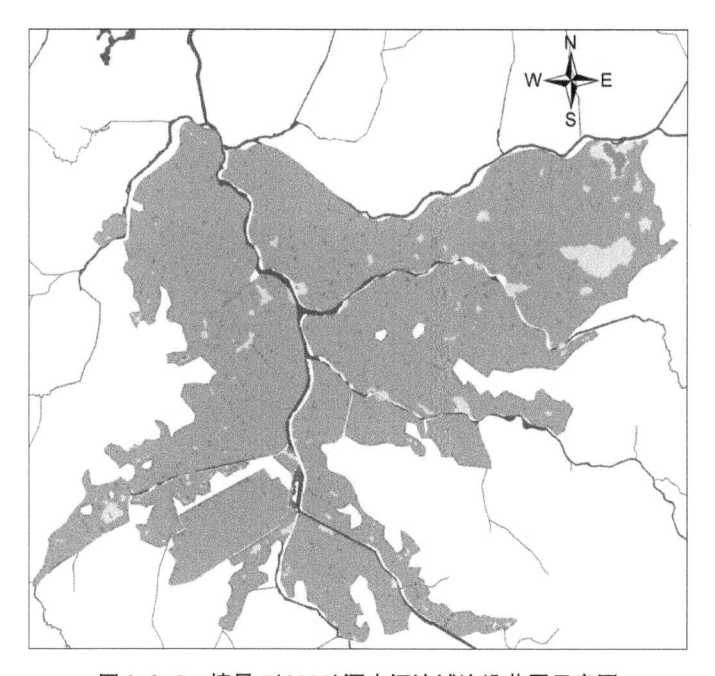

图 9.2-5　情景 5(2005)溧水河流域淹没范围示意图

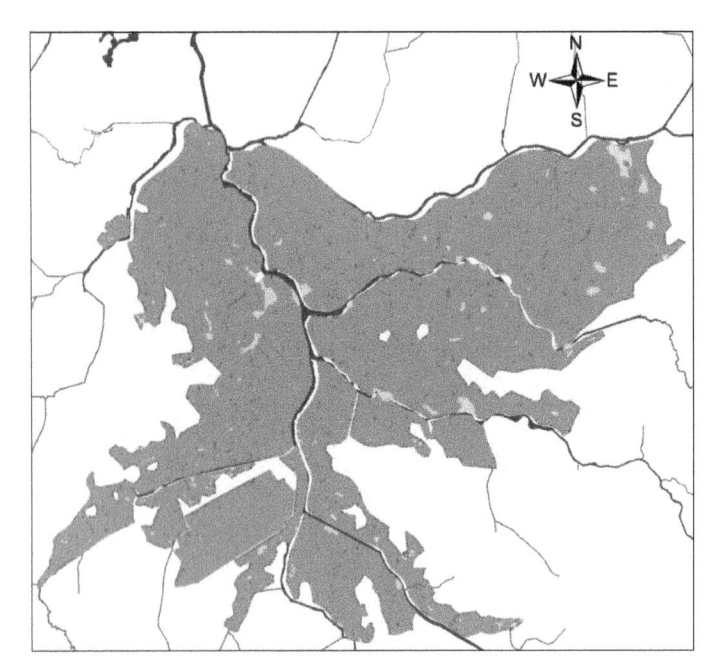

图 9.2-6　情景 6(2015)溧水河流域淹没范围示意图

从总体结果看,溧水河流域遭遇 50 年一遇设计暴雨时,流域内涝受淹范围在逐渐减小,1995 年内涝受淹面积为 100.76 km²,2005 年内涝受淹面积为 96.16 km²,淹没面积减少了 4.57%,2015 年内涝受淹面积为 92.25 km²,淹没面积减少了 8.45%。对比前文可知,近些年来溧水河流域圩区水面率在逐渐下降,增加了圩区受涝成灾风险,但从表 9.2-5 可知,近年来由于溧水河流域社会经济的发展,圩区排涝流量在不断增大,1995 年溧水河流域总排涝能力约为 150.9 m³/s,至 2005 年排涝能力达到了 211.8 m³/s,增幅达 40.3%,至 2015 年排涝能力达到了 304.5 m³/s,排涝能力翻了一倍,排涝能力的增加大大提高了圩区的防洪减灾能力。从结果看,排涝能力的增大有效弥补了水面率下降造成的内涝风险提高的问题。

表 9.2-5　溧水河流域各圩区排涝动力统计结果表

圩区	排涝流量(m³/s)			排涝流量增长率(%)		
	1995 年	2005 年	2015 年	1995 年	2005 年	2015 年
朝阳圩	11.00	13.00	42.80	0.00	18.18	289.09

续表

圩区	排涝流量(m³/s)			排涝流量增长率(%)		
	1995年	2005年	2015年	1995年	2005年	2015年
东阳圩	31.50	32.50	39.50	0.00	3.17	25.40
禄口联圩、秣陵联圩	32.20	66.70	78.90	0.00	107.14	145.03
团结圩	5.50	9.30	22.30	0.00	69.09	305.45
五圩、南大圩	25.30	29.90	31.80	0.00	18.18	25.69
长兴圩、铁家圩、泉家圩	6.30	6.30	12.50	0.00	0.00	98.41
柘塘圩	7.20	12.00	28.80	0.00	66.67	300.00
周岗圩	31.90	42.10	47.90	0.00	31.97	50.16
合计	150.90	211.80	304.50	0.00	40.29	101.79

统计禄口联圩、秣陵联圩、东阳圩和周岗圩四个典型圩区的淹没范围，对比研究不同城市化进程下的区域风险变化规律，各圩区遭遇50年一遇设计暴雨时的淹没面积统计结果见表9.2-6。

表9.2-6 各圩区不同情景下淹没面积统计表

圩区	淹没水深(m)	淹没面积(km²)			淹没面积增长率(%)		
		1995年	2005年	2015年	1995年	2005年	2015年
禄口联圩	0.5	10.96	10.78	10.78	0.00	−1.64	−1.64
	1	1.55	1.03	1.22	0.00	−33.55	−21.29
	1.5	0.08	0.08	0.08	0.00	0.00	0.00
	2	0.01	0.01	0.01	0.00	0.00	0.00
	2.5	0	0	0	—	—	—
	合计	12.60	11.9	12.09	0.00	−5.56	−4.05
秣陵联圩	0.5	11.85	10.64	11.2	0.00	−10.21	−5.49
	1	1.59	0.08	0.3	0.00	−94.97	−81.13
	1.5	0.01	0.01	0.01	0.00	0.00	0.00
	2	0	0	0	—	—	—
	2.5	0	0	0	—	—	—
	合计	13.45	10.73	11.51	0.00	−20.22	−14.42

续表

圩区	淹没水深(m)	淹没面积(km²) 1995年	淹没面积(km²) 2005年	淹没面积(km²) 2015年	淹没面积增长率(%) 1995年	淹没面积增长率(%) 2005年	淹没面积增长率(%) 2015年
东阳圩	0.5	22.83	22.48	22.04	0.00	−1.53	−3.46
	1	1.91	1.83	1.25	0.00	−4.19	−34.55
	1.5	0.72	0.57	0.05	0.00	−20.83	−93.06
	2	0.07	0	0	0.00	−100.00	−100.00
	2.5	0	0	0	—	—	—
	合计	25.53	24.88	23.34	0.00	−2.51	−8.58
周岗圩	0.5	14.44	14.46	14.49	0.00	0.14	0.35
	1	0.87	0.87	0.86	0.00	0.00	−1.15
	1.5	0	0	0	—	—	—
	2	0	0	0	—	—	—
	2.5	0	0	0	—	—	—
	合计	15.31	15.33	15.35	0.00	0.13	0.26

从计算结果看，溧水河流域遭遇50年一遇设计暴雨时，城市化进程较快的禄口联圩和秣陵联圩淹没面积在逐年减少，而且淹没面积的减少率均比较大，2005年禄口联圩淹没面积相较于1995年减少了5.56%，2015年淹没面积相较于1995年减少了4.05%；2005年秣陵联圩淹没面积相较于1995年减少了20.22%，2015年淹没面积相较于1995年减少了14.42%。相对而言，城市化进行较慢的周岗圩淹没范围变化较小，东阳圩2005年淹没面积降幅较小，为2.51%，2015年由于排涝动力的增加，相较于1995年，淹没面积减少了8.58%。

进一步比较各情景下建成区的淹没面积，统计结果见表9.2-7。

从结果看，溧水河流域遭遇50年一遇设计暴雨时，流域内涝受淹范围虽然在逐渐减小，但是由于建成区的面积在不断扩大，因此建成区受涝面积确实在增加，尤其以2005—2015年这段时间增速最快。

表9.2-7 溧水河流域各情景下遭遇50年一遇暴雨建成区淹没面积统计表

淹没水深(m)	淹没面积(km²) 情景1: 1995年	淹没面积(km²) 情景2: 2005年	淹没面积(km²) 情景3: 2015年	淹没面积增长率(%) 情景1: 1995年	淹没面积增长率(%) 情景2: 2005年	淹没面积增长率(%) 情景3: 2015年
0.5	2.51	5.02	14.24	0.00	100.00	467.33

续表

淹没水深(m)	淹没面积(km²) 情景1：1995年	情景2：2005年	情景3：2015年	淹没面积增长率(%) 情景1：1995年	情景2：2005年	情景3：2015年
1	0.19	0.45	0.66	0.00	136.84	247.37
1.5	0.06	0.02	0.03	0.00	−66.67	−50.00
2	0	0.01	0	—	—	—
2.5	0	0.01	0	—	—	—
合计	2.76	5.51	14.93	0.00	99.6	430.07

统计禄口联圩、秣陵联圩、东阳圩和周岗圩四个典型圩区的建成区淹没范围，结果见表9.2-8。从结果看各圩区随着建成区的扩大，建成区受淹面积也在逐渐增大，其中禄口联圩和秣陵联圩两个经济发展最快的区域建成区受淹面积增加最多，东阳圩2005—2015年期间建成区受淹面积也有较明显的增加。

表9.2-8 各圩区不同情景下建成区淹没面积统计表

圩区	淹没水深(m)	淹没面积(km²) 1995年	2005年	2015年	淹没面积增长率(%) 1995年	2005年	2015年
禄口联圩	0.5	0.26	1.29	2.51	0.00	396.15	865.38
	1	0.02	0.12	0.27	0.00	500.00	1 250.00
	1.5	0.01	0	0.01	0.00	−100.00	0.00
	2	0	0	0	—	—	—
	2.5	0	0	0	—	—	—
	合计	0.29	1.41	2.79	0.00	407.14	896.43
秣陵联圩	0.5	0.22	1.41	2.66	0.00	540.91	1 109.09
	1	0.01	0.01	0.02	0.00	0.00	100.00
	1.5	0	0	0	—	—	—
	2	0	0	0	—	—	—
	2.5	0	0	0	—	—	—
	合计	0.23	1.42	2.68	0.00	545.45	1 118.18
东阳圩	0.5	0.67	0.69	2.31	0.00	2.99	244.78
	1	0.08	0.11	0.06	0.00	37.50	−25.00
	1.5	0.05	0	0	0.00	−100.00	−100.00
	2	0	0	0	—	—	—
	2.5	0	0	0	—	—	—
	合计	0.80	0.80	2.37	0.00	0.00	191.36

续表

圩区	淹没水深(m)	淹没面积(km²)			淹没面积增长率(%)		
		1995年	2005年	2015年	1995年	2005年	2015年
周岗圩	0.5	0.17	0.27	0.94	0.00	58.82	452.94
	1	0.01	0.01	0.04	0.00	0.00	300.00
	1.5	0	0	0	—	—	—
	2	0	0	0	—	—	—
	2.5	0	0	0	—	—	—
	合计	0.18	0.28	0.98	0.00	55.56	444.44

总体看来，城市化发展较快的区域虽然水面率在减少，但由于排涝动力的增速较快，整体的防洪减灾能力在提高，内涝风险在降低，城市化发展较慢的区域内涝风险也在逐渐降低，但整体的防洪减灾能力不及城市化高速增长地区。同时，可以看到城市化发展快的区域建成区面积有明显增大，受灾后的经济损失也会随之增大，承载体的易损性也就更大，对防洪减灾体系的要求也就不断提高。

9.3 溧水河洪水风险图制作

9.3.1 风险因素

9.3.1.1 存在问题分析

虽然经过多年的治理，秦淮河流域防洪能力有了明显提升，但秦淮河流域整体防洪标准依然不足。贯穿主城的秦淮河需要承接2 684 km² 来水，因中下游跨河桥梁多，束水非常严重，干流本身就存在泄洪能力不足的问题，而随着城市快速发展，地面硬化率提高，雨水调蓄能力减弱，更加剧了泄洪矛盾，在秦淮东河尚未建成的情况下，该问题尤为突出。

近些年来随着极端天气的频发，流域防洪排涝体系暴露出诸多问题，其中尤以2015年、2016年流域大洪水为甚。流域防洪排涝存在的主要问题总结如下：

1. 流域骨干工程尚未完全到位

现有防洪体系还不完善，蓄滞洪区工程、秦淮东河分洪工程、河道疏浚工程未实施到位，遇特大洪水防御能力不足。

2. 部分中小河流防洪标准较低

秦淮河流域三面环山的地形,使得流域内主要支流基本都是流域上游水库塘坝及丘陵高地洪水下泄通道,坡降大,流速快,遇暴雨水位易暴涨暴落,建设标准低,堤身断面不足,部分中小河流及撒洪沟未经系统治理,防洪标准偏低。2015年、2016年汛期大部分险情就发生在这些河道上,如胜利河、二干河、天生桥河、横溪河等,2016年大洪水以后,以上出险河段大部分已经完成了堤防的除险加固,目前仅有句容河堤防还未实施达标建设。

3. 区域排涝与流域行洪统筹难度大

因城市化进程加快,秦淮河流域中下游圩区排涝能力不断提高,洪水期间圩内涝水短时间内抽排入秦淮河,增大了秦淮河的行洪压力,常会出现圩内河道水位较低,而外河高水位行洪的情况。

4. 应对大洪水的非工程措施尚不完备

由于西北村、清溪圩等规划生态湿地蓄滞洪工程尚未建成,这些生态湿地蓄滞洪工程的启用方式及调度方案尚不明确,当遭遇超标准洪水时,生态湿地蓄滞洪工程的运行管理措施不完善。

9.3.1.2 风险因子排查

1. 孕灾环境危险性

(1) 降雨因子:毫无疑问,降水是形成暴雨洪水的前提条件。降水强度、降水历时及其分布范围直接影响着洪灾的严重程度。一般来说,强度越大、历时越长、范围越广的降水,越容易形成大洪水。近几年来秦淮河流域极端天气频发,2015年,秦淮河全流域普降暴雨,暴雨中心主要集中在前埠村-句容一线,其中暴雨中心前埠村站最大12小时降水量为199.0 mm,为有记录以来最大值;最大24小时降水量为295.0 mm,与历史最大值296.8 mm基本持平;最大3日降水量为380 mm为有记录以来最大值。2016年7月,7月1—5日,秦淮河流域出现持续性强降雨,强降水持续时间长、范围广、强度大。溧水区1—3日的累计降水量达309.9 mm,为1961年来连续三天降水量的历史极值。7日凌晨1~6时,南京主城区、江宁、溧水、雨花台区出现短时强降水,最大雨量点梅山二中降雨量258.8 mm,最大雨强达129.2 mm/h,为南京有气象记录以来的极值。

(2) 地形因子:一个地区遭受洪水的强度和频度,除了受气象因素影响外,还与其地理条件密切相关。事实上,对于小范围的局部地区而言,其洪水危险性的空间分布特征更多受制于地理因素,其中以地形对洪水危险性的影响为最大,其次是水系与径流,再者则是土壤与植被等。地形地貌与洪水危险程度是密切相关的,其对洪水的影响表现为两个方面:其一是"水往低处流",地势(绝对高程)低的地方比地势高的地方更容易受到洪水的侵袭,洪水的危险性相对越大;其二是地势越平坦的地方(相对高程越低)的积水越难以排泄而越容易致灾,洪水危险性也越大。前者用海拔高度表示,后者则多用坡度来描述。秦淮河流域三面环山,中下游地势平坦,上游山丘区洪水特点为陡涨陡落,来得快,去得也快,而西北村以下干流段,由于地势相对平坦,洪水汇集后,洪水退水慢,河道高水位持续时间长,因此,相对而言上游山丘区的成灾风险比中下游平原圩区小。

(3) 水系因子:湖泊、河流等水系是洪灾孕灾环境的另一个较为重要的影响因子。很显然,越靠近水系的地方受洪水侵袭的可能性越大,受到的洪水冲击力越强,因此其洪水的危险性程度越高。从秦淮河流域水系变迁来看,随着城市化的发展,水系呈不断萎缩的趋势,主要表现为对水系的围垦以及众多小水系被填埋,使得原本用于调蓄洪水的区域变为建设用地,增加了其排水难度,使得洪涝风险显著加大。

(4) 下垫面因子:在城市化地区,不透水面是洪灾孕灾环境的重要方面之一。伴随着城市的发展,建设用地面积不断扩大,导致区域的不透水面面积越来越大,区域的下渗和蒸发显著减少,使得同强度暴雨形成的地表径流和径流总量增大,地表径流系数增大,洪峰时间提前,洪水流量增大,洪水危险性加大。因此,不透水面面积越大的地方,洪水的危险性也越大;不透水面面积扩大的地方,洪灾危险性也随之加大。随着秦淮河流域城市化的发展,流域中下游南京主城、东山副城下垫面不透水面面积不断提高,导致了流域中下游洪水产流加快,增加了干流的行洪风险。

2. 承灾体的薄弱性

(1) 社会经济承灾体因子:同样的洪水发生在不同的地区,导致的结果可能会有所不同,说明洪涝灾害具有自然和社会的双重属性。在经济发达的地区,由于人口与城镇密集以及产业活动频繁,区域内的承灾体数量多且价值高,因此,当遭受洪水灾害时,人员伤亡和经济损失比较大。由此可以看出,同样级别的洪水发生在人口密布、经济发达的地区时,其造成的损失往往要比在人口稀疏、经济欠发达的地区更严重。对秦淮河地区而言,南京主城及东山副城是本流域的经济、文化、政治中心,该区域若遭受洪涝灾害,较流域其他地区灾害损失将更大。

（2）预报调度措施因子：监测站点密集，洪水预报水平较高，预见期较长，有充分时间提前转移的地区，淹没损失较小；反之损失就大。人们水患意识较强，接到洪水的预警、预报后，能迅速响应，并有秩序撤离的地区，洪灾损失就小；否则，洪灾损失就大。

（3）工程薄弱性因子：城市化发展使得区域的洪灾危险性和易损性加大的同时，也使得区域的防洪减灾压力增大。防洪标准较高、防洪设施建设和防洪减灾决策支持系统较完善、排洪能力强的地区，不仅遭受洪灾的机会少，而且淹没后，恢复也较快；相反，防洪标准低，防洪设施差的地区，则遭受洪灾的机会多，遭灾后恢复也慢。

从秦淮河历史洪灾情况看，秦淮河西北村以下干流地区由于是南京城市化发展的核心区域，防洪标准相对较高，出险次数较少，危害性较低，损失较小；而流域中上游各支流由于治理标准低，常成为流域洪涝灾害的高风险区。

根据前文可知，2015年、2016年汛后，针对秦淮河流域防洪排涝存在问题，省市各级政府高度重视，陆续开展了干支流堤防达标建设。秦淮河干流西北村至东山、东山至上坊门、上坊门至中和桥段都陆续进行了堤防达标建设。溧水河、一干河、二干河、三干河、横溪河等主要支流也陆续完成了堤防加固工程。总体看来，随着一轮堤防达标建设工程的实施，秦淮河干支流堤防险工段基本整治到位。根据现有防洪工程情况研判，秦淮河干流两岸堤防基本都按照100~200年一遇高标准整治到位，而各支流防洪标准在20~50年，当流域遭遇超标准洪水时，支流防洪能力薄弱段往往会成为高风险点，按照以下原则确定被迫溃口点：

（1）历史上曾发生溃口或出现险情位置；

（2）河道堤防近期未进行过系统整治、防洪能力薄弱，存在险工隐患段，潜在溃决风险；

（3）考虑保护对象重要性、人口密集、选择最不利溃口位置。

溃口信息统计见表9.3-1。

表9.3-1 溃口信息统计表

序号	溃口名称	设置原因	溃口下游圩区	主要保护对象
1	清溪圩一干河溃口	规划为生态湿地蓄滞洪工程	清溪圩	清溪圩

续表

序号	溃口名称	设置原因	溃口下游圩区	主要保护对象
2	句容河左堤龙都溃口	2015年漫堤,重要保护对象	东阳圩	龙都集镇,337省道

9.3.2 计算方案

1. 秦淮河流域发生50年、100年一遇暴雨洪水,清溪河土坝溃口。
2. 秦淮河流域发生50年、100年一遇暴雨洪水,句容河左堤溃口。

9.3.3 溃口计算结果

9.3.3.1 清溪河土坝溃口计算成果

清溪河土坝溃口宽度为20 m,溃口底高程9.0 m,圩区地面高程8~13.0 m。清溪河溃口50年一遇、100年一遇淹没图如图9.3-1、图9.3-2所示。溃口方式为瞬溃,封堵时机为溃决发生后3天封堵。

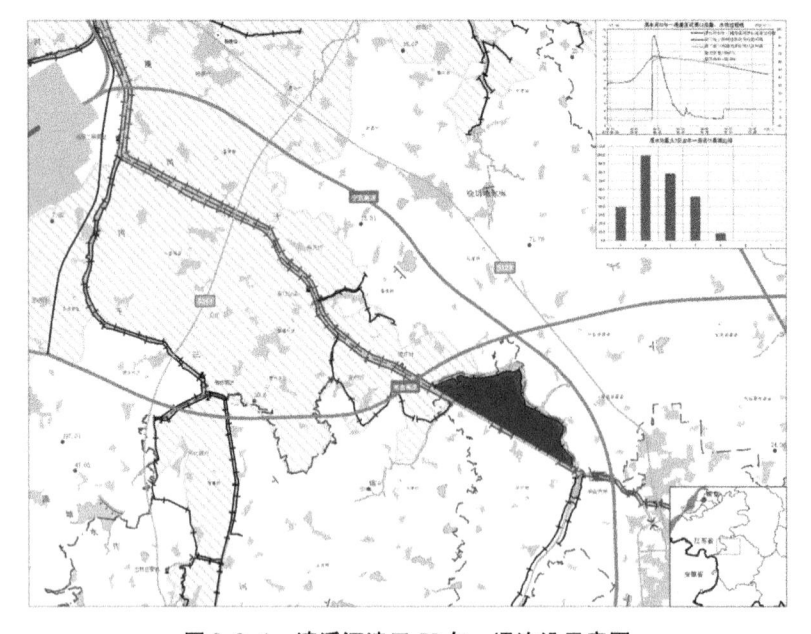

图9.3-1 清溪河溃口50年一遇淹没示意图

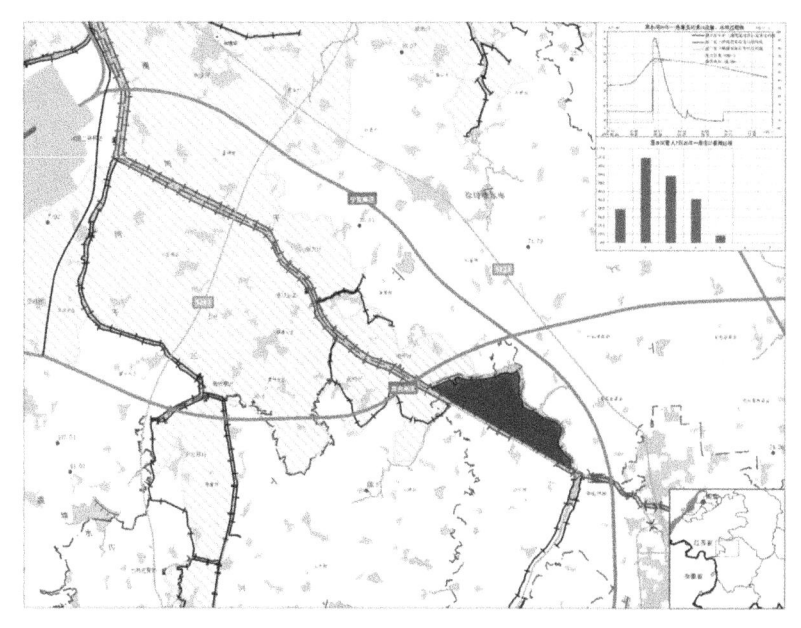

图 9.3-2　清溪河溃口 100 年一遇淹没示意图

根据计算,清溪河溃口 50 年一遇暴雨洪水溃口最大流量为 380 m³/s,进洪总量为 0.075 1 亿 m³,最大淹没面积为 1.7 km²,平均淹没水深为 4.0 m;清溪河溃口 100 年一遇暴雨洪水溃口最大流量为 400 m³/s,进洪总量为 0.075 1 亿 m³,最大淹没面积为 1.7 km²,平均淹没水深为 4.1 m。

9.3.3.2　句容河溃口计算成果

模拟句容河溃口宽度为 90 m,溃口底高程 8.5 m,影响圩区为东阳圩,圩区地面高程 6.0~7.5 m。龙都溃口 50 年一遇、100 年一遇淹没图如图 9.3-3、图 9.3-4 所示。

溃口时机为溃口处水位达到防洪设计水位 12.41 m 时溃决,溃决方式为渐溃。封堵时机为溃决发生后 3 天封堵。

根据计算,句容河溃口 50 年一遇暴雨洪水溃口最大流量为 925 m³/s,进洪总量为 2.06 亿 m³,最大淹没面积为 76.19 km²,平均淹没水深为 2.86 m;龙都溃口 100 年一遇暴雨洪水溃口最大流量为 1 134 m³/s,进洪总量为 2.57 亿 m³,最大淹没面积为 78.04 km²,平均淹没水深为 3.37 m。

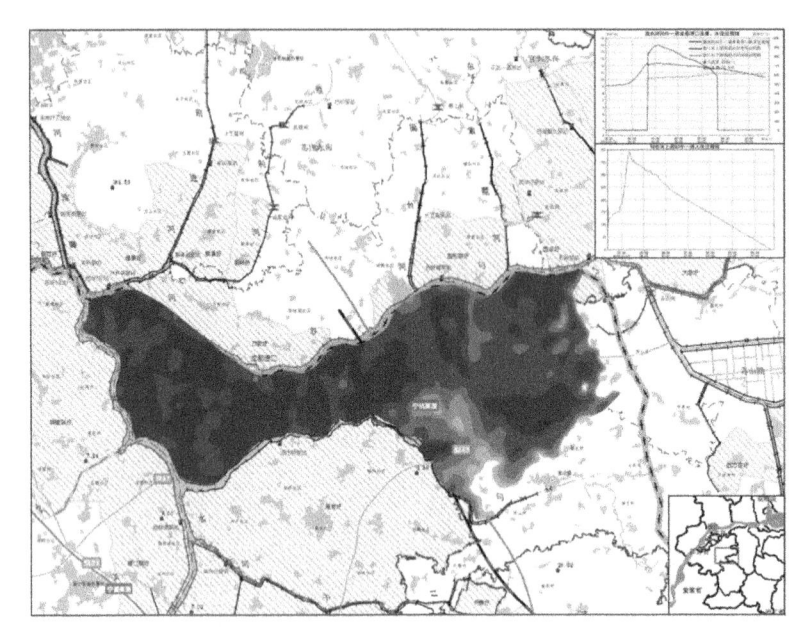

图 9.3-3　龙都溃口 50 年一遇淹没示意图

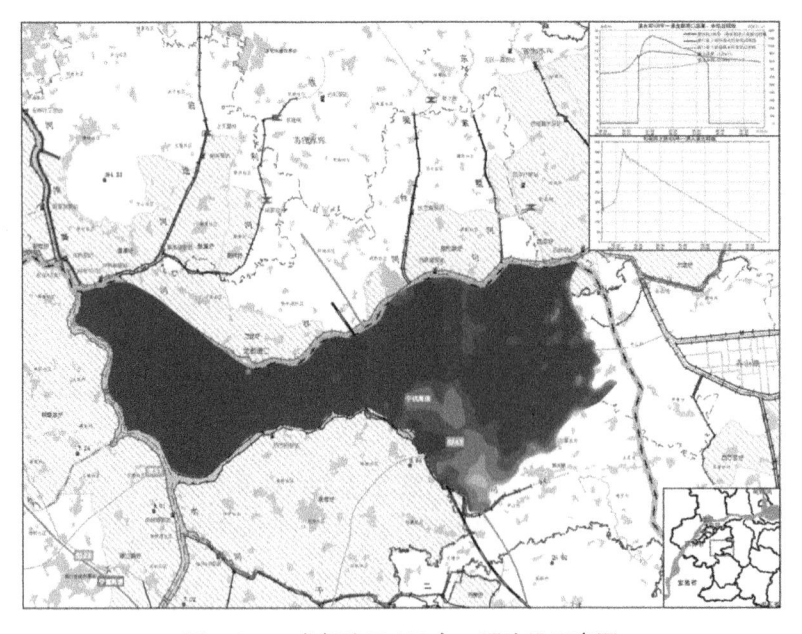

图 9.3-4　龙都溃口 100 年一遇淹没示意图

9.3.4 淹没及损失分析

清溪圩地势较为平坦,圩区封闭,流域遭遇 50 年一遇洪水与遭遇 100 年一遇洪水淹没范围基本一致,清溪圩破圩淹没农田 144.83 公顷,受影响人口 0.015 万人,受影响道路 2.1 km,GDP 损失 3 102.94 万元,见表 9.3-2。

表 9.3-2　50 年一遇洪水清溪圩破圩影响统计

乡镇	淹没面积（km²）	淹没农田（公顷）	受影响 GDP（万元）	受影响人口（万人）	受影响道路（km）
开发区	1.7	144.83	3 102.94	0.015	2.1

当流域遭遇 50 年一遇洪水时,句容河左堤破圩淹没农田 5 801.93 公顷,受影响人口 3.44 万人,受影响道路 48.73 km,受影响铁路 5.99 km,GDP 损失 163 391.82 万元;当流域遭遇 100 年一遇洪水时,句容河左堤破圩淹没农田 5 947.61 公顷,受影响人口 3.49 万人,受影响道路 49.41 km,受影响铁路 5.99 km,GDP 损失 167 469.84 万元。具体情况见表 9.3-3、表 9.3-4。

表 9.3-3　50 年一遇洪水句容河左堤破圩影响统计

乡镇	淹没面积（km²）	淹没农田（公顷）	受影响 GDP（万元）	受影响人口（万人）	受影响道路（km）	受影响铁路（km）
湖熟街道	46.86	3 518.67	97 985.88	2.72	28.63	1.65
赤山湖管委会	4.37	324.98	6 845.94	0.16	1.17	0.00
郭庄镇	24.96	1 958.28	58 560.00	0.56	18.93	4.34
合计	76.19	5 801.93	163 391.82	3.44	48.73	5.99

表 9.3-4　100 年一遇洪水句容河左堤破圩影响统计

乡镇	淹没面积（km²）	淹没农田（公顷）	受影响 GDP（万元）	受影响人口（万人）	受影响道路（km）	受影响铁路（km）
湖熟街道	46.88	3 520.55	98 027.69	2.72	28.62	1.65
赤山湖管委会	4.70	347.70	7 362.92	0.16	1.24	0.00
郭庄镇	26.46	2 079.36	62 079.23	0.61	19.55	4.34
合计	78.04	5 947.61	167 469.84	3.49	49.41	5.99

10 流域洪涝风险应对策略研究

秦淮河是金陵文化的发源地，是南京人民的母亲河，作为本地区唯一的洪水走廊，历史上洪涝灾害频发，为了治理秦淮河洪水问题，历代先贤发挥了聪明才智，付出了不懈努力，使秦淮河从一条自然洒脱肆意奔流的天然河道逐渐演变成一条循规蹈矩、造福万民的母亲河。时至今日，我们的水利工作者们仍在传承着先辈们的精神，集思广益，凝聚力量，为保一方河水安澜而努力。

10.1 秦淮河流域防洪规划情况

自古以来，历朝历代多是因洪治水，被动防御，鲜有系统性治理秦淮河的思考，相关的文献资料也较少。民国时期，随着城市经济的快速发展以及人口数量的急剧增长，南京市城市建设引入了先进的规划理念，编制有《首都计划》，其中《水道之改良》就内秦淮河取水及雨水宣泄计划提出了相应的治理措施；1931年南京城大水之后，当时政府于1932年拟定了《南京市防水计划报告》，主要提及了南京城内及城外洪水防治办法，以上文献均以南京城防为主，仅涉及秦淮河下游城区段河道防洪治理内容，对秦淮河流域的防治尚无系统规划。1947年编制完成了《秦淮河流域水利状况及治本方案》，该方案算是第一本秦淮河流域系统治理的文献，方案中对秦淮河从上到下的防洪问题进行了梳理，提出了相应的应对措施，主要内容包括：1. 整治赤山湖；2. 整治秦淮河干支流；3. 整治秦淮河本流；4. 整治句容河灌溉航运工程；5. 沟通石臼湖与溧水河第一干流；6. 设置圩田抽水站。这个方案后来由于政局剧变，未能实施。

中华人民共和国成立以后，秦淮河的整治工作从未断过，人力物力的投入不断加大,我国水利工作者对治理方案的思考不断深入,在总结前人经验的基础上编制完成了大量的文献典籍,其中影响最大的成果有《秦淮河流域水利规划》(1975年)、《秦淮河流域防洪规划》(2008年)和《秦淮河地区水利治理规划》(2019年)。

1.《秦淮河流域水利规划》(1975年)

1971年,南京市提出整治秦淮河方案设想。1972年,编报《秦淮河流域水利规划》。1975年,江苏省水电局组织南京市、镇江地区及江宁、句容、溧水等有关地、县水利局,查勘修订完成《秦淮河流域水利规划》(简称"75规划")。规划的治理原则:上游丘陵山区以蓄为主,扩建水库,洪水年拦蓄洪水,干旱年蓄水灌溉;中游适当疏浚河道,整修圩堤,增加河道行洪能力;下游扩大洪水出路,结合引江。治理标准:灌溉按一九六六年型(相当于百日无雨)保证农田灌溉和城市用水;排洪第一步按三日面雨量300 mm设计,以后再提高到三日面雨量500 mm标准,特大洪水要有对策,在任何情况下确保水库大坝安全;加快农田基本建设,做到遇旱有水,遇涝排水,更好地为农业增产和发展国民经济服务。按照三日面雨量300 mm标准,需要安排入江出路1 800 m^3/s,除将秦淮河干河从现有排水能力约400 m^3/s提高到600 m^3/s外,另开辟秦淮新河分洪道,设计排水能力800 m^3/s,此时,河定桥最高日平均水位10.9 m,为对付特大暴雨留有余地,堤防超高留足2.5 m,今后将老河排水能力再提高至900 m^3/s,河定桥最高日平均水位可降低到10.4 m。如按三日面雨量500 mm的标准校核,河定桥最高水位将达13.2 m,因此,仍需采取有计划的滞洪措施。规划的主要工程有:干河西北村至河定桥段拓浚;河定桥以下段整治;开辟秦淮新河;续建、新建五百万方水库十一座;开挖主要环山河三条;灌溉补水工程;排涝工程;农田水利基本建设等。

2.《秦淮河流域防洪规划》(2008年)

此规划简称"08规划",由江苏省水利厅于2000年组织编制,2008年6月通过省水利厅组织专家评审。规划按照"左右岸兼顾,上中下游协调"的原则,坚持"上蓄、中滞、下泄",做到确保重点,兼顾一般,统一规划,全面安排。上游丘陵山区,加固撇洪沟堤防,继续建设蓄水工程,现有的水库加固,开展水土保持,绿化荒山;中游整治河道,巩固堤防,增加蓄泄能力。赤山湖控制运用,调蓄洪峰,湖区面积恢复到"75规划"的8.8 km^2,周边堤防进行除险加固,赤山闸拆建;下游主要是扩大排洪能力,整治现有两条排洪出路秦淮新河和外秦淮河,满足流域洪水下泄,加高加固堤防及配套建筑物的除险,清除沿河阻水建筑物。

规划标准:流域防洪标准达50年一遇;南京城市挡洪标准100年一遇,溧水县城等重要城镇防洪标准50年一遇;主要支流句容河、溧水河按照50年一遇标准治理,其他小支流堤防按照20年一遇标准建设;禄口国际机场按100年一遇标准实行自保。

规划主要治理工程:①干流防洪:秦淮河干流自前埠村(秦)以下按照南京城市挡洪要求全线巩固堤防,并通过外秦淮河综合整治、秦淮新河清淤、前埠村(秦)以下段局部拓浚等措施提高流域洪水下泄能力,保证洪水安全入江;②城市防洪:下游干流堤防按照南京城市挡洪要求建设;东山新市区、溧水县城按照规划标准建设防洪保护圈;③支流防洪:句容河局部堤顶高程不足、冲刷严重段除险加固;北山、句容两座水库溢洪道拓浚;其他小支流以加固堤防为主;④赤山湖防洪:恢复赤山湖至8.8 km^2,加固周边堤防和病险涵闸,赤山闸拆除重建;⑤中小型水库防洪:扩建有潜力的水库,下阶段另行研究新建水库,实施水库除险加固工程。

3.《秦淮河地区水利治理规划》(2019年)

规划由江苏省水利厅规划办统一组织编制,2019年通过省水利厅审查并印发。规划以2015年、2016年秦淮河流域大洪水为研究背景,分析了2015年和2016年流域暴雨洪水成因,对流域现状水利基本情况进行了梳理,在此基础上搭建了流域水文水动力模型。为了解决流域新情势下的洪涝灾害问题,规划对流域治理总体布局进行了深入研究,拟定了防洪对策方案。

规划标准:秦淮河干流、溧水河及句容河防洪标准50年一遇,其他支流防洪标准20年一遇;山洪防治标准按10~20年一遇;上述位于城镇范围内的河道按相应城镇防洪标准。南京主城防洪标准200年一遇,东山副城、仙林副城及禄口国际机场防洪标准100年一遇,溧水和句容城区防洪标准50年一遇;南京龙潭、板桥、滨江、汤山、禄口等规划新城防洪标准50年一遇;市镇防洪标准根据具体情况按20~50年一遇不等。

规划主要工程:①外秦淮河清淤。继续实施"08规划"未实施的河道清淤工程,对秦淮河西北村以下河段进行疏浚清淤。其中,三汊河口~武定门节制闸河底高程1 m,武定门节制闸~东山河底高程1~2 m,东山~西北村河底高程2~2.5 m。②秦淮新河清淤扩卡。继续实施"08规划"未实施的河道清淤工程,对秦淮新河进行疏浚清淤,秦淮新河入江口~东山河底高程0~2 m。此外,对秦淮新河闸下至入江口段河道拓浚,使该段与秦淮新河闸上河道相适应。③贯通秦淮东河双线工程。秦淮东河工程已纳入《南京城市防洪规划(2013—

2030)》,目前工程正在开展一期工程初设研究。工程起点分别在秦淮河上坊门和七桥瓮经运粮河、中心河穿越分水岭再经九乡河、七乡河分洪到长江,分洪规模约 300 m³/s。④继续实施赤山湖蓄滞洪区建设。赤山湖继续建设白水荡蓄滞洪区,湖面恢复到规划的 8.8 km²,其中内湖 4.0 km²、环湖 2.3 km²,白水荡 2.5 km²。规划在西北村附近结合上秦淮湿地公园建设,在湿地公园范围内利用 3.0 km² 水面作为蓄滞空间,最大蓄水量 1 500 万 m³ 左右;在溧水区清溪圩结合生态建设蓄滞空间 1.7 km²,最大蓄水量 850 万 m³ 左右;在西万亩圩建设湿地蓄滞水面 4 km²,扩大蓄滞洪能力,建设进退水口门及封闭堤防。

10.2 秦淮河流域现状防洪体系及防洪情势分析

1949 年中华人民共和国成立后,我国对秦淮河的治理一直未停止。20 世纪 50 年代,因 1949 年、1954 年两次大水,秦淮河治理以联圩并圩、修建防洪堤为主要内容;20 世纪 60 年代,仍以防洪消险为主,加固干支堤防,西北村以下干支河道裁弯取直、浚深拓宽、退建堤防、扩大改建阻水桥梁;1975 年以后,秦淮河流域按照"75 规划"进行工程建设,包括新建水库,新开秦淮新河等;进入 21 世纪,随着《秦淮河流域防洪规划》通过专家评审,秦淮河地区治理不再局限于防洪和水资源供给工程,增加了水环境、水生态治理工程内容,工程内容包括干支流综合治理、赤山湖退渔还湖等。

经过多年的建设完善,秦淮河流域防洪体系基本建成,流域防洪布局按照《秦淮河流域防洪规划》"上蓄、中滞、下泄"的布局原则进行构建,中小型水库拦蓄洪水以"上蓄",赤山湖等圩区河塘蓄滞洪水区以"中滞",秦淮新河、外秦淮河分泄洪水以"下泄"。

然而,近年来秦淮河流域水情、工情发生了巨大变化,同时社会经济发展对流域防洪也提出了新的要求,流域防洪体系暴露出许多问题,具体包括以下几方面:

1. 流域整体防洪标准偏低,不能满足社会经济发展需要

根据《秦淮河流域防洪规划》,流域防洪标准需达 50 年一遇,主要支流句容河、溧水河按 50 年一遇标准治理,其他小支流堤防按 20 年一遇标准建设。根据《南京城市防洪规划报告(2013—2030)》,主城区范围内秦淮河防洪标准需达到 200 年一遇,东山副城范围内防洪标准达到 100 年一遇;禄口国际机场等重要基础设施按 100 年一遇标准实行自保。

从 2015 年、2016 年秦淮河流域发生的流域性大洪水来看,秦淮河流域整体防洪标准不足 50 年一遇,其中秦淮河干流西北村至东山段属东山副城防洪圈范围,近期实施了综合整治,防洪能力基本达到 100 年一遇,秦淮河干流东山至三汊河口段以及秦淮新河属主城防洪圈,现状防洪能力不足 100 年一遇,距离城防规划要求的 200 年一遇还有较大差距。主要支流溧水河和句容河整体防洪标准不足 50 年一遇,未达到流域规划要求。

2. 河道行洪能力有下降趋势,泄洪出路不足

由于流域水情的变化,秦淮新河和外秦淮河的行洪压力逐渐增大,但随着社会经济的发展两河的行洪能力却在逐年减退,从前文可知,现状秦淮河下游河段、秦淮新河跨河桥梁密度大,平均间距不足 1 km,秦淮河干流以及溧水河、句容河等支流上桥梁较为密集,阻水严重,严重削弱河道的行洪能力,随着城市交通道路的建设,仍有增加的趋势。同时,《秦淮河流域防洪规划》中规划的外秦淮河、秦淮新河束窄段的扩卡清淤工作由于种种原因尚不能实施到位,比如外秦淮河水西门桥、养虎巷、雨花桥等 3 处局部缩窄段,河口宽度不足 90 m,秦淮新河切岭段河口宽度不足 100 m。总体看,秦淮河流域河道的行洪能力下降明显,防洪安全岌岌可危。

3. 防洪调度手段传统,工程效益无法充分发挥

目前,流域内中小型水库建有 108 座,总库容 3.77 亿 m³,重点塘坝 300 余座,总库容 6 000 万 m³ 左右。可以说秦淮河上游水库、塘坝的调蓄潜力巨大,但从多年的防汛调度工作开展情况看,流域内防洪调度手段相对传统,除 8 座中型水库外水库、塘坝多为无闸控制,大洪水期间工程的调蓄能力难以充分发挥。同时,秦淮河中下游两岸圩区泵站调度管理比较混乱,未形成统一的调度管理指挥系统,大洪水期间,各圩区多以自保为主,全力抽排圩内涝水,给干流行洪河道造成巨大压力。

4. 应对超标准洪水能力不足

《秦淮河流域防洪规划》提出在遇到超标准洪水时,流域应采取水库超蓄、赤山湖控泄滞蓄、有必要的时候破圩分洪来确保下游城市的安全。目前,秦淮河流域防洪形势严峻,流域整体防洪能力不足,现有的规划工程及在建工程的实施仅仅能满足《秦淮河流域防洪规划》流域 50 年一遇防洪要求,防洪安全富余度不足。随着流域中下游城市化发展的加快,在面对超标准洪水时,原有规划中破圩分洪的措施越来越难以实施,而目前又无其他可靠的措施予以应对。

10.3 流域洪涝风险应对工程措施研究

根据前文所述,秦淮河流域洪涝风险依然存在,现有的防洪工程措施尚不能彻底解决流域防洪问题,前人"上蓄、中滞、下泄"的治水理念已经为我们指明了秦淮河治理的思路,结合相关规划成果,笔者认为中游蓄滞洪工程、秦淮东河工程、秦淮南河工程均将是解决秦淮河洪水问题的行之有效的工程措施。

10.3.1 蓄滞洪工程

从前文描述可知,秦淮河流域地形四面环山,中间低平,成一完整的山间盆地,秦淮河上游溧水河、句容河两支在流域中游西北村附近交汇,该地区汇集了流域接近70%的洪水(图10.3-1)。若是在该区域选择一处人口较少、地势低洼的圩垸,进行蓄滞洪区建设,当遭遇特大洪水时,开闸分洪,临时滞蓄,可大大缓解秦淮河干流防洪压力。

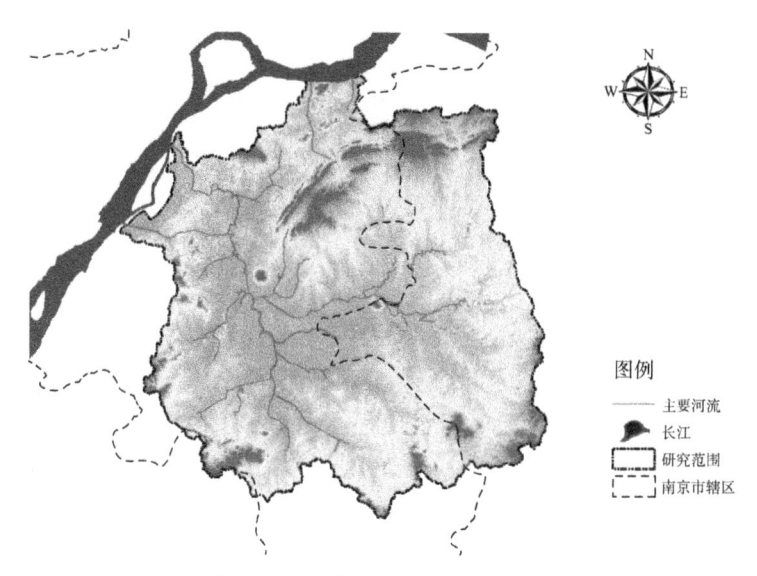

图10.3-1 秦淮河流域地形示意图

笔者所知,秦淮河中游西北村附近将打造上秦淮生态湿地公园,该公园是南京市绿地生态系统的重要组成部分,以保护区域的生态环境、改善湿地公园的水质状况为根本立足点。根据《秦淮河地区水利治理规划》,可分别在西北村附近落实面积3.0 km² 蓄滞区,在清溪圩落实面积1.7 km² 蓄滞区。

上秦淮湿地公园位于溧水河、句容河与秦淮河干流的交汇之处,属于秦淮河两岸圩区,地势平坦低洼、起伏不大,区域内农田、河沟、池塘遍布,河道贯通,水域广阔。上秦淮湿地公园陆域面积为 25.42 km², 水域面积 5.94 km², 水面积率为 23.4%。现状圩内地面高程 7.5 m 左右, 河底高程 3.0~4.0 m, 圩内水体常水位 6.8 m, 汛期高水位 7.3 m 左右。若在湿地公园内预留 3.0 km² 蓄滞区,最大蓄水量可达 1 500 万 m³ 左右(图 10.3-2)。

图 10.3-2 上秦淮生态湿地结合滞洪工程规划示意图

清溪圩位于溧水区天生桥河与一干河交汇处沙河口下游右岸,由清溪河与一干河围合而成,总面积约 2.0 km²。最西端戴家岗地势较高,其余圩区地面高程 8.5~9.5 m,圩区总面积约 1.7 km²,可结合生态湿地建设雨洪调蓄空间,起调水位 8.00 m, 最大蓄水量 850 万 m³ 左右(图 10.3-3)。

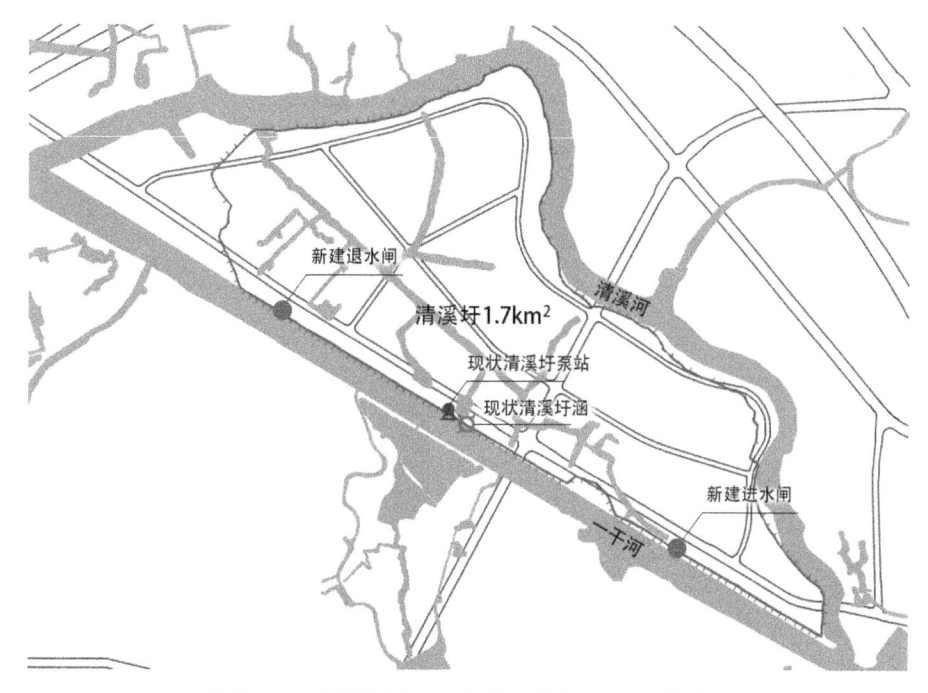

图 10.3-3　清溪圩生态湿地结合滞洪工程规划示意图

10.3.2　秦淮东河工程

秦淮东河工程是继秦淮新河工程之后的又一大流域分洪工程，东河工程实施后，将使得秦淮河流域水系格局发生重大变化，同时东河的分洪作用，可有效降低秦淮河东山以下段的洪涝风险。

10.3.2.1　东河工程由来

秦淮河流域流经南京市主城区，是南京城市防洪的重中之重，历史上秦淮河流域洪涝灾害频发，损失严重。《秦淮河流域防洪规划》(2008)提出了外秦淮河分洪 711 m³/s、秦淮新河分洪 976 m³/s 的河道行洪要求，以解决流域洪水出路问题。随着南京市社会经济的发展，城市规模的不断扩大，防洪标准要求进一步提高，而现状河道行洪能力不能满足规划要求，防洪形势严峻。有鉴于此，南京市水利局组织编制了《秦淮东河工程规划方案》，首次确定了秦淮东河工程的功能定位，初步确定了东河线路走向。该规划方案确定的秦淮东河工程起点位于秦淮河干流的上坊门桥和七桥瓮,终点在九乡河和七乡河入江口,通过疏浚扩挖现有河道、结合新开河道、打通分水岭形成,河道总长约 53 km;根据《秦淮河流域防洪规划》,初步确定秦淮东河的分洪规模为 300 m³/s。

规划编制过程中,南京市水利局组织编制单位与市政府财政、规划、国土、市政、交通、环保、城管等部门及涉及的区政府、园区、军事机关等进行了多次沟通,就工程规模、总体布置、用地、主要工程方案等方面基本达成了一致,并提请规划部门对工程用地进行了规划预留。2011 年 3 月,江苏省水利厅对规划方案进行了技术审查,并以苏水函〔2011〕65 号"关于对《秦淮东河工程规划方案》的审核意见"下发,该审核意见从保障防洪安全和改善水生态环境的需要,充分肯定了秦淮东河建设的必要性和迫切性,基本同意规划提出的工程线路走向、总体布局和工程规模(图 10.3-4)。

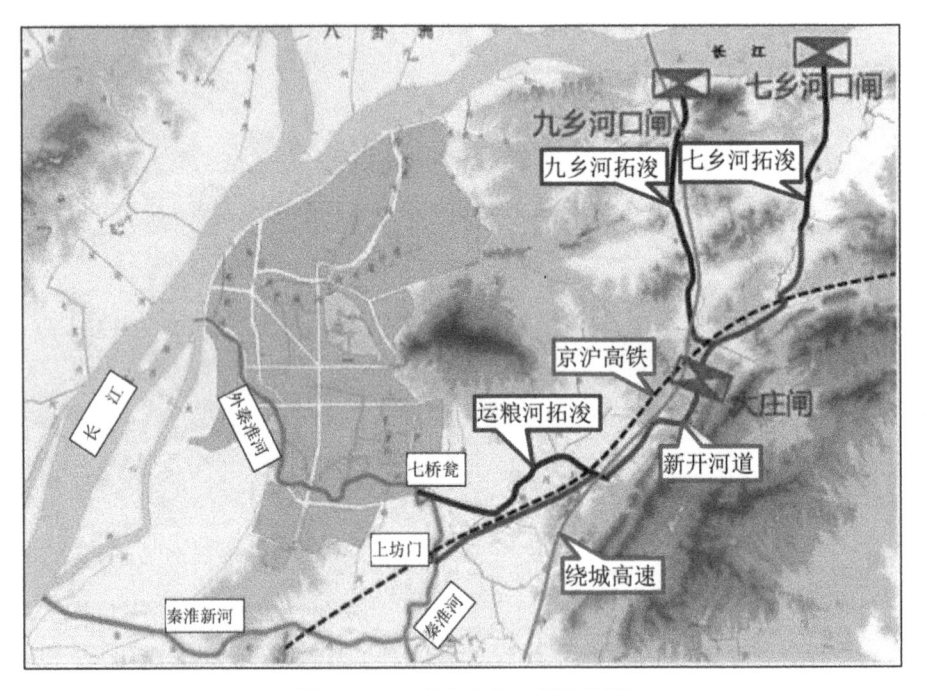

图 10.3-4　秦淮东河工程示意图

10.3.2.2　东河规划目标

秦淮东河工程的主要目标是通过新开分洪通道增加秦淮河流域下游洪水出路,降低秦淮河干流中下游的水位,提高流域下游地区的防洪能力,提高南京主城、城东仙林副城的防洪标准;兼顾城东片区水环境改善、优化南京江南地区水资源配置格局等任务。

10.3.2.3 秦淮东河防洪功能定位

(1)《秦淮东河一期项目建议书》中的定位

秦淮东河作为秦淮河流域下游的分洪道工程,主要目标是解决两大问题:一是增加流域洪水出路,提高流域防洪标准;二是提高南京城市防洪能力,达到南京城市防洪规划确定的防洪标准。

流域防洪中,当流域遭遇50年一遇洪水时,通过秦淮东河增加流域洪水出路,分洪流量不小于261 m^3/s,满足流域洪水出路要求。

城市防洪中,秦淮东河分洪道开通后,南京主城防洪能力可达到100年一遇,并留有余地;东山副城防洪能力可达到100年一遇。仙林副城结合现有九乡河、七乡河现有堤防情况,在基本不加高堤防情况下达到100年一遇挡洪能力。

(2)《南京市城市防洪规划》(2015)中的定位

秦淮东河分洪道实施后,通过秦淮东河加大分洪,并结合其他流域治理措施和非工程调度使主城防洪达到100年一遇,并留有余地,东山副城防洪能力达到100年一遇,仙林副城结合现有九乡河、七乡河堤防情况,在基本不加高堤防情况下达到100年一遇洪水泄洪要求,洪水位大幅降低,改善两岸排水条件。

应对超标准洪水时,武定门闸控制泄洪,充分发挥秦淮新河和规划开挖的秦淮东河的分洪潜力,减少对南京主城区的防洪压力。

10.3.2.4 东河总体布局

1. 东河线路布局原则

(1) 充分利用运粮河、中心河、九乡河和七乡河等现有河道,减少征地和土方工程量;

(2) 与土地利用规划结合,新开河段尽可能利用丘陵岗地以及高速通道沿线的绿化廊道,最大程度避开与沿线开发建设用地的矛盾;

(3) 尽量避开大中型工矿企业、房屋密集区和高压铁塔及其他重要设施,减少拆迁安置工作量;

(4) 尽可能结合现有路网,减少跨河桥梁数量,节省投资;

(5) 河线穿越高等级公路时,河道中心线尽量与桥梁轴线垂直,并保持桥位上下游一定长度的直线段;

(6) 在满足分洪要求基础上,兼顾改善地区水生态环境,构建南京城区清水通道的需求。

2. 总体线路布局

秦淮东河全长 53.2 km(主河道全长约 32.7 km),其中:拓浚河道 29.5 km、新开河道 19.1 km、穿山隧洞 4.6 km。

工程线路起点在秦淮河上坊门和七桥瓮,终点在九乡河和七乡河入江口。其间,利用现有运粮河(含上坝河)、九乡河、七乡河等水系进行拓浚,同时沿京沪高铁、绕越高速等附近新开河道、穿越分水岭沟通水系。

具体线路分三段:

第一段:秦淮河-上坝河,按两条线路布局,一支从七桥瓮起始,沿现有运粮河拓浚,长度 8.9 km;另一支沿从上坊门起始,现有中心河及京沪高铁南侧新开河,长度 7.9 km。

第二段:上坝河-九乡河,按一条线路布局,沿绕越高速及东郊小镇东侧新开河道,穿越宁杭公路分水岭进入九乡河,长度 9.9 km,其中拓浚河道 0.9 km,新开河道 5.9 km,新开穿山隧洞 3.1 km(西村隧洞)。

第三段:九乡河、七乡河-长江,按两条线路布局,一支是沿现有九乡河进行拓浚(少部分新开河 1.1 km)进入长江,长度 12.6 km。另一支是沿京沪高铁南侧及绕越三环西侧新开河道进入七乡河,后沿现有七乡河拓浚进入长江,长度 14.3 km,其中拓浚河道 8.2 km,新开河道 4.2 km,新开穿山隧洞 1.9 km(锁石隧洞)。

3. 主要调控建筑物布局

秦淮东河工程完成后,秦淮河、九乡河、七乡河将连成水网,并与长江沟通,为防止长江洪水倒灌,分别在九乡河口、七乡河口布置挡洪闸,同时兼顾行洪、蓄水和水资源调度功能;为实现秦淮河和九乡河、七乡河流域间洪水相机调度,灵活控制分洪规模,并为非汛期秦淮河和沿江小流域之间的蓄水位梯级控制提供条件,在流域分水岭布置大庄节制闸,满足行洪、分洪规模控制和水位梯级控制要求。在便民河和七乡河口交汇处的便民河上布置便民河节制闸,为区域蓄水和活水提供条件:一是满足蓄水条件,二是必要时经便民河闸向龙潭新城地区自流引水,改善水环境。

10.3.2.5 秦淮东河防洪调度思路

《秦淮河流域防洪规划》(2008)提出秦淮河流域防洪工程体系建设按照"左

右岸兼顾,上中下游协调"的原则,继续坚持"上蓄、中滞、下泄"的治水思路,做到确保重点,兼顾一般,统一规划,全面安排。秦淮河现有防洪体系为历代多年建设形成,基本遵循了"上蓄、中滞、下泄"这一治理理念,主要由水库、河道堤防、蓄滞洪区、分洪道及闸站等工程措施以及分洪闸及水库调度等非工程措施构成。针对流域水情工程的新变化,在防洪调度时,要在充分挖掘现有工程防洪潜力的同时,注意发挥非工程措施的功效。

秦淮东河的开通,为秦淮河洪水外排提供了新的通道,与秦淮河治理思路中"下泄"思路相一致。同时,由于东河工程连通了秦淮河流域与九乡河、七乡河流域,东河工程既是九乡河、七乡河洪水的下泄通道也要为干流分洪做贡献,如何通过现有工程措施的灵活调度,实现流域间洪水的合理下泄,协调整体与局部的关系是一个值得研究的问题。

本书依托秦淮河流域水文水动力模型,通过对秦淮新河闸、武定门闸、大庄闸、九乡河口闸和七乡河口闸等控制性工程的联合调度方案研究,力图在确保流域整体防洪安全的前提下,充分发挥各控制工程的工程效益,为秦淮东河开通后的流域防洪调度提供参考。

10.3.2.6 秦淮东河分洪潜力分析

根据《秦淮河流域防洪规划》,规划的外秦淮河行洪能力要达到 711 m^3/s,而随着城市化发展的加快,外秦淮河涉水临水建筑物的增多,外秦淮河行洪能力逐年下降,现状外秦淮河行洪能力为 400~450 m^3/s,不能满足规划要求。秦淮东河工程的上马也是考虑到外秦淮河分洪能力不足的事实,对外秦淮河行洪能力进行补偿,东河分洪目标为 250~300 m^3/s。

秦淮东河的实际分洪能力受诸多外部条件影响,流域降雨量不同、降雨分布不同、边界长江水位不同都会对秦淮东河的分洪效果造成影响。

本书借助秦淮河流域水文水动力模型,分析不同洪潮组合情况下的秦淮东河的分洪能力。同时考虑到秦淮东河开通后,不仅需要将原九乡河和七乡河小流域洪水下泄入江,还需要分泄一部分秦淮河干流来水,二者存在一定的遭遇组合问题。当秦淮河全流域发生暴雨时,秦淮东河需要优先下泄本流域洪水,必然影响其对干流的分洪效果,当暴雨中心位于秦淮河干流,而九乡河、七乡河流域内无雨或小雨的时候,理论上秦淮东河可以充分发挥对干流的分洪作用。因此,本书针对这两种遭遇组合情况分别分析秦淮东河的分洪效果。

方案1:基础方案+秦淮东河全贯通+秦淮河全流域降雨

方案 2：基础方案＋秦淮东河全贯通＋秦淮河干流降雨，九乡河、七乡河流域无降雨

通过流域水文水动力模型对各方案不同洪潮组合下的水位流量情况进行模拟计算，计算结果见表 10.3-1 和表 10.3-2。对计算结果比较分析可知：

(1) 水位情况

方案内比较：从各方案计算结果看，相同潮位边界情况下，流域遭遇 100 年一遇洪水与流域遭遇 50 年一遇洪水相比较，西北村水位平均提高 0.42 m，东山水位平均提高 0.31 m，武定门闸水位平均提高 0.26 m。

方案间比较：方案 1 秦淮东河开通后相对于基础方案，遭遇各种洪潮组合情况下，可使西北村水位平均降低 0.17 m，东山桥水位平均降低 0.35 m，武定门闸上水位平均降低 0.47 m，可见东河工程对降低流域洪水位还是很有效的，尤其东山桥以下段的水位降低效果尤为明显。

(2) 分洪流量情况

方案内比较，方案 1 和方案 2 流域遭遇 50 年一遇洪水时，西村隧洞最大流量分别为 434 m^3/s 和 409 m^3/s，流域遭遇 100 年一遇洪水时，西村隧洞最大流量分别为 472 m^3/s 和 443 m^3/s，可见当长江潮位相同时，流域降雨越大，干流水位越高，秦淮东河的分流量越大。20 年暴雨遭遇长流规潮位时，方案 1 和方案 2 中西村隧洞最大流量分别为 411 m^3/s 和 391 m^3/s，可见其分洪能力受长江潮位的影响，当长江水位较高时，东河的分洪流量有所减少。

方案间比较，比较方案 1 和方案 2，流域遭遇 50 年一遇洪水时，方案 2 运粮河分流口最大分流量达到 184 m^3/s，比方案 1 增加 56 m^3/s，中心河分流口最大分流量达到 238 m^3/s，比方案 1 增加 34 m^3/s。流域遭遇 100 年一遇洪水时，方案 2 运粮河分流口最大分流量达到 198 m^3/s，比方案 1 增加 60 m^3/s，中心河分流口最大分流量达到 262 m^3/s，比方案 1 增加 33 m^3/s。20 年暴雨遭遇长流规潮位时，方案 2 运粮河分流口最大分流量达到 171 m^3/s，比方案 1 增加 41 m^3/s，中心河分流口最大分流量达到 223 m^3/s，比方案 1 增加 27 m^3/s。从结果看，当流域遭遇大洪水时，中心河和运粮河分流口总分流量基本在 300 m^3/s 以上，满足规划要求，当九乡河和七乡河流域无雨或小雨时，中心河和运粮河分流口的分流效果更好。

表 10.3-1 不同方案下秦淮河洪水模型水位计算结果表

单位：m

洪潮组合	基础方案	方案 1	方案 2	基础方案	方案 1	方案 2	基础方案	方案 1	方案 2
节点名称	50年暴雨＋"917"潮位			100年暴雨＋"917"潮位			20年暴雨＋"长流规"潮位		
三汊河口	9.72	9.72	9.72	9.72	9.72	9.72	10.63	10.63	10.63
赛虹桥	10.9	10.59	10.36	11.11	10.76	10.5	11.24	11.01	10.96
武定门闸上	11.54	11.04	10.77	11.84	11.32	10.97	11.65	11.26	11.13
运粮河口	11.82	11.28	10.95	12.14	11.56	11.17	11.86	11.43	11.24
秦淮新河闸上	10.29	10.22	10.21	10.37	10.28	10.26	10.95	10.9	10.89
东山桥	12.01	11.65	11.46	12.34	11.95	11.75	11.99	11.7	11.57
西北村	13.04	12.87	12.8	13.47	13.29	13.21	12.8	12.65	12.58
解溪河口	13.19	13.04	12.98	13.66	13.49	13.42	12.91	12.77	12.71
陈家边	13.87	13.76	13.76	14.41	14.3	14.25	13.41	13.27	13.21
赤山闸上	14.07	13.96	13.97	14.64	14.53	14.49	13.58	13.53	13.52
一干河口	13.39	13.28	13.22	13.82	13.69	13.62	13.12	13.01	12.96
运粮河分流口	0	11.28	10.95	0	11.56	11.17	0	11.43	11.24
中心河分流口	0	11.4	11.11	0	11.68	11.35	0	11.52	11.33
西村河隆洞前	0	10.91	10.26	0	11.18	10.46	0	11.1	10.71
京沪高铁涵洞后	9.12	10.34	9.65	9.12	10.56	9.75	0	10.63	10.27
九乡河口	9.12	9.12	9.12	9.12	9.12	9.12	10.01	10.01	10.01
锁石隆洞前	0	10.31	9.62	0	10.53	9.73	0	10.61	10.25
七乡河口	8.97	8.97	8.97	8.97	8.97	8.97	9.87	9.87	9.87

表 10.3-2 不同方案下秦淮河洪水模型流量计算结果表

单位:m³/s

洪潮组合 节点名称	50年暴雨+"917"潮位 基础方案	方案1	方案2	100年暴雨+"917"潮位 基础方案	方案1	方案2	20年暴雨+"长流规"潮位 基础方案	方案1	方案2
三汊河口	1054	894	832	1174	1020	905	943	827	742
赛虹桥	858	680	623	965	800	683	754	618	554
武定门闸上	845	681	590	919	738	656	746	592	513
运粮河口	799	631	566	880	694	623	712	544	474
秦淮新河闸上	1469	1310	1223	1622	1451	1342	1314	1165	1086
东山桥	1952	2023	2034	2182	2257	2254	1706	1787	1791
西北村	1668	1715	1729	1888	1941	1939	1425	1470	1477
解溪河口	880	887	892	993	1003	1000	749	743	730
陈家边	531	566	568	580	581	580	456	462	446
赤山闸上	386	401	395	405	417	416	345	354	354
一干河口	355	380	374	373	407	413	333	349	352
运粮河分流口	0	128	184	0	138	198	0	130	171
中心河分流口	0	204	238	0	229	262	0	196	223
西村隆洞前	0	434	409	0	472	443	0	411	391
京沪高铁涵洞后	0	142	126	0	158	139	0	137	123
九乡河口	178	303	128	199	334	139	146	277	125
锁石隆洞前	0	403	337	0	437	364	0	374	322
七乡河口	383	620	341	421	670	366	328	564	327

10.3.2.7 秦淮东河防洪效益分析

1. 2015年"6.26"洪水分洪效果

2015年6月份秦淮河流域共出现三次明显降雨过程,其中6月26—28日暴雨洪水(以下简称"6.26"洪水)最大,流域最大3日面雨量244.6 mm,约在25年一遇,该场洪水对应长江最高水位8.66 m。

该场洪水期间秦淮河各主要节点水位均超历史最高水位,"6.26"洪水期间秦淮河东山站水位一天之内快速上涨2.6 m,6月27日洪峰水位11.17 m,超过历史最高水位0.43 m。前埠村水位27日达到最高水位12.22 m,超过历史最高水位(11.60 m)0.62 m。

本书通过模型计算分析秦淮东河工程开通后,流域遭遇"6.26"洪水时的水位流量变化情况,计算结果见表10.3-3。

表 10.3-3 秦淮东河开通后"6.26"年型洪水水位流量计算结果表

位置	现状 水位(m)	现状 流量(m³/s)	全贯通 水位(m)	全贯通 流量(m³/s)	秦淮东河一期 水位(m)	秦淮东河一期 流量(m³/s)
东山桥	11.17		10.77	1 503	11.02	1 483
秦淮新河闸上			9.25	971	9.30	1 060
上坊门分流口			10.47	175		
运粮河分流口			10.34	110	10.72	110
武定门闸上	10.61	511	10.04	416	10.40	502
上坝河汇流点			10.13	350	10.65	156
西村隧洞前			9.92	363	10.62	170
大庄闸下			9.52	365	10.58	173
与东河交汇后			9.49	109	10.55	216
仙林大道桥			9.18	130	9.99	235
九乡河口			8.50	211	8.50	316
锁石隧洞前			9.99	362	10.63	169
七乡河口			8.50	463	8.50	203

从计算结果看,当秦淮东河全贯通后,当遭遇"6.26"洪水时,东山桥最高洪水位可降至10.77 m,降幅达0.4 m,武定门闸最高洪水位可降至10.04 m,降幅达0.57 m,东河西村隧洞最大分洪流量达363 m³/s。通过东河工程的分泄

洪水,使得武定门闸最大过流量减少了 95 m³/s,有效缓解了秦淮河干流尤其是外秦淮河的防洪压力。

在东河一期工程实施后,当遭遇"6.26"洪水时,东山桥水位可降低约 15 cm,武定门闸水位可降低约 21 cm,东河一期工程可以短期内发挥东河工程的部分防洪效益。

2. 2016 年 7 月洪水分洪效果

2016 年,由于受到强厄尔尼诺现象的影响,自 6 月 18 日入梅以来,南京市共出现 5 次强降雨过程,全市累计降雨量 252~835.5 mm,其中主城区下关站 407 mm。经对降雨资料分析,秦淮河流域最大 1 日面雨量为 130 mm、最大 3 日面雨量为 232 mm、最大 7 日面雨量为 399 mm,频率分别约为 10 年、20 年、100 年一遇,同时段下关最高水位达 9.96 m,为历史第四高水位。

该场洪水期间秦淮河多个节点水位超历史。7 月 7 日,秦淮河东山桥水位达 11.44 m,超警戒 2.94 m,比 2015 年最高水位 11.17 m 高 0.27 m;秦淮河前埠村 7 月 5 日最高水位 12.23 m,比 2015 年最高洪水位历史记录 12.22 m 高 0.01 m;武定门闸上 7 月 6 日最高水位 11.05 m,比 2015 年最高洪水位历史记录 10.61 m 高 0.44 m。

本书通过模型计算分析秦淮东河工程开通后,流域遭遇 2016 年 7 月洪水时的水位流量变化情况,计算结果见表 10.3-4。

表 10.3-4　秦淮东河开通后 2016 年 7 月年型洪水水位流量计算结果表

位置	现状 水位(m)	现状 流量(m³/s)	全贯通 水位(m)	全贯通 流量(m³/s)	秦淮东河一期 水位(m)	秦淮东河一期 流量(m³/s)
东山桥	11.44		10.98	1 330	11.22	1 316
秦淮新河闸上	10.48	896	10.33	796	10.35	869
上坊门分流口			10.80	184		
运粮河分流口			10.71	123	11.05	135
武定门闸上	11.05	561	10.55	413	10.78	500
上坝河汇流点			10.56	360	11.03	174
西村隧洞前			10.37	380	11.01	186
大庄闸下			9.99	381	10.97	188
与东河交汇后			9.96	126	10.94	240
仙林大道桥			9.76	149	10.37	264

续表

位置	现状		全贯通		秦淮东河一期	
	水位(m)	流量(m³/s)	水位(m)	流量(m³/s)	水位(m)	流量(m³/s)
九乡河口			9.43	242	9.43	343
锁石隧洞前			10.44	379	11.02	186
七乡河口			9.29	500	8.00	179

从计算结果看,秦淮东河全贯通后,当遭遇2016年7月年型洪水时,东山桥最高洪水位可降至10.98 m,降幅达0.46 m,武定门闸最高洪水位可降至10.55 m,降幅达0.50 m,东河西村隧洞最大分洪流量达380 m³/s。通过东河工程的分泄洪水,使得武定门闸最大过流量减少了148 m³/s。

在东河一期工程实施后,当遭遇2016年7月年型洪水时,东山桥水位可降低约22 cm,武定门闸水位可降低约27 cm,可见东河一期工程可以短期内发挥东河工程的部分防洪效益。

2016年7月大洪水是秦淮河流域历史上最大一次洪水,干流主要节点均超历史最高水位。为了应对本场洪水,江苏省、南京市及句容市防汛抗旱指挥部办公室众志成城通过大中型水库控泄、赤山湖关闸、圩区限排等非常措施确保了南京城市的防洪安全,可以说有惊无险。从模型计算结果看,当秦淮东河工程开通后,面对同样量级的流域性大洪水时,流域防洪能力将有显著提升。

10.3.3 秦淮南河设想

从前文分析结果可以看出,仅通过秦淮东河工程并不能完全解决秦淮河流域洪水问题,随着流域内两岸城市的发展,远期应进一步考虑可行的工程措施,秦淮南河正是解决秦淮河流域远期防洪问题的又一大设想。

10.3.3.1 秦淮南河的由来

秦淮河是一条历史文化名河,同时也是一条流域内山丘区占多数、暴雨洪水频发的河流,曾屡遭洪灾。秦淮河下游穿过南京主城区汇入长江,洪水下泄不畅一直是困扰流域防洪治理的突出问题。1975年,江苏省水电局组织编制了《秦淮河流域水利规划》,提出开挖新河来分洪,有东线和西线两个方案,规划推荐西线方案,并在20世纪70年代末得到实施(即秦淮新河)。秦淮河经过多次治理,河道防洪标准有较大提高,但下游洪水出路不足问题仍未得到彻底解决,流域遭遇暴雨洪水时,仍威胁着下游南京城区的防洪安全。

随着社会经济的发展,南京城市规模不断扩大,秦淮河下游河道两岸已全部纳入了城区范围,防洪安全要求越来越高。同时,随着全球气候的变化,极端恶劣天气特别是暴雨频繁发生,给城市防洪安全带来更大挑战。现实的发展需要我们更加关注洪水出路问题。

为了解决秦淮河流域洪水出路不足的问题,2010年起,南京市水务局着手研究秦淮东河工程,提出在南京主城东部新开分洪河道,分泄下游特别是外秦淮河洪水。《秦淮东河规划方案》针对流域洪水问题,提出远期在流域干流西北村附近再新开挖分洪通道(秦淮南河),以进一步提高流域防洪能力。这是秦淮南河工程方案首次被提出。

2014年,江苏省水利厅规划办主持开展了《秦淮河地区水利治理规划》的编制工作,规划就秦淮河流域2015年、2016年流域大洪水中暴露出的秦淮河流域洪水出路不足问题从流域防洪角度提出了在2008年流域防洪规划成果及秦淮东河工程基础上,增加生态湿地蓄滞洪工程及圩区限排等工程和非工程措施。

同时,规划也就流域未来提升防洪标准至100年一遇提出了进一步研究在现有分洪河道秦淮新河以南新开分洪河道直接通长江的可行性,这也是秦淮南河工程方案的再次提出。

10.3.3.2 秦淮南河工程功能定位

根据《秦淮河地区水利治理规划》,秦淮河流域防洪体系主要体现在"上蓄、中滞、下泄"三方面,"上蓄"以大中型水库拦蓄洪水为主要内容,"中滞"以赤山湖蓄滞洪区及圩区沟塘滞洪为主要内容,"下泄"以秦淮新河、外秦淮河、秦淮东河等分洪河道为主要内容。秦淮南河作为流域远期提高防洪标准的重要举措,重点发挥流域分洪作用,降低秦淮河干流洪水位,减轻流域腹地及下游城市防洪压力。

秦淮南河分洪口位于西北村附近,区位独特,处于中下游交接点,对流域分洪有利,主要降低西北村及溧水河句容河两岸的洪水位。现有秦淮新河、秦淮东河等分洪工程由于处于东山桥以下,主要作用体现在降低东山桥及以下河段的洪水位,难以替代有效秦淮南河的分洪作用。总体看,秦淮南河与秦淮东河区位不同,分洪的任务重点不同,可以互相配合共同发挥作用。

在水资源调度及改善水环境方面,秦淮东河主要改善南京城区东部片区及九乡河七乡河区域的水资源和水环境;秦淮南河主要改善东山城区及江宁河区域的水资源和水环境状况。两者作用也可以互相弥补而不可替代。

综合分析,秦淮南河工程功能定位为重点发挥流域分洪作用,降低秦淮河干流洪水位,减轻流域腹地及下游城市防洪压力,调度区域水资源、改善沿线水环境。

10.3.3.3 设计规模

根据《秦淮河流域防洪规划》,流域防洪标准50年一遇,对应秦淮河东山、西北村泄洪流量分别为1 600 m³/s、1 400 m³/s。根据前文分析,现状工情规划排模情况下流域遭遇50年一遇时,秦淮河东山、西北村泄流量分别达到2 000 m³/s、1 700 m³/s。秦淮南河工程要与流域其他工程一起保证秦淮河西北村水位基本满足流域规划确定的要求。通过秦淮南河工程及流域其他工程的实施,降低东山、西北村的行洪流量,50年一遇时分别降低到1 600 m³/s、1 400 m³/s左右。在遭遇超标准洪水时,发挥分洪作用,降低河道水位,与流域其他措施共同作用,保证下游城区防洪安全。综合化考虑,河道分洪规模初定在400 m³/s左右,对应河道规模为河底高程2.0~3.0 m,河底宽60~70 m,坡比1∶2.5~1∶3.0,河口宽96~136 m。

10.3.3.4 线路安排

规划秦淮南河工程线路起点在西北村附近,该位置处于中下游交接点,区位独特,对流域分洪有利。整体线路大致沿云台山向西穿越分水岭进入江宁河,终点在江宁河入江口,总长约45 km,其中主线长约38 km(图10.3-5)。

工程起点:作为流域分洪工程,分洪起点以能较好发挥分洪效果为原则,分洪起点拟选址在云台山河口和西北村溧水河口附近。主要考虑如下:(1)此处是句容河和溧水河交汇点,是秦淮河流域汇水节点,从此开河分洪效果比较明显;(2)充分利用云台山河现有河道;(3)在西北村溧水河口附近避开了与句容河交汇口狭窄处,更宜发挥分洪作用。

工程终点:以能将洪水顺利分洪入江发挥分洪效果为原则,分洪终点拟选址在江宁河入江口。主要考虑如下:江宁河沿线大部分属于农村地区,仅在下游有部分城镇区,河道扩挖疏浚时拆迁量较小;相比而言板桥河沿线城镇工厂区比较密集,河道扩挖工程量及拆迁量较大,实施难度大。

工程线路:根据水系和地形特点,秦淮南河工程分五段,总长约45 km,其

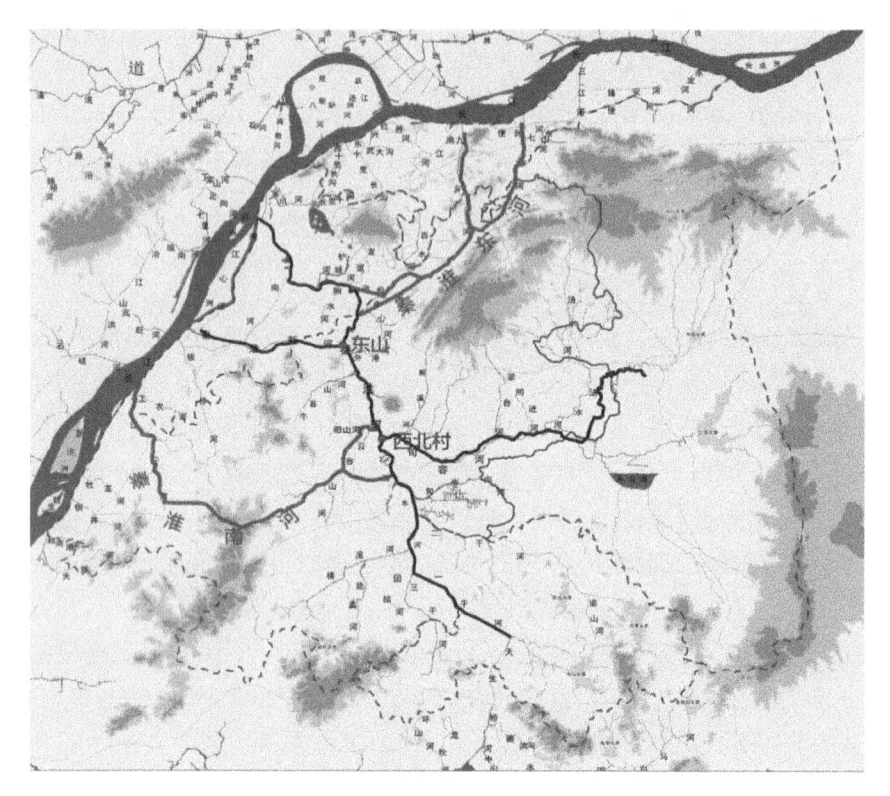

图 10.3-5 秦淮南河规划线路示意图

中主线长约 38 km。

(1) 第一段:秦淮河~机场高速段。对应两个分洪入口,本段分两支,一支利用云台山河拓浚,长约 7 km。另外一支分洪口初步选址在溧水河左岸司马庄北侧,向西新开河道,经过秣陵街道南侧,在机场高速桥下游与云台山河汇合,长 5.4 km,河底高程 3.0 m,河口宽 96 m。

(2) 第二段:机场高速段~邵处水库段。本段利用云台山河拓浚,长 8.5 km,河底高程 3.0 m,河口宽 126 m;

(3) 第三段:邵处水库~高山水库段。本段为隧洞段,从邵处下游右岸山体以隧洞穿越分水岭,沿途经过邵处水库、公塘水库南侧,在高山水库南侧下游出隧洞。长 7.8 km,河底高程 2.0~3.0 m,洞径总净宽河口宽 52 m。

(4) 第四段:高山水库~江宁河段。本段利用江宁河支流完小河扩挖拓浚,长 4.5 km,河底高程 2.0 m,河口宽 126 m。

(5) 第五段:江宁河~长江段。本段利用江宁河拓浚,后沿江宁河入江,长

11.8 km,河底高程2.0 m,河口宽136 m。

10.3.3.5 工程防洪效益分析

本书通过模型计算分析秦淮南河分洪效果,具体情景设置如下:

情景7:在基础工况的基础上,新开秦淮南河;模型计算结果见表10.3-5和表10.3-6。

表10.3-5 50年一遇洪水模型计算成果表

节点	秦淮河流域防洪规划(2008) 水位(m)	秦淮河流域防洪规划(2008) 流量(m³/s)	基础方案 水位(m)	基础方案 流量(m³/s)	情景7 水位(m)	情景7 流量(m³/s)
三汊河口	9.69		9.72	943	9.72	820
东山	11.08	1 654	11.65	2 026	11.22	1 602
西北村	12.1	1 421	12.88	1 714	12.13	1 504
陈家边	13.01	621	13.76	566	13.34	535
九乡河口			9.12	303		

表10.3-6 100年一遇洪水模型计算成果表

节点	秦淮河流域防洪规划(2008) 水位(m)	秦淮河流域防洪规划(2008) 流量(m³/s)	基础方案 水位(m)	基础方案 流量(m³/s)	情景7 水位(m)	情景7 流量(m³/s)
三汊河口	10.63		9.72	995	9.72	862
东山	11.57	1 403	11.95	2 255	11.48	1 785
西北村	12.22	1 210	13.29	1 940	12.48	1 720
陈家边	12.91	531	14.30	581	13.93	628
九乡河口			9.12	332		

从结果看,结合基础方案和秦淮南河工程的实施,当流域遭遇50年一遇洪水时,通过秦淮南河分流,可有效降低干流洪水位,其中东山水位降至11.22 m,比基础工况低43 cm,西北村水位降至12.13 m,比基础工况低75 cm,基本可控制干流水位接近"08规划"水位。当流域遭遇100年一遇洪水时,通过秦淮南河分流,可使东山水位降至11.48 m,比基础工况低47 cm,西北村水位降至12.48 m,比基础工况低81 cm。可见,秦淮南河工程对流域防洪效益明显。

10.4 流域洪涝风险应对非工程措施研究

10.4.1 中型水库优化调度

在流域防洪中,水库工程可以起到拦蓄山洪、调节洪峰流量的作用。秦淮河流域上游水库众多,若能充分发挥水库的调蓄作用,可有效缓解流域中下游防洪压力。

秦淮河流域有大小水库 108 座,但考虑到除 8 座中型水库以外,多数小型水库均为无闸控制,人为干预其调蓄作用的可能性较小,因此本次主要研究秦淮河流域 8 座中型水库的调度。

10.4.1.1 水库防洪调度现状

8 座中型水库为南京境内的中山水库、方便水库、卧龙水库和赵村水库以及句容境内的北山水库、句容水库、二圣桥水库和茅山水库。各水库的调度规则如下:

赵村水库防洪调度规则:当库水位超过高程 32.0 m,下泄流量 50~70 m³/s;当库水位达到 33.0 m,下泄流量控制在 70 m³/s。如遇特大洪水,泄洪闸敞开泄洪以保大坝安全。

北山水库防洪调度规则:当库水位超过汛限水位 52.0 m 时,开启泄洪闸泄洪,控制下泄流量 40.0~60.0 m³/s;当库水位超过 53.0 m 时,下泄流量逐步加大到 100.0 m³/s;当库水位超过 59.0 m 时,溢洪闸控制下泄流量逐步加到 150.0 m³/s。

二圣桥水库防洪调度规则:当库水位超过汛限水位 15.0 m 时,开启泄洪闸泄洪,控制下泄流量不大于 30.0 m³/s;当库水位上涨超过 17.0 m 时,下泄流量逐步加大到 70.0 m³/s;当库水位超过 17.5 m 时,溢洪闸控制下泄流量逐步加到设计最大流量 108.0 m³/s。

句容水库防洪调度规则:当库水位超过汛限水位 26.5 m 时,开启泄洪闸泄洪,控制下泄流量不大于 30 m³/s;当库水位超过 28.0 m 时,下泄流量逐步加大到 50 m³/s;当库水位超过 29.0 m 时,泄洪闸控制下泄流量最大不超过 90 m³/s,同时非常溢洪道破埝溢洪。

茅山水库防洪调度规则:当库水位超过汛限水位时,开启泄洪闸泄洪,控制下泄流量不大于 20 m³/s;当库水位上涨超过 28.5 m 时,下泄流量逐步加大到 40 m³/s;同时非常溢洪道溢洪,当库水位超过 30.0 m 时,泄洪闸闸门全开,确保水库安全。

方便水库防洪调度规则:当库水位超过汛限水位时,开启泄洪闸泄洪,控制下泄流量不大于 30.0 m³/s;当库水位上涨到 26.5 m 时,下泄流量逐步加大到 50.0 m³/s;当库水位上涨到 27.0 m 时,下泄流量逐步加大到 70.0 m³/s;当库水位上涨到 27.5 m 时,下泄流量逐步加大到 80.0 m³/s;当库水位超过 28.0 m 时,泄洪闸下泄流量逐步加大到 97.0 m³/s;如超过 1 000 年一遇校核洪水位时,启用非常泄洪道进行分洪,确保水库安全。

卧龙水库防洪调度规则:当库水位超过汛限水位时,开启泄洪闸泄洪,控制下泄流量不大于 10.0 m³/s;当库水位上涨到 19.0 m 时,下泄流量逐步加大到 30.0 m³/s;当库水位上涨到 19.5 m 时,下泄流量逐步加大到 40.0 m³/s;当库水位上涨到 20.0 m 时,下泄流量逐步加大到 60.0 m³/s;当库水位超过 20.5 m 时,溢洪闸下泄流量逐步加大到 97.0 m³/s。

中山水库防洪调度规则:当库水位超过汛限水位时,开启泄洪闸泄洪,控制下泄流量 15.0 m³/s,当库水位上涨到 26.5 m 时,下泄流量逐步加大到 25.0 m³/s,当库水位涨到 27.0 m 时,下泄流量逐步加大到 40.0 m³/s,当库水位上涨到 27.5 m 时,下泄流量逐步加大到 60.0 m³/s,当库水位上涨到 28.0 m 时,下泄流量逐步加大到 75.0 m³/s;当库水位上涨到 28.5 m 时,下泄流量逐步加大到 95.0 m³/s。如遇超标准洪水,库水位超过 28.51 m 时,启用非常泄洪道分洪,确保水库安全。

10.4.1.2 水库调度方案优化

考虑到现有中型水库洪水调度方案均已明确,且不好轻易改变,暂不研究水库调度溢洪闸下泄方案改变的作用,本书主要研究在预报暴雨发生前水库水位预降(如降低到溢洪闸底板高程)和水库错峰调度对流域防洪的作用。

水库预降:考虑当预报暴雨发生前,水库水位降低到泄洪闸底板高程,最大限度地腾空库容(表 10.4-1)。

表 10.4-1 秦淮河流域中型水库特征水位资料

水库名	汛限水位(m)	底板高程(m)
句容水库	26.5	25
北山水库	52	49.7
茅山水库	28	26.5

续表

水库名	汛限水位(m)	底板高程(m)
二圣桥水库	15	13.5
赵村水库	32.5	31
中山水库	26	23
卧龙水库	18.5	15.5
方便水库	26.2	23

水库错峰：秦淮河流域整体防洪标准为 50 年一遇，而 8 座中型水库的校核标准在 1 000~2 000 年一遇，在水库遭遇 50 年一遇洪水时，其调洪库容的使用仍有很大潜力可挖。洪水期间在保证水库自身安全的前提下能够合理利用水库多余调洪库容，对下游洪水错峰是十分有意义的。秦淮河流域 8 座中型水库中，赵村水库、中山水库、卧龙水库和方便水库位于溧水河上游，因此选择溧水河下游前埠村(秦)水位为控制条件，确定这四座水库的错峰时机，北山水库、句容水库、二圣桥水库和茅山水库位于句容河上游，因此选择句容河上游赤山闸闸下水位为控制条件，确定这四座水库的错峰时机。

水库错峰原则：当下游控制断面水位满足错峰条件时，上游水库关闸蓄水，为下游错峰，同时考虑到水库自身安全，当水库蓄水位达水库设计水位时，水库开闸泄洪。具体计算方案设置如下。

基础方案：水库按照现状调度；

方案 1：水库预降至底板高程；

方案 2：方案 1+前埠村(秦)控制水位 11.5 m，赤山闸闸下控制水位 12 m。

方案 3：方案 1+前埠村(秦)控制水位 12 m，赤山闸闸下控制水位 12.5 m。

方案 4：方案 1+前埠村(秦)控制水位 12.14 m，赤山闸闸下控制水位 13 m。

从模型计算结果来看(表 10.4-2)，水库在暴雨前预降到闸底板，可以腾出防洪库容有效降低洪水期间秦淮河干流的水位，前埠村(秦)水位可以降低 27 cm，东山桥水位可以降低 17 cm。

从错峰调度方案结果分析可知(表 10.4-3)，水库为下游干流洪水错峰能够有效缓解下游防洪压力，前埠村(秦)水位降幅最大达 19 cm，赤山闸闸下水位降幅最大达 32 cm，东山桥水位降幅最大达 10 cm，方案 2、方案 3 和方案 4 比较可知，当秦淮河水位较高时，水库越早错峰，其效果越好，但同时其拦蓄的洪水量也越多，库水位也越高，给水库自身带来较大的防洪压力。从三个水库错峰方案的结果分析可知，8 座水库在错峰过程中其水库最高水位均小于等于设计洪水位。

10 流域洪涝风险应对策略研究

表10.4-2 水库调度方案计算结果

节点名	基础方案 水位(m)	基础方案 流量(m³/s)	方案1 水位(m)	方案1 流量(m³/s)	方案2 水位(m)	方案2 流量(m³/s)	方案3 水位(m)	方案3 流量(m³/s)	方案4 水位(m)	方案4 流量(m³/s)
武定门闸上	11.60	721	11.46	685	11.53	709	11.55	706	11.57	711
运粮河口	11.95	703	11.81	655	11.88	671	11.9	677	11.92	684
上坊门桥	12.06	574	11.89	526	11.96	531	11.99	534	12.01	544
东山桥	12.13	1869	11.96	1731	12.03	1767	12.06	1783	12.08	1801
前埠村(秦)	13.23	1524	12.96	1385	13.04	1399	13.07	1411	13.11	1426
赤山闸闸下	13.96	561	13.64	542	13.71	466	13.75	545	13.8	558
赤山湖	14.15	309	13.78	303	13.8	300	13.84	302	13.87	321
赤山闸闸上	14.04	440	13.69	414	13.75	341	13.78	379	13.83	411
高阳河口	13.33	656	13.07	626	13.13	581	13.16	581	13.19	570
二干河口	13.35	650	13.08	594	13.14	566	13.17	565	13.2	560
一干河口	13.35	227	13.08	244	13.14	231	13.17	227	13.2	227

245

表 10.4-3　各水库调度方案对应水库最高水位　　　　　　　　单位：m

水库名称	设计洪水位	校核洪水位	方案 2	方案 3	方案 4
北山水库	54.42	56.46	54.32	54.05	53.44
二圣桥水库	17.58	18.86	17.47	17.24	16.83
方便水库	28.04	29.15	28.04	27.55	27.5
句容水库	28.8	30.44	28.8	28.66	28
茅山水库	29.94	30.94	29.94	29.9	29.55
卧龙水库	19.59	20.29	19.59	19.43	19.42
中山水库	27.61	28.76	27.47	26.99	26.9
赵村水库	33.85	34.83	33.85	33.73	33.66

10.4.2　天生桥河相机分洪

10.4.2.1　天生桥河分洪历史

天生桥河又名胭脂河，是沟通秦淮河与石臼湖两个流域的一条人工开挖水道。河道北起一干河的沙河口向南经过下思桥、天生桥、洪蓝埠、三汊河、陈家至石臼湖口，全长 15.3 km，流域面积 89.31 km^2，1966 年天生桥河上兴建了天生桥套闸。

根据历史记录，除遭遇 1954 年、1983 年、1998 年等长江全流域特大洪水外，当秦淮河流域遭遇暴雨、河水位高于石臼湖水位时，均能通过天生桥套闸分洪入石臼湖。1974 年，秦淮河流域集中暴雨，从 7 月 31 日至 8 月 4 日，天生桥套闸开闸 4 天，共分洪 2 489 万 m^3，最大分洪流量 63.7 m^3/s；1977 年 5 月初秦淮河次降雨 188 mm，4 日秦淮河小西门闸下水位激涨至 9.55 m，5 日石臼湖水位 8.46 m，天生桥套闸开闸抢排 6 天，泄洪 2 569 万 m^3，最大泄洪流量达 96.9 m^3/s。

天生桥河为沟通秦淮河流域和石臼湖的流域性河道，当秦淮河流域洪水较大、石臼湖流域无洪水或洪水较小且水位低于 10 m 时，天生桥河可向石臼湖泄洪。根据天生桥河洪水调度实际运行记录，近 20 年中，有 8 年（1991、2002、2003、2004、2006、2007、2009、2015）出现过分洪情况，见表 10.4-4。

表 10.4-4　天生桥河洪水调度实际运行状况汇总表

年份	日期	流量(m³/s)	水量(×10⁶m³)	备注
1991	6.13～6.17	83～129	约 33.9	秦淮河→石臼湖
1991	7.02～7.06	95～113	约 35.9	秦淮河→石臼湖
2002	6.21～6.25	65～70	约 25.9	秦淮河→石臼湖
2003	7.06～7.13	76～117	约 56.7	秦淮河→石臼湖
2004	6.25～6.26	53～62	约 9.9	秦淮河→石臼湖
2006	7.22～7.24	3～29	约 4.2	秦淮河→石臼湖
2007	7.40～7.13	18～146	约 54.3	秦淮河→石臼湖
2009	7.08～7.09	44～47	约 3.9	秦淮河→石臼湖
2009	7.22～7.26	47～101	约 24.9	秦淮河→石臼湖
2009	7.28～8.02	37～69	约 22.8	秦淮河→石臼湖
2015	6.27～7.10	51～134	约 27.93	秦淮河→石臼湖

10.4.2.2　天生桥分洪概率

天生桥闸作为水阳江流域和秦淮河流域的边界控制闸,总体上以关闸挡洪为主,条件具备时可相机分泄一干河上游洪水入石臼湖,减轻溧水城区防洪压力,非汛期相机关闸蓄水或开闸调水。

本次研究采用天生桥闸南站和天生桥闸北站1982—2012年共30年逐日早8点水位,分析其水位关系。统计得到天生桥闸北站不同水位下往石臼湖分洪概率,天生桥闸北水位概率结果见表10.4-5。

表 10.4-5　天生桥闸北水位高于闸南水位概率表

统计条件	分洪概率
闸北水位超 9 m	26.2%
闸北水位超 10 m	30.2%

10.4.2.3　天生桥分洪效果

计算方案设置如下:

方案 1:秦淮河现状工况＋天生桥分洪;

方案 2:秦淮河现状工况＋天生桥不分洪。

表 10.4-6　天生桥分洪效果对比表

河道名	节点名	方案1:天生桥分洪 水位(m)	方案1:天生桥分洪 流量(m³/s)	方案2:天生桥不分洪 水位(m)	方案2:天生桥不分洪 流量(m³/s)
外秦淮河	三汊河口	9.72	965	9.72	974
外秦淮河	武定门闸上	11.60	721	11.67	754
外秦淮河	运粮河口	11.95	703	12.04	730
外秦淮河	上坊门桥	12.06	574	12.16	622
秦淮新河	秦淮新河闸上	10.36	1 460	10.40	1 503
秦淮新河	西善桥	10.61	1 433	10.67	1 478
秦淮新河	铁心桥	11.59	1 406	11.70	1 454
秦淮河干流	东山桥	12.13	1 869	12.25	1978
秦淮河干流	前埠村(秦)	13.23	1 524	13.43	1 665
句容河	解溪河口	13.32	897	13.51	867
句容河	赤山闸闸下	13.96	561	14.06	538
赤山湖	赤山闸闸上	14.04	440	14.17	419
溧水河	一干河口	13.35	227	13.64	409
一干河	天生桥河口	13.32	134	13.67	238
天生桥河	天生桥闸北	12.24	−274	13.67	0

从模型计算结果分析可知(表 10.4-6),当秦淮河流域发生 50 年一遇大洪水的时候,天生桥分洪效果较明显,最大分洪流量达 274 m³/s,与天生桥不分洪的工况相比较干流前埠村(秦)节点水位可以降低 20 cm,下游东山桥水位可降低 12 cm。可见,当秦淮河流域发生大洪水、天生桥具备分洪条件时,启用天生桥分洪,将有效降低秦淮河干流洪水位。

10.4.3　圩区限排运行方案

10.4.3.1　限排原则

遭遇超标准洪水时,秦淮河流域圩区限排原则:

1. 损失小的圩区先限排,损失大的圩区后限排,农业圩区优先限排,然后是混合圩区,必要时城镇圩区也应适当限排;

2. 防洪效果好的圩区先限排,防洪效果差的圩区后限排,水面率大调蓄能力强的圩区先限排。

10.4.3.2 圩区限排调度

当前埠村（秦）水位达到 12.0 m 且继续上涨时，首先对前埠村（秦）以上农业圩区限排，若前埠村（秦）水位仍在继续上涨，视情对前埠村（秦）以上混合圩区和城镇圩区限排。

前埠村（秦）至东山段两岸目前已全部发展成城镇圩区，当东山水位达 11.44 m 且继续上涨时，首先对圩区面积大、排涝动力足、有较大调蓄水体的圩区进行限排，若东山水位仍在继续上涨，视情对东山以上其他城镇圩区限排。

10.4.3.3 圩区限排效果分析

分析圩区限排措施的效果，拟定以下计算情景，见表 10.4-7。

表 10.4-7 方案汇总表

序号	模拟情景	工程措施
1	情景1	现状工程的基础上，考虑地区治理规划可落实的工程措施（西万亩圩滞洪+清溪圩临时破圩）
2	情景2	情景1的基础上增加西北村以上限排
3	情景3	情景2的基础上增加东山以上限排

表 10.4-8 流域 100 年一遇暴雨遭遇"917"潮位各情景水位流量成果表

节点	堤防高程(m)	堤防设计水位(m)	情景1 水位(m)	情景1 流量(m^3/s)	情景2 水位(m)	情景2 流量(m^3/s)	情景3 水位(m)	情景3 流量(m^3/s)
武定门闸上	12.88	11.38	11.79	755	11.67	711	11.58	705
东山桥	13.55	11.72	12.15	1 844	12.00	1 680	11.90	1 606
西北村	15	13.22	13.20	1 460	12.90	1 311	12.83	1 360
陈家边	15	13.5	13.86	549	13.59	619	13.58	623

表 10.4-9 流域 20 年一遇暴雨遭遇"长流规"潮位各情景水位流量成果表

节点	堤防高程(m)	堤防设计水位(m)	情景1 水位(m)	情景1 流量(m^3/s)	情景2 水位(m)	情景2 流量(m^3/s)	情景3 水位(m)	情景3 流量(m^3/s)
武定门闸上	12.88	11.38	11.71	632	11.64	607	11.58	603
东山桥	13.55	11.72	11.97	1 483	11.87	1 373	11.81	1 334

续表

节点	堤防高程(m)	堤防设计水位(m)	情景1 水位(m)	情景1 流量(m³/s)	情景2 水位(m)	情景2 流量(m³/s)	情景3 水位(m)	情景3 流量(m³/s)
西北村	15	13.22	12.72	1 215	12.53	1 131	12.49	1 140
陈家边	15	13.5	13.15	417	13.03	393	13.02	406

从效果看,当流域发生100年一遇暴雨遭遇"917"潮位情况时(表10.4-8),通过前埠村(秦)以上泵站限排(情景2),相对于情景1可使得武定门闸上水位降低12 cm,东山桥水位降低15 cm,西北村、陈家边水位降低效果尤为明显,降幅分别为30 cm和27 cm;东山桥以上限排(情景3),相对于情景2可使得武定门闸上水位降低9 cm,东山桥水位降低10 cm,西北村水位降低7 cm,陈家边水位降低1 cm。

当流域发生20年一遇暴雨遭遇"长流规"潮位情况时(表10.4-9),通过前埠村(秦)以上泵站限排(情景2),相对于情景1可使得武定门闸上水位降低7 cm,东山桥水位降低10 cm,西北村、陈家边水位降低效果尤为明显,降幅分别为19 cm和12 cm;东山桥以上限排(情景3),相对于情景2可使得武定门闸上水位降低6 cm,东山桥水位降低6 cm,西北村水位降低4 cm,陈家边水位降低1 cm。

参考文献

[1] 王凯,吕宏军.略谈南京治水史上的切岭工程[J].江苏水利,2010(4):46-48.

[2] 俞允尧.秦淮古今大观[M].南京:江苏科学技术出版社,1990.

[3] 韩品峥,韩文宁.秦淮河史话[M].南京:南京出版社,2004.

[4] 刘宗意.史前"湖熟文化"——那时有个大湖[J].江苏地方志,2015(1):6-14.

[5] 胡吉伟.民国时期城市水患的应对与治理——以战前南京防水建设为例[J].民国档案,2014(3):100-107.

[6] 吴润凯.民国文人的秦淮河书写[J].书屋,2009,(2):31-36.

[7] 奚肖亚,花剑岚.南京城市发展与秦淮河整治回顾与展望[J].城市道桥与防洪,2009(10):13-22+134.

[8] 蒋斯善,昂潮海,杨惠成,等.南京市秦淮河古河道及沉积物时代的初步研究[J].地质学报,1986(1):89-101.

[9] 郑恩才,佘礼晔,张亚男.秦淮河的历史变迁[J].江苏水利,2016(5):60-62+72.

[10] 钱虹,栾承梅,吴炳娟,等.秦淮河流域汛期气候变化及其对径流的潜在影响[J].科学技术与工程,2015,15(5):5-10.

[11] 徐智.清代南京水患治理研究[J].理论界,2012(10):99-102.

[12] 李源,黄永武.烟波浩淼话后湖[J].江苏地方志,2001(4):42-43.

[13] 何华春,王颖,李书恒.长江南京段历史洪水位追溯[J].地理学报,2004(6):938-947.

[14] 杨艺红,杨波,李卫正.基于地图资料的南京近现代主城区水系形态演变研究[J].艺术百家,2017,33(5):256-257.

[15] 王桂智,唐德善.我国城市护城河发展刍议——以南京秦淮河为例[J].水利与建筑工程学报,2010,8(4):216-220+226.

[16] 杨国庆.南京城墙,城门,护城河之论述[C]//城墙科学保护论坛暨中国古都学会城墙保护专业委员会学术研讨会.西安:中国古都学会,2007.

[17] 杨达源,徐永辉,和艳.南京主城区水系变迁研究[J].人民长江,2007,(11):103-104+142.

[18] 沙润,曾华.秦淮河流域洪水灾害的地貌条件分析[J].南京师大学报(自然科学版),1994,(3):47-53.